人人出版

Ready to go!

啟程吧！
準備感受京都！

#下鴨神社 »P.135

#心型窗 »P.140

#竹林小徑 »P.45

#八坂庚申堂 »P.37

#早餐 »P.128

早安

旅程就從這裡開始

#貓店長 »P.118

#美術館 »P.144

#蘑菇圖書館 »P.41

#寺院藝術 »P.18

旅程中也能享用道地午餐。

#醃漬蔬菜 >>P.64

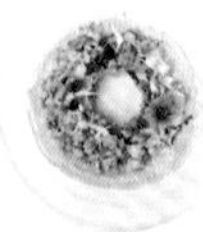

抹茶芭菲千萬別錯過♡

我要到處吃遍美食！

（從右到左）祇園廣為人知的「切通進進堂」（»P.66）販售連舞妓也愛吃的名產點心、前往藏在小巷內的雜貨店購物（»P.22）、在祇園遇到一家美好的巧克力店（»P.42）、發現好用的小錢包（»P.87）

享受復古摩登的
午後時光。

#復古咖啡廳 »P.37

（從右到左）一年到頭讓心情春光爛漫的草莓千層酥（»P.97）、位於大樓2樓，彷彿祕密基地般的小餐館（»P.58）、擄獲少女心的復古咖啡廳（»P.76）、充滿京都情懷的先斗町（»P.62）、前往八坂神社的祭禮，祇園祭（»P.43）

夜晚散步只為遇見這一瞬間。

#祇園 #巽橋 ››P.42

明天會
遇見什麼呢？

#鴨川 納涼床 »P.62

（從右到左）來杯富含水果的沙瓦提升美麗程度！（»P.80）、如要連續住房，來頓簡便的晚餐也不錯！（»P.73）、京都塔將古都的夜晚照耀得相當浪漫（»附錄P.23）

CONTENTS

Kyoto

What do you feel like doing?

054

074

086

102

110

116

126

128

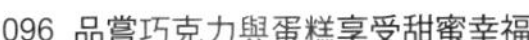
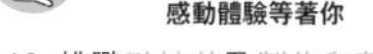

標示

電話號碼　休業・休館日　營業・開館時間　費用　所在地
交通方式　停車場　MAP 地圖刊登頁數　建議預約

※使用本書時請先確認P.158（本書使用注意事項）。

京都四季酒店 >> P.20

京都府廳舊本館 >> P.29

伏見稻荷大社 >> P.24

fudo >> P.72

喫茶ゾウ >> P.83

琉璃光院 >> P.30

正壽院 >> P.141

朝日啤酒大山崎山莊美術館 >> P.145

散步

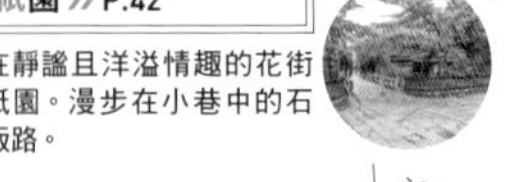

祇園 >> P.42

充滿風情

在靜謐且洋溢情趣的花街祇園。漫步在小巷中的石板路。

岡崎 >> P.46

心靈綠洲

有疏水道緩緩流過的藝術文化城鎮，平安神宮也位於本區。

正壽院 >> P.140

好心動♪

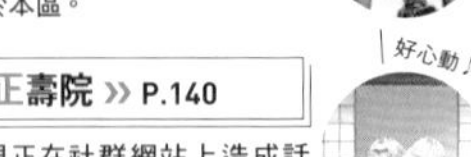

現正在社群網站上造成話題！現在就再走遠一點，出發前往擁有心型窗的寺院吧。

購物

老店逸品 >> P.90

好美！

精選讓日常生活更有品味，傳統技術出眾的逸品。

京菓子 >> P.94

真可愛！

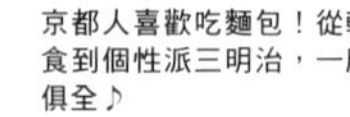

光是欣賞就能讓人幸福洋溢，可愛的造型讓人心動不已！

文具 >> P.100

好想要！

寫信或是送禮時會用到，相當講究的紙類製品。

美食

京都料理 >> P.56

好感動！

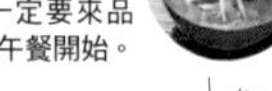

凝聚京都的精華、滋潤五感的京都料理一定要來品嘗。先從輕便的午餐開始。

三明治 >> P.66

好好吃！

京都人喜歡吃麵包！從輕食到個性派三明治，一應俱全♪

抹茶芭菲 >> P.70

好幸福♪

京都乃是擁有茶產地宇治的抹茶聖地。甜點就決定吃抹茶口味！

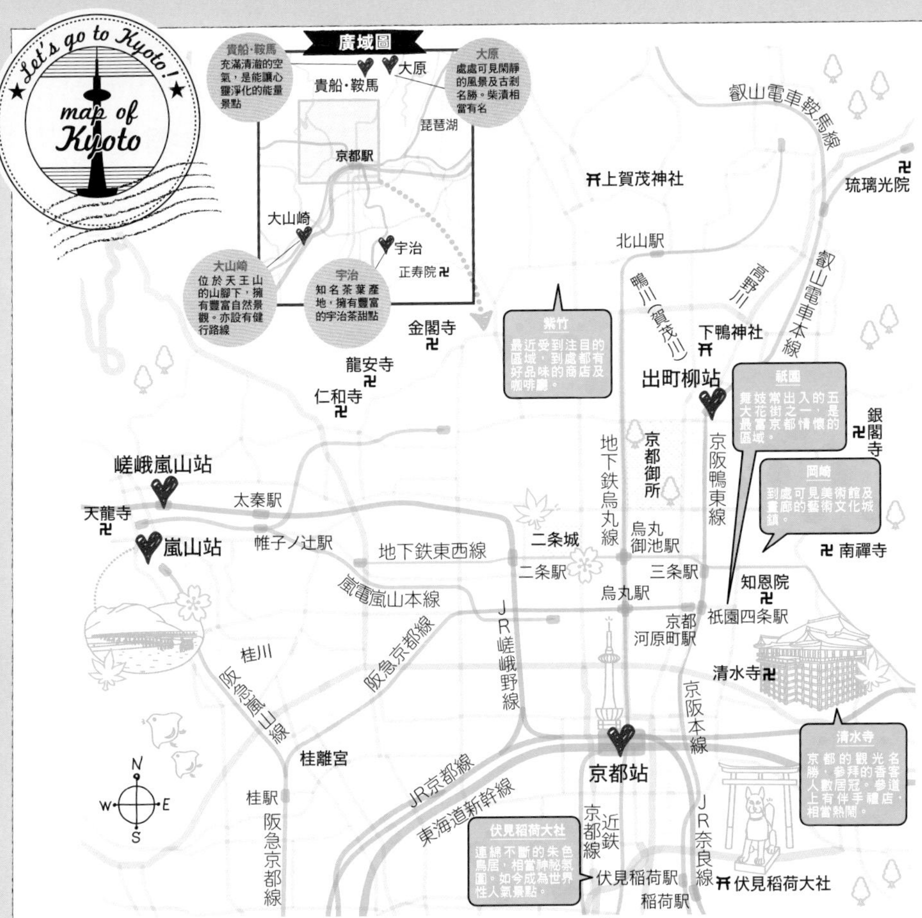

行前小知識

為了有趟舒適的旅程，最要緊的就是選擇交通方式。諸如巴士、地鐵、JR、京阪電車及阪急電車等，最好事先確認前往目的地的交通方式，才能有效率地移動。

01 主要採用巴士＋電車的組合招式

想要盡情逛遍京都市區的話，搭巴士最方便。在春秋觀光季時，馬路大多會塞車，搭配巴士＋電車就能縮短移動時間。

02 以巴士為主的旅行可使用1日券

市巴士及京都巴士1日券700円，需搭車3次以上時相當划算。前往宇治及伏見稲荷等地時可搭電車，先評估目的地後再購買。

03 可在市區步行閒逛

市區意外地小，清水區域～祇園、祇園～河原町都能輕鬆步行。到御所南～烏丸御池區域購物時，步行前往即可。

04 往南或往西移動可搭乘電車

前往南方的伏見稲荷大社及宇治時，搭JR或京阪電車較為便利。而前往西邊的嵐山時，建議搭乘JR、阪急電車及嵐電。

05 天候佳時騎自行車相當舒服

可順暢移動，不用擔心塞車，不妨多加租借自行車。部分街道有自行車通行及停車限制，必須稍加注意。

06 寺院神社可能在進行修復

前往想去的寺社時，最好事先確認寺社狀況後再出發，這是讓這趟旅途更為充實的祕訣。

夏日風情畫 納涼床開放

鴨川的「納涼床」是指搭建在鴨川沿岸的高床，可一邊感受吹拂河面的風，一邊用餐飲酒。在貴船則稱作「川床」，可於架設在清流上方的看台席品嘗京都料理。兩者開放期間均為5月1日到9月底。

清爽的 新茶季節到來

在擁有日本首屈一指茶產地宇治的京都，「茶」是旅行的一大關鍵字。入選日本環境省「百大香味風景」的宇治平等院表參道每年從5月初，開始豎起「新茶」的旗幟，在店前陳列茶葉。也別忘了確認季節限定的甜點！

想品嘗的 夏季美食

由於京都素有食用生命力強的海鰻消暑的風俗，提到京都夏季美食就想到海鰻，甚至知名到祇園祭又名「海鰻祭」。海鰻生魚片及海鰻涮涮鍋都相當美味！另外，果然這個季節的剉冰最好吃，可以嘗到種類豐富的口味。

最推薦的 新綠散步

由於翹首期盼春天來訪的人潮，使得櫻花季節熙來攘往。待櫻花凋落，遊客數量也漸漸穩定下來。翠綠的嫩葉閃耀時期最適合散步，在鮮嫩的新綠下，漫步在寂靜氣氛的寺社中，能讓心情平靜下來。

春光爛漫！ 欣賞櫻花的祕訣

京都的櫻花劇場從3月下旬早開的京都御苑枝垂櫻開演，到4月下旬晚開的仁和寺御室櫻落幕，上演期間約1個月。不妨確認「品種」及「看點」，在染成一片淡紅的京都盡情賞花吧。

雨天的 潮濕散步

請留意被雨淋濕而更添情懷的石板路，不妨到祇園白川一帶及清水寺參道的二年坂及產寧坂逛逛。另外也很推薦去宇治三室戶寺及大原的三千院等繡球花名勝拜訪。河原町的購物街為拱廊建築，雨天也不用擔心。

在燈光秀 享受春夜

寺社平時約在傍晚4～5點關門，在春天櫻花季及秋天紅葉季會實施燈光秀。不同於白天的夢幻風景，讓人不禁屏息。夜間特別參觀的日程，最好事先上官網確認後再出發。

夏季的寺院 清涼愜意

京都盆地三面環山，夏天熱得讓人受不了。提到避暑的意外景點，就想到氣氛莊嚴的寺院佛殿。不妨與佛像面對面或是體驗寫經、打坐，讓心進入無我境界，自然就會忘卻炎熱。

京都名產 竹筍正當季

京都西山的名產竹筍正好是產季，滋味醇厚，口感最好。色白柔軟是京都竹筍的特徵，在烤竹筍及竹筍飯等京都料理中也相當活躍。也請務必一試生吃竹筍。

櫻花主題甜點 令人陶醉

春季也是種類豐富的甜點競相爭艷的季節，諸如櫻花色芭菲及櫻花設計的京菓子等，讓視覺及心靈跟著染上春意。可以在中意的甜點店品嘗，或拜訪氣氛有些成熟的老鋪京菓子店，歌頌春光爛漫的春天。

享用溫暖的美食 度過溫暖時光

在湯豆腐及土鍋飯等溫暖美食溫暖心靈的冬天，請務必品嘗和食。此外，京都名產白味噌年糕湯高雅醇厚的滋味也請一定要試看看！而在酒產地伏見，有舉辦日本酒酒藏開放活動，可以品嘗芳醇的新酒及酒粕湯。

到紅葉景觀的咖啡廳 度過午後時光

想要悠閒賞紅葉，建議選擇咖啡廳。在「京都翠嵐豪華精選酒店」的咖啡廳「茶寮八翠」，設有可眺望嵐山與保津川絕景的露台席。此外，從屋齡超過百年的豪華洋房「長樂館」迎賓間，也能欣賞窗外的紅葉。

秋季長夜 就要欣賞紅葉燈光秀

色彩繽紛的秋季人潮相當擁擠。早晨早起開始新的一天，午餐和晚餐也提早用餐，就能充分參觀重頭戲的燈光秀時間。近年，實施燈光秀的景點增多，在世界遺產平等院也能欣賞夢幻燈光秀。

若能遇到雪景 就太幸運了

在白雪覆蓋的寺社裡，只要見過一次就終生難忘的感動正等著你。在神社，純白的雪與朱色形成的對比，有種夢幻感，白雪皚皚讓寺院的凜然空氣變得更澄澈。最好仔細確認天氣預報，鎖定下雪的日子比較好。

秋季甜點 「蒙布朗」正美味

此時是秋季味覺代表「栗子」大為活躍的時期。栗子原有的甘甜與鬆軟口感讓人難以招架，能吃到大顆丹波栗令人開心不已。添加栗子的紅豆湯及栗餅等固然不錯，不過現在的潮流則是整杯裝滿芳香濃郁蒙布朗的和風芭菲。

提到秋季 一定要欣賞藝術

京都的街道上有著多采多姿的藝術景點，以京都國立博物館為首，還有位於岡崎的細見美術館及京都國立近代美術館、京都市京瓷美術館等。雖然一整年都能欣賞匠心獨具的藝術，不過值得一看的企劃展還是在秋季舉行。

在這裡 為梅花所傾倒！

提到賞花，櫻花人氣壓倒性地高，不過2月～3月中旬楚楚可憐綻放的梅花也美不勝收。白梅、紅梅及枝垂梅等品種，不論是花形還是色彩都很美，香味也各有不同，充滿魅力。不妨出發前往北野天滿宮、京都御苑及隨心院等賞梅名勝吧！

搭交通工具 賞紅葉

叡山電車的觀景列車「KIRARA」座位採用面朝寬廣窗戶、最適合賞紅葉的樣式，頗受好評。此外，搭乘穿梭於大自然溪谷的嵯峨野遊覽小火車及保津川遊船等交通工具欣賞紅葉美景，也相當風雅。景色以異於步行的速度感不斷變化，相當有趣。

在茶道的世界裡 11月就是正月

在茶道的世界裡，諸如將「風爐」換成「地爐」的「開爐」、將茶壺開封後，用石磨研磨的抹茶沏茶的「口切」等茶事，都是在11月舉行。這時也是抹茶最好喝的季節，何不忽略茶道禮法，試著在家輕鬆沏茶呢？

京都美妝 擁有充實的保濕產品

京都美妝以講求自然的產品居多，以化妝水及護唇膏等護膚產品為首，還有山茶花油與黃楊木梳等護髮產品以及不傷指甲的指甲油等。由於擁有許多保濕力超群的產品，在肌膚容易乾燥的冬季相當好用。

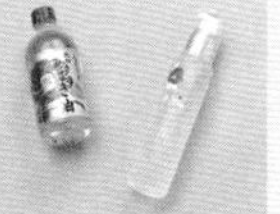

風雅的 賞紅葉方式

用一般的方式賞紅葉固然不錯，不過透過窗戶擷取的景色及映照在障子門上隨風搖晃的紅葉、坐在房間內欣賞庭院及室內的影子，或是望著映照在池水面上的紅葉……等，以風雅的方式欣賞紅葉才是京都流的作風。

賞月活動 值得注目

在結實之秋，幾乎每天都會有祭典舉行，也是賞月的最好時節。月亮倒影在大覺寺的大澤池面上搖晃，船隻也能讓人追憶平安時代風雅之情。在下鴨神社，可在管弦樂曲的伴隨下賞月。

Kyoto 京都

3天2夜馬力全開 享受京都的現在！

京都+α大滿足行程 PLAN

Let's Go!

行程中有安排時興景點，Let' s Enjoy京都現在之旅吧！

第1天 先到祇園～寺町優雅散步

POINT
可先搭市巴士到祇園再步行閒逛，或是善用巴士1日券也OK。

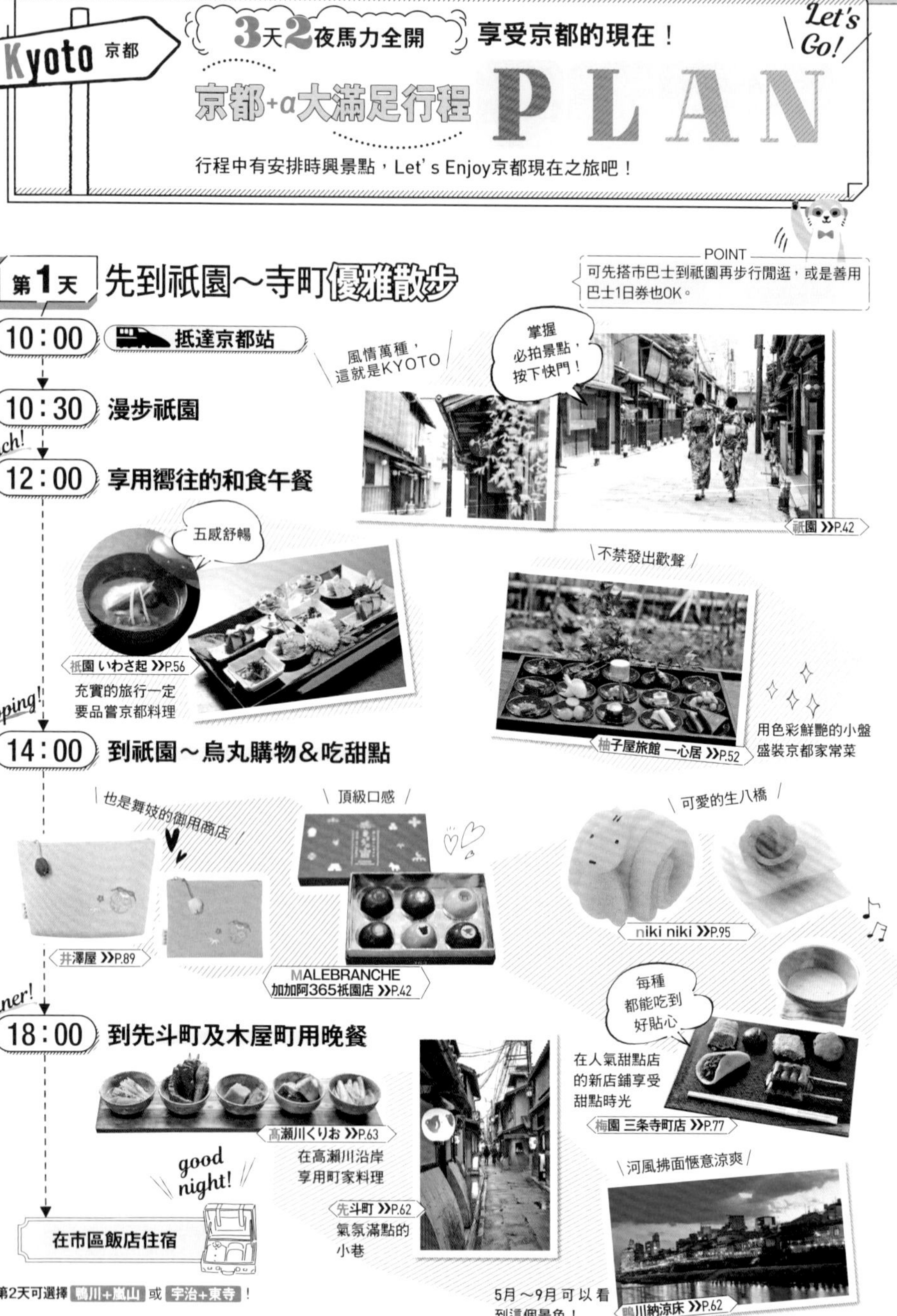

10：00 抵達京都站

10：30 漫步祇園

祇園 >>P.42

12：00 享用嚮往的和食午餐

祇園 いわさ起 >>P.56

充實的旅行一定要品嘗京都料理

柚子屋旅館 一心居 >>P.52

用色彩鮮艷的小盤盛裝京都家常菜

14：00 到祇園～烏丸購物＆吃甜點

井澤屋 >>P.89

MALEBRANCHE 加加阿365祇園店 >>P.42

niki niki >>P.95

在人氣甜點店的新店鋪享受甜點時光

梅園 三条寺町店 >>P.77

18：00 到先斗町及木屋町用晚餐

高瀨川くりお >>P.63

在高瀨川沿岸享用町家料理

先斗町 >>P.62

氣氛滿點的小巷

5月～9月可以看到這個景色！

鴨川納涼床 >>P.62

在市區飯店住宿

第2天可選擇 鴨川+嵐山 或 宇治+東寺 ！

行程1
遊玩鴨川＋嵐山行程
喜歡大自然&美食的話，就選這個行程吧！
第2天 在鴨川騎自行車
POINT 利用便利的公共自行車，租車後即可展開旅程。
8:30 早餐讓一早就Happy！
都野菜 賀茂 烏丸店 ›› P.69
滿滿的蔬菜
下鴨神社 ›› P.135
10:30 在下鴨神社祈求變美與締結良緣
12:00 Lunch!
在鴨川畔野餐
氣氛超完美！
Piadina屋 ›› P.40
在鴨川騎自行車 ›› P.50
18:00 Dinner!
吃熟成肉補充能量
鮮美多汁
在市區飯店住宿
le 14e ›› P.58
第3天 前往風光明媚的嵐山
POINT 搭JR或嵐電前往，然後再步行移動。
9:30 欣賞嵐山的大自然
嵐山 ›› P.44
空氣也很清新
10:30 從屋形船眺望絕景
嵐山屋形船 嵐山通船 ›› P.44
14:00 在河岸享用下午茶
看千遍也不厭倦
茶寮 八翠 ›› P.45
京都站
行程2
世界遺產宇治＋東寺行程
前往新景點持續增加的話題區域
第2天 到宇治佛像&抹茶
POINT 搭JR或京阪電車到宇治站。想再去正壽院(››P.140)的話，就排在這一天。
10:00 與平等院的阿彌陀如來像見面
漫步宇治川
平等院 ›› P.122
宇治 ›› P.142
11:30 在畫廊鑑賞朝日燒
朝日燒 shop& gallery ›› P.143
15:00 甜點就吃最喜歡的抹茶甜點
ホホエミカ ›› P.143
在京都站區域住宿
辻利兵衛本店 ›› P.142
第3天 東寺&京都站貪心之旅
POINT 在京都站周邊充分利用回去前的剩餘時間。
9:30 在東寺欣賞立體曼荼羅深受感動！
東寺 ›› P.123
11:30 在京都站附近白天飲酒&尋找伴手禮
KYOTO TOWER SANDO ›› P.65
品嘗美食與購物，一舉兩得
京都站

與自古至今未曾改變的
大自然一起變美的
新文化也陸續出現
充滿魅力的古都街道♪

青蓮院 » P.19

現在京都
讓人開心的事

Kyoto makes me Happy

Special
1
現在就前去拜訪摩登寺院！
寺院×現代藝術
拜訪壯麗的畫布
寺院匯集了自古以來最先端的技術，是文化藝術的發信地。現在就前往國寶與現代藝術同處一室的奢華空間吧！
去看與季節融為一體的襖繪
建仁寺
《出航》×鳥羽美花（染色畫家）
使用水靈靈且鮮艷的藍色，描繪出渡海時受海風吹拂的海面波紋。
※進行修復作業時，可能無法參觀。

建仁寺
けんにんじ

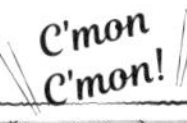

光是眺望就能心平靜氣

使用需經過18道無法重來程序的型染技法，在白山紬上染製成2幅表情截然不同的越南風景畫《出航》與《風平浪靜》，令人折服。該寺僧侶淺野俊道先生說，這兩幅作品各自呼應所在的庭院，表現出禪的「動」與「靜」。

祇園 ▶MAP 附錄 P.12 B-2

☎075-561-6363 休4/19、20、6/4、5，舉辦其他法會儀式也會臨時休息 ⏰10:00～16:30（17:00關門） 📍京都市東山区大和大路通四条下ル小松町584 🚶京阪祇園四條站步行7分 ¥600円 P有

《風平浪靜》× 鳥羽美花
以墨色濃淡來表現寧靜壯闊的風景，能平靜心情。
※進行修復作業時，可能無法參觀。

俵屋宗達《風神雷神圖屛風》（高解析度複製圖）

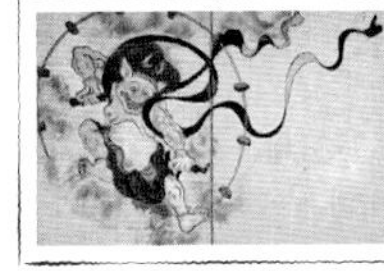

C'mon C'mon!

Look!
彷彿跳出屛風般充滿躍動感的姿態，讓人折服

tips

隨心院
ずいしんいん

描述小町一生的鮮艷繪卷

本寺位於美女歌人小野小町淵源地，寺內擁有以濃密色彩華麗描繪小町生涯的襖繪作品。在坊間留下的盡是描繪小町晚年樣貌的作品當中，基於想留下小町年輕時美貌的溫情，因此誕生出這幅優美的作品。

醍醐 ▶MAP 附錄 P.20 B-3

☎075-571-0025 休不定休（寺內例行活動時會臨時休息） ⏰9:00～16:30（17:00關門） 📍京都市山科区小野御霊町35 🚶地鐵小野站步行7分 ¥500円 P有

《極彩色梅匂小町繪圖》× 達摩商店（繪圖二人組）
讓人目不轉睛、相當醒目的淡紅色，即使離開現場後，仍烙印在腦中。

Look!
達摩商店是以京都為據點活躍的繪圖二人組

tips

青蓮院
しょうれんいん

Great

綻放凜冽存在感散發光輝的蓮花

在可眺望繪師相阿彌設計的美麗庭園的華頂殿大廣間當中，描繪在60面襖門上的是使用現代畫材壓克力顏料，以蓮花為主題的三聯畫。帶有華麗的光輝，靜靜地深入內心深處的充實線條，令人著迷。

東山 ▶MAP 附錄 P.15 D-4

☎075-561-2345 休無休 ⏰9:00～16:30（17:00關門） 📍京都市東山区粟田口三条坊町69-1 🚶地鐵東山站步行5分 ¥500円（夜間特別參觀時800円） P有（夜間特別參觀時禁止停車）

Look!
以獨特色調及犀利筆鋒所描繪的蓮花及蜻蜓，令人印象深刻

tips

《蓮 青之幻想・生命讚歌・極樂淨土》× 木村英輝
正因有廣大的留白，更能感受到在靜謐中燃燒的生命力

京都四季酒店

フォーシーズンズホテルきょうと

擁有平安時代遺構「積翠園」的飯店。以將自然融入庭園為理念，在採用彷彿浮在水面上設計的3樓「貴賓室及酒吧」，可在甜點師全力製作的甜點陪伴下，度過甜美時光。

三十三間堂 ▶ MAP 附錄 P.5 D-1

075-541-8288 休週一～四（逢假日則營業） 12:00～22:00（貴賓室及酒吧）※營業時間及公休日可能變動 京都市東山区妙法院前側町445-3 市巴士東山七条下車步行3分，京阪七條站步行10分 P有

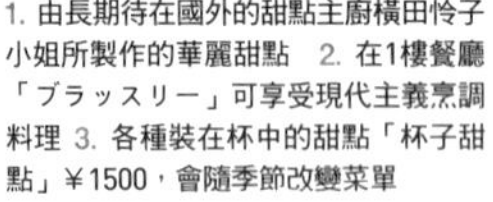

1. 由長期待在國外的甜點主廚橫田怜子小姐所製作的華麗甜點 2. 在1樓餐廳「ブラッスリー」可享受現代主義烹調料理 3. 各種裝在杯中的甜點「杯子甜點」￥1500，會隨季節改變菜單

使用豐富水果製成的飯店特製豪華芭菲各￥2900

Special 2

Four Seasons

坐特等席更美味♪

庭院 × 甜食 感受四季的咖啡時光

可從飯店大廳看見平安時代名庭及料亭打理的茶房苔庭，兩者與甜點的頂級協作讓人迫不及待。

tips

室內陳設也值得一看

「磁磚」

特別訂製的織部燒磁磚，映照出窗外照進來的光線與庭院的綠景，顯得相當夢幻

可眺望擁有約800年歷史名庭的豪華貴賓室

tips
可感受大自然的空間令人注目

「水面」

天花板的燈光與大理石地板都是以池庭「積翠園」為形象

用五感好好欣賞老鋪料亭的品味極致

濃郁到彷彿在啜飲一杯抹茶的無碍山房濃抹茶芭菲¥1601。店主精選的容器與湯匙也襯托出芭菲的美味

無碍山房 Salon de Muge

むげさんぼうサロンドムゲ

由馳名國內外的料亭「菊乃井」設置於總店旁的茶房，可看見矗立著2株櫻花古木的風雅苔庭。除了本店的名產便當之外，由料理長手製的抹茶芭菲及本蕨餅等正統派甜點也頗受好評。

祇園 ▶MAP 附錄 P.13 D-2

075-561-0015（預約專用）、075-744-6260（洽詢） 休 不定休

時雨便當11:30～13:00（可預約）、咖啡廳11:30～17:00 京都市東山区下河原通高台寺北門前鷲尾町524 京阪祇園四條站步行15分 P 無

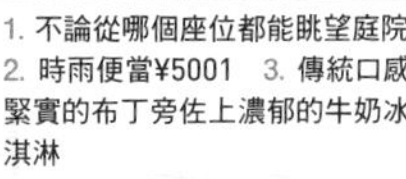

1. 不論從哪個座位都能眺望庭院 2. 時雨便當¥5001 3. 傳統口感緊實的布丁旁佐上濃郁的牛奶冰淇淋

Special 3

從市區再往裡面走一點

祕密基地×裝修空間

打開非日常的大門

在想要來點不一樣的日子裡，不妨到這種能刺激想像力的小巷及空間度過時光吧？

高架塌塌米上也陳列了許多物品。人氣插畫家Noritake及白根ゆたんぽ也有參加「三三屋盤子系列」。各￥4104

與一澤信三郎帆布合作的御朱印帳收納包，也可當作化妝包（黑色是招牌色）各￥7344

解開四角的扣子就能攤平的便利收納盒￥7344

1889年在京都市下京區製造花牌起家的任天堂製「瑪利歐花牌」￥2700

前往嶄新又令人懷念小巷吧！

Hello!

三三屋

みみや

京都誕生的設計工作室groovisions將小巷內的長屋重新翻修而成的選物店。從與京都老鋪合作商品到原創商品，店內陳列了散發獨到品味，能透過物品重新發現京都的生活商品。身兼店主及泥水匠的小林常司先生所打造的摩登土牆也值得注目。

四條烏丸 ▶ MAP 附錄 P.17 C-3

075-211-7370 休 週一～五（逢假日則營業） 12:00～19:00 京都市中京区東洞院蛸薬師下ル元竹田町639-11 地鐵四條站、阪急烏丸站步行5分 P 無

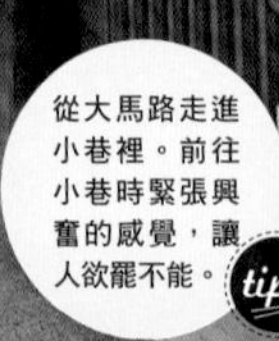
從大馬路走進小巷裡。前往小巷時緊張興奮的感覺，讓人欲罷不能。 tips

Maker
メーカー

將以前的當舖大膽改裝的店內值得一看。從使用6大張櫸樹板貼合製成的大餐桌到紅色的配線，甚至連用水位置全都是手工打造，相當驚人。出生於外賣店的店主吉岡慶先生運用敏銳的舌尖味覺所烹調的多國籍料理，每一道都充滿了創意與巧思。

四條大宮 ▶ MAP 附錄 P.6 A-4 ☏Ⓡ

☎075-950-0081　休週一、二　🕒12:00～14:00（週六為11:30～）、18:00～20:00（晚餐僅提供事先預約的全餐）※週六午餐全餐¥3,850，晚餐全餐¥5,500～　📍京都市右京區西院三藏町49　👣阪急西院站步行5分　🅿無

kira kira

以前安裝在歐洲工廠的大型燈具

遍布天花板和牆壁的配線

只要圍著大餐桌坐
素不相識也能變成家人♪

1. 添加季節香草的自家製餅乾以及與餅乾相當合拍的奶油乳酪、香料沾醬
2. 將肉質緊實的雞肉稍微燻香的煙燻京赤土雞。炙烤菊芋的清脆口感也相當棒◎

整間店就像件藝術作品一樣！

連細節也絕不妥協！在構想與製作費時3年的藝術空間享用私藏的晚餐

伏見稻荷大社 × 遊山 到山頂求保佑

不只是拍網美照，如此神聖美麗的景色，一定要親眼目睹，實際走訪確認！

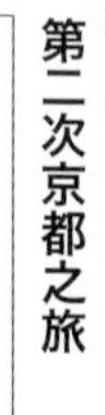

境內所到之處都佇立著樣貌威嚴的狐狸雕像，是招喚幸福的神使。不妨數數看有多少尊雕像吧

伏見稻荷大社

ふしみいなりたいしゃ

全國共3萬間稻荷神社的總本宮。自奈良時代坐鎮稻荷山以來，已過了1300年。該地自古以來也是物流的據點，從御所看來，座落於作為門戶且培育稻米之地皆吉利的東南方。該神社被當成保佑生意興隆與達成心願的神明，受到眾人虔誠信仰，現在已成為京都第一觀光景點。

伏見稻荷 ▶ MAP 附錄 P.21 A-2

075-641-7331 休無休 境內自由參觀（御神籤、護身符授予所8:00～17:30） 京都市伏見区深草藪之内町68 JR稻荷站即到、京阪伏見稻荷站步行5分 ¥自由參觀 P有

神祕的世界
讓人心跳加速……！

沿著地表蜿蜒且連綿不絕的朱紅鳥居，彷彿會沒有盡頭地延續下去

総本家 宝玉堂

そうほんけほうぎょくどう

出車站即到，也售有伴手禮♪

創業約90年的煎餅店。可愛的臉蛋的狐狸煎餅（大片3入￥550，小片3入￥400）帶有絕佳的白味噌風味，請務必買來當作散步的零嘴。

伏見稻荷 ▶ MAP 附錄 P.21 A-2

☎075-641-1141
休無休 營7:30～18:00
京都市伏見区深草一ノ坪町27-7 京阪伏見稻荷站出站即到 P無

歡迎光臨！

route 1 樓門

這裡是神社的門戶。1589年，豐臣秀吉興建此門作為母親大政所病情康復的贈禮。

高度約15m的雄壯樓門，為日本最大規模

route 2 本殿

在應仁之亂燒毀後於1499年復興，是境內最古老的建築物。稻荷大神祭祀在此，姿態壯麗，不虧是神社的顏面。

造型大膽、用色華麗的屋頂值得注目！

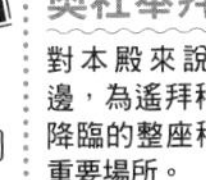

route 3 千本鳥居

供奉鳥居的習俗是從江戶時代延續下來的，當時就有供奉鳥居作為讓心願「通過」的回禮。

可透過位於右邊後方的「重輕石」占卜願望能否實現！

route 4 奧社奉拜所

對本殿來說位於東邊，為遙拜稻荷大神降臨的整座稻荷山的重要場所。

route 5 四辻

清少納言曾在《枕草子》中透露「巡拜稻荷山」登山路線的辛苦。繞行稻荷山一圈約2小時。

在一峰祈求生意興隆後回家吧

終於抵達稻荷山頂（標高233m），辛苦了！繞山頂一圈後回到四辻，然後下山。

稍微喘口氣後放眼眺望京都市南部的街道，還能看到京都塔

coffee time

Vermillion-cafe.

バーミリオンカフェ

出生於境內茶屋的店主，歷經長年國外生活後所開設的咖啡廳。可以喝到道地的咖啡，抹茶拿鐵的美味也受到行家喜歡。天氣晴朗時，可坐在舒適的露台席。

伏見稻荷 ▶ MAP 附錄 P.21 A-2

☎非公開 休週三 營9:30～16:00 京都市伏見区深草開土口町5-31 JR稻荷站步行10分，京阪伏見稻荷站步行13分 P無

宇治抹茶甘納許￥750及濃縮咖啡¥400

Special 5

自江戶時代起就很「上鏡」

下雨天心情也嗨翻天

花卉×色彩繽紛 美得像幅畫的庭園

晴天雖然很好，雨天時也可以欣賞別有風情的庭園。去尋找最棒的欣賞角度吧。

4

2

3

1

1. 在庭園能遇到這種隱藏角色，讓人心情安穩的地藏菩薩　2. 槭葉蚊子草在初夏時會開滿粉紅色的小花　3. 可當作風景明信片的青竹與圓窗　4. 這張色彩也很夏天。姿態凜然的紫色花朵是鐵線蓮

詩仙堂

しせんどう

江戶時代的文人石川丈山所興建的山莊為其起源。從房間望去庭園，杜鵑花造型修剪得生動有緻。從矮小的門難以想像堂內竟會如此寬廣，如果發現中意的場所，會想在不同季節多來幾趟。

修學院·一乘寺 ▶ MAP 附錄 P.3 D-1

☎075-781-2954　休5月23日　🕒9:00～16:45　📍京都市左京区一乗寺門口町27
👣市巴士一乗寺下り松町下車步行7分
¥500円　P無

Welcome

三室戸寺

みむろとじ

奈良時代創建的古刹，為關西數一數二的花寺。又名「繡球花寺」，境內約50種1萬株的繡球花陸續綻放。以健行的心情巡遊有山有谷的廣大境內，據說找到心型繡球花就代表好運來臨，設成手機待機畫面還能帶來保佑。

宇治 ▶ MAP 附錄 P.21 B-3

☎0774-21-2067 休12月29～31日
🕒8:30～16:00(視季節而異)
📍宇治市菟道滋賀谷21 🚶京阪三室戸站步行15分 ¥500円(繡球花園開園期間1000円) P有

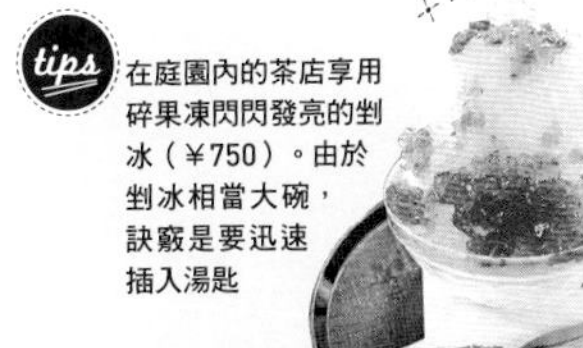

tips 在庭園內的茶店享用碎果凍閃閃發亮的剉冰（¥750）。由於剉冰相當大碗，訣竅是要迅速插入湯匙

1. 不太一樣的繡球花，有「星櫻」、「早安」、「蒙娜麗莎」等獨特的名稱 2. 在茶店喝杯茶。春天的地表染上一片粉紅色杜鵑 3. 雨停後嬌嫩的繡球花，水珠還閃耀著光芒 4. 花瓣相當清透的蓮花，不妨早起欣賞吧

走在森林中看見心型繡球花♡

翹首以待的春天來了！

櫻花×震撼人心

格外適合賞花的好天氣

春季時，古都彷彿被施了魔法般，染成一片粉紅。一起尋找晴朗美麗的「優雅」櫻花吧。

沐浴在紅枝垂櫻下讓人心醉神迷

平安神宮

へいあんじんぐう

1895年為紀念平安京誕生1100週年所創建。朱紅的柱子，碧綠的屋瓦以及深粉紅的花，都是京都春天的代表色彩。在紅枝垂櫻競相盛開的神苑，拍下與印象相符的高雅華麗照片。

平安神宮 ▶ MAP 附錄 P.15 D-2

☎075-761-0221 休無休 ⏰6:00～17:00（夏季到～18:00），神苑8:30～17:30（視季節而異），夜間點燈預定在4月上旬18:15～21:00 📍京都市左京区岡崎西天王町 🚶市巴士岡崎公園美術館·平安神宮前下車步行3分 ¥境內免費，神苑600円 P無

—— Best Shot!! ——

（右）精緻的裝飾燈籠也很上鏡，是必須特別查看的小物品（左）大鳥居是岡崎區域的地標。附近的琵琶湖疏水道沿岸也是賞花景點

映照在窗戶的櫻花。透過手工製玻璃窗，可看到花瓣在櫻花樹獨特的搖晃中飄落下來

7棵在院子裡盛開的櫻花樹

京都府廳舊本館

きょうとふちょうきゅうほんかん

京都首屈一指的隱藏賞櫻景點，知道後就會想分享給其他人。在四周環繞著復古建築的中庭裡，有圓山公園初代枝垂櫻的孫子「祇園枝垂櫻」、新品種山櫻「容保櫻」，以及由知名女演員命名的「遙」等，7棵極具話題的櫻花樹齊聚一堂。

京都御所 ▶ MAP 附錄 P.6 B-1

075-411-5000 休參照官網 10:00～17:00 京都市上京区下立売通新町西入薮ノ内町 地鐵丸太町站步行10分 免費 P無

在中庭裡可坐在長椅上，眺望以洋房為背景盛開的櫻花

以花瓣做戀愛占卜

妙蓮寺

みょうれんじ

在西陣一帶內行人才知道的隱藏賞櫻名勝。其中的御會式櫻是種超我行我素的品種，自晚秋起慢慢綻放一些，直到春天才完全盛開。據說只要將飄落的花瓣帶回家，戀情就會實現，請務必一試。

西陣 ▶ MAP 附錄 P.8 B-4

075-451-3527 休週三

10:00～16:00 京都市上京区寺ノ内通大宮東入ル 市巴士堀川寺之內下車即到 境內免費，方丈、庭園500円，寶物殿300円(需預約) P有

御會式櫻的場所位在本堂的右前方。忍著寒冷綻放的堅強模樣，讓人不禁想替它打氣

tips

京都櫻花季約1個月

由於櫻花的種類眾多，從3月下旬到4月下旬看點不斷。1. 眾所熟悉的染井吉野櫻 2. 可愛的大島櫻 3. 優雅的紅枝垂櫻

在磨得光亮的漆黑畫布上萌生翠綠。

Special 7

讓人不禁停下腳步

青楓×夢幻氛圍 終生難忘的風景

彷彿能從樹林獲取滿溢而出的生命力，滿目皆是蓊鬱翠綠的世界。前往純潔神祕的境地吧。

瑠璃光院

るりこういん

矗立在遠離人煙的比叡山山腳下，僅限春秋時期可參觀。映照在桌上及地板上的楓葉讓人陷入彷彿不是現世風景的錯覺，充滿高級感。可在此寫經或品嘗抹茶，度過半天時光。

八瀨 ▶MAP 附錄 P.3 D-1

075-781-4001 休 僅春秋時期特別開放
10:00～16:30 京都市左京区上高野東山55 叡山電車八瀬比叡山口站步行5分
¥2000円 P 無

1. 可從書院2樓欣賞「琉璃之庭」的青楓　2. 走上石階到「山露地之庭」，可看到錦鯉迎客　3. 庭園表現出閃耀琉璃色光輝的淨土世界　4. 從八瀨比叡山口站過橋後，前往長青苔的參道

C'mon C'mon!

美到不行的青楓 Best Day是？ tips

散發新葉香氣的初夏、與青苔合演的美麗梅雨季、微風穿過樹梢的夏天。從春天到入秋期間，總是綠葉茂密！

1. 在閑靜的庭院中時光慢慢流逝，心也平靜下來
2. 石製洗手盆內清澈的水，似乎連身心都能淨化

天與地和綠茵相呼應的另一個世界

祇王寺

ぎおうじ

在《平家物語》中登場的祇王與母親、妹妹，以及與祇王一樣曾受到平清盛寵愛的佛御前，在這間寺院過著誦經唸佛的日子。到了初夏，宛如天鵝絨般的青苔與翠綠的青楓融為一體，營造出神聖的氣氛。在綠色靈氣的包圍下恢復精神♪

嵐山·嵯峨 ▶ MAP 附錄 P.18 A-2

075-861-3574 休無休
9:00～16:30(受理結束)
京都市右京区嵯峨鳥居本小坂町32 市巴士嵯峨釈迦堂前下車步行15分 ¥300円 P無

療癒祇王等人心靈的閑靜山寺

Special 8

發現令人賞心悅目的秋天♪

紅葉×感動絕景 精選京都賞紅葉景點

京都的紅葉是比人為妝點
還來得耀眼美麗的天然美女。
一起去欣賞星級紅葉景點吧。

不論哪種紅葉都能整片染上的正統秋季景色

永觀堂

えいかんどう

自古以來就被譽為「紅葉永觀堂」的賞紅葉名勝。分布於東山山腳的堂內竟有多達3000棵的楓樹，可以欣賞參道的紅葉隧道、映照在池塘的水紅葉、生長在山崖上強而有力的山紅葉，還有庭院紅葉夜間點燈等形形色色的紅葉。

銀閣寺 ▶ MAP 附錄 P.11 B-3

☎075-761-0007 休無休 營9:00～16:00 ◎京都市左京区永観堂町48 市巴士南禅寺·永観堂道下車步行3分 ¥600円(秋季寺寶展期間為1000円) P有(寺寶展、夜間點燈期間不可停車)

1. 在日本庭園的茶店賞紅葉，連天空也被染成一片緋紅♡ 2. 座落於境內最高處的多寶塔腳邊也飾有紅葉

常寂光寺

じょうじゃっこうじ

藤原定家編纂《小倉百人一首》時居住的常寂光寺，座落於小倉山山腰上。從茅葺屋頂的仁王門延伸而上的末吉坂，是欣賞散落紅葉的景點。在連天空都遮蔽住的驚人紅葉隧道裡，飄落在深紅的石階、參道旁青苔上的暗紅樹葉，是嵯峨野的代表性美景。

嵐山·嵯峨野 ▶ MAP 附錄 P.18 A-2

☎075-861-0435 休無休 營9:00～16:30 ♀京都市右京区嵯峨小倉山小倉町3 嵐電嵐山站步行20分 ¥500円 P有

已經成為主流的

「散落紅葉」

在前面的青楓介紹過祇王寺（»P.31）等有青苔與石階的景點，落葉顯得相當上鏡。在東、西本願寺也能看到散落的銀杏葉將大地染成一片金黃

東寺（教王護國寺）

とうじ（きょうおうごこくじ）

平安京歷史最悠久，也被列為世界遺產的寺宇。在毫無遮蔽的廣大天空，可看到京都地標五重塔最美侖美奐的模樣。四周圍繞著紅葉的葫蘆池點燈後映照出上下對稱的五重塔，美得令人渾身顫抖。

»P.123

圓光寺

えんこうじ

在匯集江戶時代名庭的洛北也是首屈一指的名勝。寺內的「十牛之庭」中，石牛充滿威嚴地坐鎮其中，據說這是用石牛來比喻通往悟道的過程。若將門柱看作畫框，就會對眼前經過精心計算的風景著迷不已。

修學院·一乘寺 ▶ MAP 附錄 P.3 D-1

☎075-781-8025 休無休（紅葉時期參觀採事先預約制，可上官網預約） 營8:00～17:00 ♀京都市左京区一乗寺小谷町13 市巴士一乗寺下り松町下車步行10分 ¥1000円 P無

在柔軟輕盈的青苔中，受紅葉邀請而探出頭來的地藏菩薩

P.36 Area 01

古董和服超美的！
適合拍照的

清水寺一帶

京都通帶你1日遊
～老地方新發現～

MUST SEE, MUST VISIT

由京都通帶你去必去的經典景點，以及現在最受注目的熱門區域。一如往常的街道再往內部走，平時的京都會是什麼樣子呢？

Area 01

古董和服好俏麗！

適合拍照的清水寺一帶

換上復古和服，身心也彷彿神遊在古都一般。為了拍下精彩的照片，打扮地可可愛愛散步去吧♪

穿上古董和服漫步古都

八坂塔（法觀寺）為眾所熟悉的東山象徵，高約49m，是日本第3高的五重塔

京都通

夢二カフェ 五龍閣 員工
吉富亞由美小姐

Kiyomizudera

東山區是京都首屈一指的觀光景點。以清水寺為首，熱鬧的參道、擁有美麗庭園的高台寺，也能步行前往祇園。離開主要道路後，意外地也有氣氛沉穩的咖啡廳與閑靜的道路。在人潮減少的夜晚，從清水坂可以看到京都塔點燈，相當漂亮。

PHOTO SPOT
抓住從斜坡上仰望八坂塔的角度

きよみずでら
清水寺

興建於音羽山山腰的名剎，以「清水舞台」聞名的本堂為國寶。「音羽瀑布」是清水寺的命名由來，為分成三道流瀉而下的湧泉，被稱作長壽的延命水。近年來，官方IG上莊嚴美麗的照片也成為話題。

清水寺
▶ MAP 附錄 P.13 D-4
☎075-551-1234 休無休
🕒6:00～18:00(夜間特別參觀、成就院庭園特別參觀視季節而異) 📍京都市東山区清水1-294 👣市巴士五条坂下車步行10分 ¥400円
P無

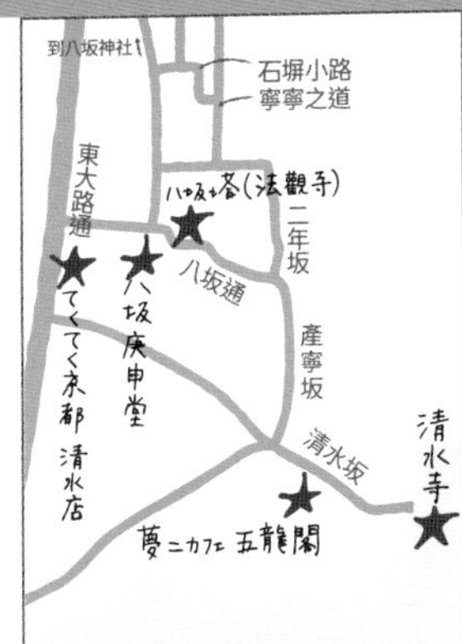

PHOTO SPOT
一串串垂掛在小巧寺堂的束猿，與和服非常相稱

將願望寄託在上鏡的束猿身上

八坂庚申堂
やさかこうしんどう

使用色彩繽紛的布料製作的束猿，是以手腳被綁住的猴子為構想。據說只要供奉寫上心願的束猿，願望就會實現。

清水寺 ▶ MAP 附錄 P.13 C-3
075-541-2565 休 無休
9:00～17:00 京都市東山区金園町390
市巴士清水道下車步行5分 ¥ 免費 P 無

土鈴（小）¥200。每個土鈴的表情各不相同，值得注目！

和西融合的雅緻咖啡廳

夢二カフェ 五龍閣
ゆめじカフェごりゅうかく

以大正時代興建的宅邸作為咖啡廳。店內飾有以美人畫聞名的竹久夢二作品，彩色玻璃及細部裝飾也相當華麗。好想在充滿大正浪漫空間，沉浸在優雅的氣氛中。
※現在休業中，重新開幕時期需上官網確認

清水寺 ▶ MAP 附錄 P.13 D-4
075-541-7111 休 不定休 11:00～17:00 京都市東山区清水寺門前 市巴士五条坂下車步行8分 P 無

俄國咖啡¥720。亦備有使用自製豆腐製成的高雅和式甜點

PHOTO SPOT
在被列為國家登錄文化財的建築物當中，樓梯也很有情調。2樓的走廊可參觀

空手來也沒問題！和服出租店

てくてくきょうとときよみずてん
てくてく京都 清水店

清水寺 ▶ MAP 附錄 P.13 C-3
075-205-3424
休 不定休 9:00～18:30
京都市東山区辰巳町111
市巴士清水道下車即到 P 無

staff voice

從復古和服到蕾絲和服，種類相當廣泛，店鋪隨時備有800件以上。除了基本的和服外，髮型設計及備選配件也相當充實！

費用方案

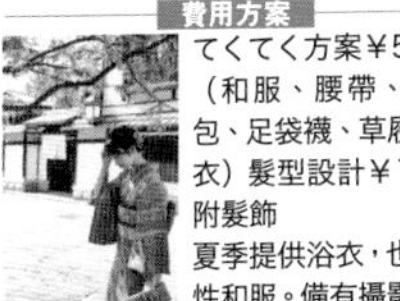

てくてく方案¥5478（和服、腰帶、手提包、足袋襪、草屐、襯衣）髮型設計¥1122附髮飾
夏季提供浴衣，也有男性和服。備有攝影棚

A. 在八坂通的石板路上寧靜散步 B. 石板路延續不斷的產寧坂是通往清水寺必經的參拜路線 C. 連接下河原通及寧寧之道的石塀小路。走往小路時，會有誤入迷宮的感覺 D. 別有風情的二年坂兩側上整排都是伴手禮店

Area
02
參拜後的樂趣

銀閣寺附近的歇腳咖啡廳

在侘寂精神長存的銀閣寺周邊，有許多能讓人感受到日式美感的咖啡廳。

京都通

聖護院八橋總本店
副總

鈴鹿可奈子小姐

Ginkakuji

雖然位於大馬路附近，但只要稍微往裡面走，就能看到豐富的自然景觀。從哲學之道上的櫻花開始，新綠、紅葉，一年四季都充滿魅力。這裡也有許多讓人悠閒放鬆的咖啡廳，尤其SIONE羅列適合用來妝點日常生活的餐具，店內彷彿到人家中叨擾的氣氛令人感到放鬆。

想搭配該店自豪的咖啡（飲料套餐¥350）一起品嘗的可露麗¥400

1. 店內採開放式設計，可聆聽疏水道的潺潺水聲。露台席可攜帶寵物　2. 4月時，店前可看見櫻花隧道

riverside café GREEN TERRACE

リバーサイドカフェグリーンテラス

在文豪淵源地享受咖啡時光

這間咖啡廳矗立在連接銀閣寺與南禪寺的哲學之道上，平靜的疏水道沿岸，提供前來光顧的顧客在綠意盎然中放鬆度過。該店興建在與谷崎潤一郎有淵源的女性所經營的咖啡廳舊址上。

銀閣寺 ▶ MAP 附錄 P.11 B-2

075-751-8008　休 週三、二不定休　10:00～18:00
京都市左京區鹿ケ谷法然院町72　市巴士南田町下車步行3分　P 無

ぎんかくじ じしょうじ
銀閣寺（慈照寺）

源自將足利義政興建的東山山莊改建成臨濟宗相國寺派的禪寺。除了被稱為銀閣的觀音殿外，方丈前的向月台及銀沙灘也是看點之一，讓人想要跟著感受侘寂精神。

銀閣寺
▶ MAP 附錄 P.11 B-1
075-771-5725
休 無休　8:30～17:00（12～2月為9:00～16:30）
京都市左京區銀閣寺町2
市巴士銀閣寺道下車步行5分　¥500円
P 無

1. 在保留前旅館氣氛的店內，讓素雅器皿顯得相當好看　2. 空間以白色為基調，欣賞傳統及新穎器皿在此完美調和

3. 蘊含故事的商品，讓人想根據不同送禮對象來選購
4. 迷你杯¥3850

細膩的設計引人注目 有故事的器皿

SIONE 京都銀閣寺本店

シオネきょうとぎんかくじほんてん

陳列居住京都的陶板畫作家SHOWKO小姐作品的展示廳。以「讀器」為創作理念，每件作品都各有故事的設計相當美麗。

銀閣寺 ▶ MAP 附錄 P.11 A-1

075-708-2545　休 週二～四(有不定休)
11:30～17:30　京都市左京区浄土寺石橋町29　市巴士銀閣寺道下車步行3分　P 無

彷彿童話開頭出現的 爬滿常春藤的洋房

GOSPEL

ゴスペル

可眺望從大文字山綿亙到東山風景的咖啡廳。在此享用現烤的司康等在英國習得的手工甜點，在黑膠唱片音色的包圍下，享受放鬆的下午茶時間。

銀閣寺 ▶ MAP 附錄 P.11 B-1

075-751-9380　休 週二，有不定休
12:00～18:00
京都市左京区浄土寺上南田町36
市巴士銀閣寺前下車步行3分　P 無

1. 以懷舊的尖屋頂塔為標誌
2. 相當符合空間形象的司康套餐￥1500
3. 六角形的日光室為特等席

哲學之道

從銀閣寺往南，沿著琵琶湖疏水道延續約15㎞的步道。感受著季節遷移，試著陷入思索也不錯

Area

03

好吃帶著走！

悠閒漫步鴨川

有趣的人、事、物自然而然地匯集在鴨川周邊。購買美味的午餐和零嘴，來這裡休息一下吧♪

京都通

編輯
阿地あずさ小姐

Kamogawa

鴨川這個地方，無論何時來心情都會很好。對我們在地人而言，鴨川感覺就像公園，晴天時就到附近的酒商買紅酒、熟食及麵包到這裡度過悠閒時光。在鴨川三角洲周邊也會有人吹薩克斯風或是打太極拳。其中我最喜歡來這裡發呆，尤其是初夏感覺特別棒。

將配料夾在如同披薩般免發酵的薄餅皮內，烤得又香又酥

也有販售義大利烘蛋及冷麵等義式料理

每月更換的義大利薄餅、烘蛋及塞滿薯條的義大利薄餅套餐¥730～（照片為自家製香腸義大利薄餅）

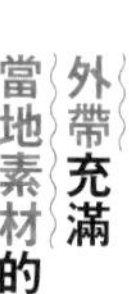

外帶充滿當地素材的義大利薄餅

使用京都產麵粉製的佛卡夏三明治（酪梨鮮蝦）¥300

Piadina屋

ピアディーナや

本店是義大利羅馬涅地區的靈魂美食「義大利薄餅」專賣店。使用京都產麵粉製的麵團，內夾手工配料、醬汁及新鮮蔬菜做成的義大利薄餅共有9種，肉感十足的自家製香腸義大利薄餅人氣最旺。採收時期也會使用自家無農藥菜園中的蔬菜。

上賀茂·下鴨 ▶ MAP 附錄 P.9 C-4

075-708-7102 休 不定休 11:00～20:00 京都市上京區三芳町162 京阪出町柳站步行5分 P 無

讓人想繞道前往的甜點店

包有大量帶鹽紅豌豆餡的名代豆餅¥220

漫步鴨川的能量來源！

でまちふたば

出町雙葉

無論如何一定要品嘗「名代豆餅」。不管什麼時候來總是大排長龍，只要嘗過就會明白箇中道理。就連當地民眾即便排隊也非得吃到！平日傍晚及接近打烊快賣完的時段比較空。蓬餅及蕨餅等季節麻糬也相當好吃。

上賀茂·下鴨 ▶ MAP 附錄 P.9 C-4 Ⓡ

075-231-1658 休 週二、第4週三（逢假日則翌日休） 8:30～17:30（售完打烊，視季節而異） 京都市上京区出町通今出川上ル青竜町236 京阪出町柳站步行10分 P 無

中空而立的蘑菇內，擺滿了童話與自然科學的書籍。露天讀書會即將要開始了♪

1. 植物園的代表性風景「樟樹行道樹」 2. 巨木散發出威嚴莊重的存在感 3. 由於是花木結實植物園的神社，也有人前來祈求金榜題名及戀愛實現 4. 匯集約4500種熱帶植物的觀覽溫室 5. 約有320種玫瑰花綻放

看起來像猴子臉的猴面蘭

京都府立植物園

きょうとふりつしょくぶつえん

為當地熟悉，備受親近喜愛的場所，幾乎讓人忘記這裡是擁有日本最古老公立綜合植物園、國內規模最大溫室、最多入園人數等眾多紀錄的植物園。任何人都能輕鬆地順路來訪，實為充滿看點的祕密景點。

上賀茂·下鴨 ▶ MAP 附錄 P.9 C-2

075-701-0141 休12月28日～1月4日 9:00～16:00，參觀溫室10:00～15:30 京都市左京区下鴨半木町 地鐵北山站即到 ¥入園200円，溫室200円 P有

在綠茵的環繞下深呼吸♪

晴天時，可以享用咖啡及野餐

裝有咖啡的保溫瓶、小點心、馬克杯及桌巾的套組￥1200（1人，90分）。升級方案也可租借餐桌、圓椅及涼蓆

在現烘咖啡豆的香味與糖色古董的環繞下，心情都放鬆下來了

WIFE&HUSBAND

ワイフアンドハズバンド

在河邊發現中意的場所時，就可以帶上小巧可愛的餐桌組享受咖啡時光。店主夫婦就這麼將自己最喜歡的時間投入店內。心血來潮時，可隨時以鴨川為借景，品嘗露天咖啡廳的幸福時光。

上賀茂·下鴨 ▶ MAP 附錄 P.9 C-2

075-201-7324 休不定休(需確認官網的時程表) 10:00～16:30(野餐～15:00) 京都市北区小山下内河原町106-6 地鐵北大路站步行4分 P無

鴨川三角洲

位在鴨川的三角洲，直接通稱「鴨川三角洲」。有的人走過大石塊，或在水邊玩耍，也有人在此野餐……，人們在此各自度過愉快的時光

發現龜石

Area

04

實為可愛甜點的寶庫！

祇園的少女風甜點讓人心跳不已

在大人風格的街道上，發現令人心癢的甜點。不妨繞遠路，尋找隱藏的怦然心動吧♪

京都通

京漆器 象彥 公關
西村和香小姐

Gion

祇園給人日式風情且成熟的印象，其實這裡也有許多讓心情開朗的咖啡廳與甜點，非常推薦女性旅行。春天時架設在白川的巽橋旁，櫻花美不勝收，舉行祇園祭的夏天也相當熱鬧。到了夜晚，花見小路的氣氛頓時變得寧靜。舞妓來來往往，可以充分感受花街特色喔。

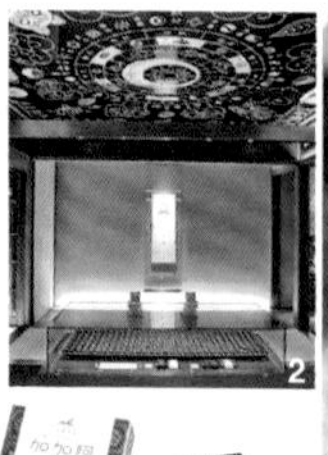
2

1

3

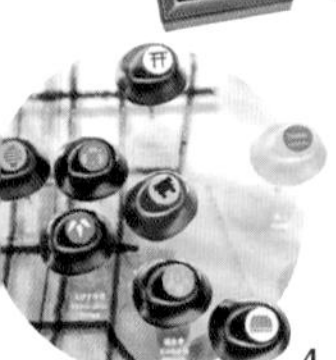
4

5

用巧克力表現京都生活

MALEBRANCHE 加加阿365祇園店

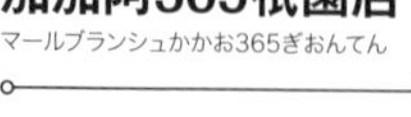

マールブランシュかかお365ぎおんてん

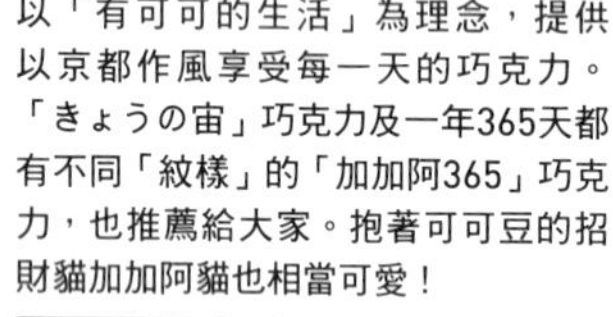

以「有可可的生活」為理念，提供以京都作風享受每一天的巧克力。「きょうの宙」巧克力及一年365天都有不同「紋樣」的「加加阿365」巧克力，也推薦給大家。抱著可可豆的招財貓加加阿貓也相當可愛！

祇園 ▶ MAP 附錄 P.13 C-2

075-551-6060 休 無休 10:00～17:00
京都市東山区祇園町南側570-150 京阪祇園四條站步行5分 P 無(有合作停車場)

1. 加加阿貓巧克力棒各￥496　2. 黃金加加阿貓在一年365天每天改變日期的掛軸前迎接客人　3. 入口即化的加加阿365巧克力（2個裝）￥1188　4. きょうの宙巧克力1顆￥403～，以京都各地名勝的紋樣為設計　5.「もなかかお」在原創最中餅內夾榛果巧克力（3個裝）￥746

架設在白川上的巽橋交織出帶有京都特色的情景，是推薦的拍照景點

別具風情的石板路果然與和服相當搭配，可輕鬆租和服

心型草莓令人心動！
甜點店特有的剉冰

好像花園一樣！
尋找藝術感芭菲

Check!

連奶油都是
心型♡

カフェブルーファーツリー
Cafe BLUE FIR TREE

厚4.5cm的鬆餅¥700，口感外酥內軟，是令人懷念的滋味。淋上楓糖漿享受幸福的感覺吧。

祇園
▶ MAP 附錄 P.12 B-2
☎075-541-1183 休週一（逢假日則營業） 🕒9:00～18:00 📍京都市東山区大和大路通四条下ル大和町6-1 モア祇園1F 👣京阪祇園四條站即到 🅿無

ぎおん徳屋

ぎおんとくや

可享用大量使用國產食材精心製作的蕨餅與剉冰。在削得極薄、入口即化的剉冰，可淋上附加的濃郁草莓牛奶及自家製煉乳，自行調整甜味享用。

祇園 ▶ MAP 附錄 P.13 C-2
☎075-561-5554 休不定休
🕒12:00～18:00（售完打烊）
📍京都市東山区祇園町南側570-127
👣京阪祇園四條站步行5分 🅿無

1. 添加大量草莓與煉乳，滿滿草莓的剉冰（春季限定）¥1350 2. 矗立在祇園小路上的甜點店

金の百合亭

きんのゆりてい

店名是來自歌劇《蘭斯之旅》中作為故事舞台的旅館。在播放古典樂的店內，可享受彷彿欣賞戲劇般的時光。本店的原創芭菲絕不能錯過。

祇園 ▶ MAP 附錄 P.13 C-1
☎075-531-5922 休週三、四 🕒11:00～17:30、18:30～20:30 📍京都市東山区祇園町北側292-2 👣市巴士祇園下車即到 🅿無

1. 一年四季都想吃的原創抹茶芭菲¥1230。照片為初夏的「繡球花」芭菲 2. 八坂神社的西樓門就在眼前，推薦坐靠窗席！

引人注目的朱色樓門

境內有祭祀美麗之神的美御前社，會湧出美容水

やさかじんじゃ
八坂神社

以素戔嗚尊為祭神，能驅邪除惡、保佑生意興隆廣為周知。這裡也是知名的祇園祭舞台，跨年時的「白朮詣」也是不可或缺的冬季風情畫。

祇園
▶ MAP 附錄 P.13 C-2
☎075-561-6155
休無休
🕒24小時均可參拜
📍京都市東山区祇園町北側625
👣市巴士祇園下車即到
¥免費 🅿無

とうふりょうりまつがえ
豆腐料理 松ヶ枝

可品嘗由蕎麥豆腐及抹茶豆腐2種豆腐構成市松圖案的自家製豆腐。

松枝
¥2980

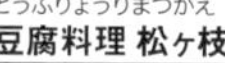

湯豆腐可改成提桶冷豆腐

嵐山·嵯峨野 ▶ MAP 附錄 P.18 B-4
075-872-0102 休 無休
11:00～16:30(觀光季為10:30～)
京都市右京区嵯峨天龍寺芒ノ馬場町3
嵐電嵐山站步行3分 P 無

可欣賞絕景的美食景點

@茶寮 八翠

Area 05

這裡果然是絕景NO.1!

雄偉的嵐山全景觀

嵐山風光明媚，也受到平安貴族喜愛。在此盡情欣賞大自然，重振心情。

京都通

京都翠嵐豪華精選酒店 禮賓部經理
丸山ひろみ小姐

Arashiyama

嵐山的大自然擁有豐富的表情。不僅季節，隨著時間與天氣的變化也能看到不同的模樣，早晨時甚至有種神聖感。若想欣賞與平常不同的景色，可搭乘提高視線的人力車周遊嵐山，以渡月橋及竹林為背景拍照留念也不錯。

渡月橋

形同嵐山象徵的存在。好想拍下以嵐山為背景，美麗延伸的渡月橋

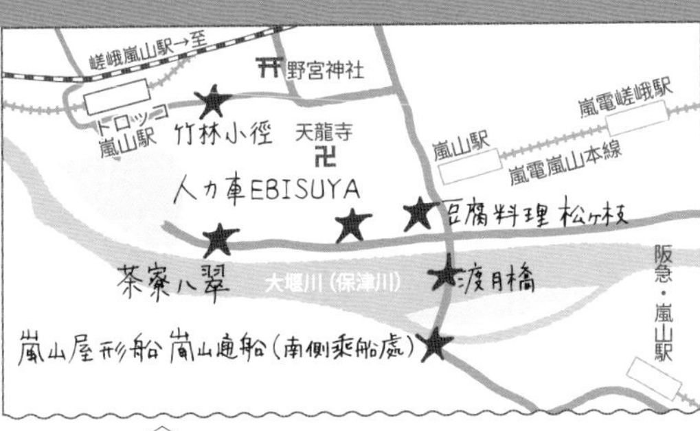

さりょうはっすい

茶寮 八翠

可就近眺望保津川。與和菓子老鋪的合作菓子，每2個月會更換種類。

和風下午茶￥5313（需預約）

嵐山・嵯峨野 ▶ MAP 附錄 P.18 A-4

075-872-1222 休無休 11:00～17:00
京都市右京区嵯峨天龍寺芒ノ馬場町12 京都翠嵐豪華精選酒店內 嵐電嵐山站步行6分 P有

&MORE

能好好欣賞景色的交通工具

藉由船夫用一根竹竿撐船遊覽，一直到流經嵐山中心的大堰川，讓人想隨著舒服的風感受充滿嵐山風情的景色。所需時間約30分。

あらしやまのやかたぶねあらしやまつうせん

嵐山屋形船 嵐山通船

嵐山・嵯峨野 ▶ MAP 附錄 P. 18 B-4

075-861-0302 休無休
9:00～16:00 北側乘船處/南側乘船處 京都市西京区嵐山中尾下町 嵐電嵐山站步行10分，阪急嵐山站步行15分
¥包租船2人4000円，每增1人1500円 P無

熟知街道魅力的車夫以輕快的步伐及導覽，營造出一段特別時光。此外，車夫也會介紹祕密景點及攝影景點。1區間12～13分。

じんりきしゃのえびすや

人力車EBISUYA

嵐山・嵯峨野 ▶ MAP 附錄 P. 18 B-3

075-864-4444 休無休
9:30～日落 京都市右京区嵯峨天龍寺芒ノ馬場町3-24（主要搭乘處：渡月橋北側）
嵐電嵐山站步行3分
¥1區間3000円 P無

隨著小船搖晃欣賞絕景♪

竹林小徑

從野宮神社到大河內山莊庭園的路段，沿途竹林高聳蓋天

尋找最佳拍攝角度！

Area

06

藝術文化大集合

悠哉漫步藝術的岡崎

美術館及劇場等在此聚集，醞釀出獨特氣氛的街道。來此悠閒巡遊，好好補充心靈營養。

京都通

撰文與編輯

村松美賀子小姐

Okazaki

十石舟往來的岡崎疏水道、平安神宮的大鳥居、美術館及劇場，還有咖啡廳，京都的魅力都匯聚在岡崎。能細品寧靜的潺潺小路，黃昏時京都羅姆劇場旁的廣場也很有魅力。京都市動物園的「藪犬」雖然看起來不太起眼，卻令人在意，我很喜歡這種讓人放鬆無力的感覺。

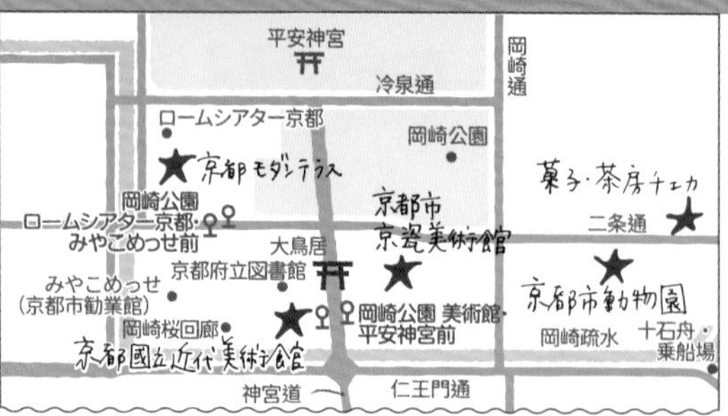

京都市動物園

きょうとしどうぶつえん

1903年開園，為全國歷史第二悠久的動物園。近年重新整修，可更近距離觀看動物。請一定要去跟灣鱷標本比身高拍照。

岡崎 ▶ MAP 附錄 P.11 A-4

075-771-0210 休週一（逢假日則翌平日休） 9:00～17:00（12～2月至～16:30） 京都市左京区岡崎法勝寺町岡崎公園内 市巴士動物園前下車步行2分 ¥750円 P無

長頸鹿「未來」的腳上有心型花紋♡

1.「童話王國區」的山羊相當悠哉

2. 在猛獸世界區，聚集了美洲豹、對馬山貓等貓科動物

復古可愛的摩天輪也令人注目

十石舟

在船上可欣賞兩岸的櫻花，度過優雅的時光

岡崎疏水道

說不定會在水邊遇見鴨子母子！？讓心情感到平靜

京都市京瓷美術館
きょうとしきょうセラびじゅつかん

攝影：來田猛

1933年創立，2020年重新改裝，將館內改裝為活用創立當時沉穩優美的建築樣式，同時隨處增加開放感的空間。可欣賞從京都畫壇的日本近代美術到現代美術等種類廣泛的展示。

岡崎 ▶ MAP 附錄 P.15 D-3

☎075-771-4334 休週一（逢假日則開館）、過年期間 ⏰10:00～18:00 📍京都市左京区岡崎円勝寺124 🚶市巴士岡崎公園 美術館・平安神宮前下車即到 P有（付費）

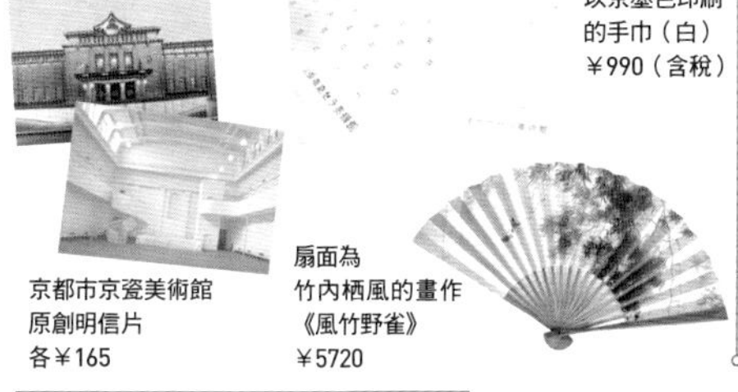

京都市京瓷美術館原創明信片各￥165

扇面為竹內栖鳳的畫作《風竹野雀》￥5720

以京墨色印刷的手巾（白）￥990（含稅）

京都國立近代美術館
きょうとこくりつきんだいびじゅつかん

透過展示來傳達繪畫、雕刻以及包括電影及照片等現代藝術的美術史。可觀賞國立電影資料館所藏多達約8萬部收藏影片。

岡崎 ▶ MAP 附錄 P.15 D-3

☎075-761-4111 休週一（逢假日則翌日休） ⏰10:00～17:30（企劃展期間的週五～19:30） 📍京都市左京区岡崎円勝寺町岡崎公園内 🚶地鐵東山站步行10分 ￥430円（特展費用另計） P無

讓人想寫出端正字體的一筆箋便條紙各￥380

上野莉奇的作品加工製成的文件夾各￥300

讓人想順道前往的咖啡廳 & 甜點店

甜甜圈造型的チェカ提拉米蘇￥500，以白巧克力裝飾

充滿個性的實力派
かしさぼうチェカ
菓子・茶房 チェカ

在茶房使用茶釜的熱水沖泡咖啡。看著店員細心沖泡，讓人心滿意足。

岡崎 ▶ MAP 附錄 P.11 A-3

☎075-771-6776 休週一、二 ⏰10:00～17:00（18:00閉店） 📍京都市左京区岡崎法勝寺町25 🚶地鐵蹴上站步行13分 P無

位於蔦屋書店 2F 的咖啡廳
きょうとモダンテラス
京都モダンテラス

充滿開放感的咖啡廳。使用進進堂山形吐司做的法式吐司（￥1320～）下午3時起供應。

岡崎 ▶ MAP 附錄 P.15 D-2

☎075-754-0234 休不定休 ⏰11:00～19:00 📍京都市左京区岡崎最勝寺町13 ロームシアター京都 パークプラザ2F 🚶市巴士岡崎公園 ロームシアター京都・みやこめっせ前下車即到 P無

大鳥居

高聳的大鳥居。仔細看側面就會發現細緻的裝飾雕刻！

岡崎櫻迴廊

也是賞櫻名勝，疏水道沿岸的散步道上有櫻花隧道

Area

注目的
時尚區域

到紫竹尋求美麗的邂逅

紫竹在這幾年匯集許多個性派店家，想前往講究的商店就來這裡♪

京都通

CIRCUS COFFEE
店主
渡邊良則先生

Shichiku

在能感受京都便服模樣的住宅街，混雜著新舊店家，適合悠閒散步。高麗美術館為祕密景點，收藏朝鮮古美術品，屬於針對特定愛好者的美術館，最近也能看到新鮮的展示主題。下雨天時，別具情趣的小庭院顯得更寧靜美麗。

可愛卻有骨氣的街道咖啡豆店

CIRCUS COFFEE

サーカスコーヒー

如同CIRCUS一詞的意思，店主夫婦希望該店能匯集男女老少的顧客。店內備有十幾種風味與香味會隨季節而有不同的咖啡豆，都是由烘豆專家渡邊良則先生親手烘焙的。秉持想與顧客詳細交流咖啡豆的理念，堅持專職販售咖啡豆。

紫竹 ▶MAP 附錄 P.8 B-2

075-406-1920　休 週日、一、假日、過年期間及盂蘭盆節　10:00~18:00　京都市北区紫竹下緑町32　市巴士上堀川下車步行5分　P 無

1. 為了讓顧客能高興地拿在手上，連包裝也不馬虎。濃縮歐蕾咖啡¥1512。濃縮歐蕾咖啡無糖．含糖禮盒¥3500　2. 想輕鬆喝到美味咖啡時相當便利的濾掛咖啡組合¥583　3. 原創咖啡罐也好可愛。紅與黑為經典色。原創圓罐200g用¥810＋咖啡豆（僅搭配咖啡豆販售）

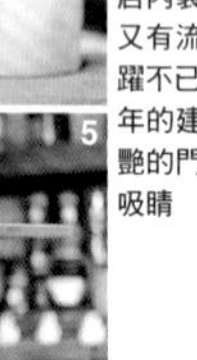

4. 5. 老闆娘所設計的店內裝潢，色彩繽紛又有流行感，讓人雀躍不已　6. 在屋齡百年的建築物，色彩鮮艷的門簾及招牌相當吸睛

靜靜地留意季節更迭

みたて

在傳統京町家經營的花店。以將樹葉、果實及花等可愛自然風物搭配而成的「季節木箱」為首，店主西山隼人先生透過融合日本自古以來的「比擬」之心及新感性所表現的插花備受好評。

紫竹 ▶ MAP 附錄 P.8 B-1

075-203-5050 休 週一、日(週二、三、四為預約制)
12:00～17:00 京都市北区紫竹下竹殿町41
市巴士下岸町下車步行3分 P 無

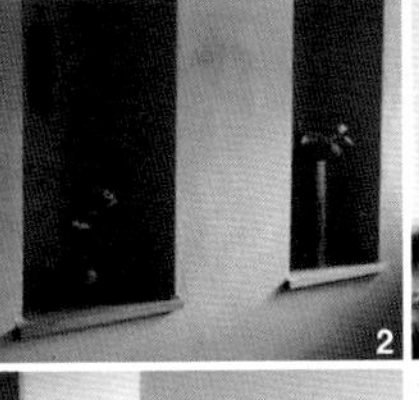

1. 基於「以飲食來說就是自然食，天然植物也能提供心靈營養」之理念，專售非透過市場取得的自然植物 2. 3. 亦販售古董花器。可以感受到「留白之美」的擺設相當出色 4. 4寸季節木箱￥4400。需在1星期前預約取貨

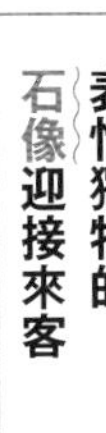

1. 2. 小的庭院設置了許多石像

表情獨特的石像迎接來客

高麗美術館

こうらいびじゅつかん

透過春季及秋季展覽會介紹創設人鄭詔文在日本蒐集的陶器及繪畫等朝鮮半島的美術品。店內設有設置五重塔及石人像的庭院，只要穿越拱門「不老門」就能年輕6歲（!?）。

紫竹 ▶ MAP 附錄 P.8 B-1

075-491-1192 休 週三(逢假日則翌日休)
10:00～16:30 京都市北区紫竹上岸町15
市巴士加茂川中学前下車即到
¥ 500円(特別展的話則有變動) P 有

也可順路來此光顧！

おぼろやずいうんどう

朧八瑞雲堂

烤得濕潤的餅皮內，夾了大量口感鬆軟的鮮奶油製成的「生銅鑼燒」發祥店。可享用抹茶、小倉紅豆等共9種口味。

紫竹 ▶ MAP 附錄 P.8 B-1

075-491-6011 休 無休
9:00～18:00(會提早打烊)
京都市北区紫竹上竹殿町43-1 市巴士下竹殿町下車即到 P 無

超級衝擊!

生銅鑼燒
各¥370～460

Kyoto cycling

利用通暢無阻的自行車提昇效率

想要有效率地遊逛在京都市內的名勝景點，建議騎自行車。善用自行車，就能聰明旅遊。

租自行車舒適遊京都

騎上靈活行進的自行車隨心所欲暢遊，Let's Go

多虧京都市的街道有「棋盤網格」之稱，不僅方位一目了然，而且坡道又少，自行車在市內相當方便。不需在意巴士的時間與人潮擁擠，能照自己的步調移動是自行車的魅力所在。只要走與平時不同的路線，就能期待邂逅祕密景點及小巷內的咖啡廳！

想騎自行車就到這裡

事先確認

在先斗町、新京極及三條通等鬧區路上有禁止騎自行車及停車的區域，最好事先確認

京都御苑

雖是砂石路，不過騎在長年通行所形成的無砂石小路上才是京都作風。

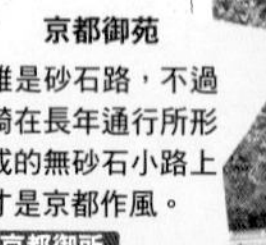
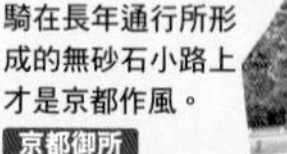
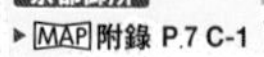

京都御所

▶MAP 附錄 P.7 C-1

鴨川

沒有紅綠燈也沒有車輛，可舒適地騎車奔馳。從四條大橋到賀茂大橋約15分(約3km)

上賀茂·下鴨

▶MAP 附錄 P.9 C-4

Point1 節省交通費

每次移動都搭電車或計程車，會增加支出。自行車租金以天為單位計算，令人安心

Point2 可於市內10處地點租還

可在希望的分店租車還車，不過電動自行車只能到租車地點還車

Point3 也可透過住宿設施

亦可在合作住宿設施（參見官網）租自行車。車輛已加入損害保險，令人放心

「租借自行車分店」相當便利

Kyoto Cycling Tour Project

きょうとサイクリングツアープロジェクト

京都市區內有10間自行車租借站，由南到北覆蓋整個市區。可以甲地乙還（回收費用需另付￥600）。

八條口分店為京町家建築

祇園 ▶MAP 附錄 P.4 B-2

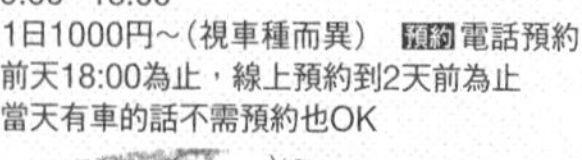

☎075-354-3636 休無休

🕘9:00～18:00

¥1日1000円～(視車種而異) 預約 電話預約到前天18:00為止，線上預約到2天前為止

※當天有車的話不需預約也OK

感受街道的景色與氣氛 輕鬆愉快的自行車之旅

網羅眾多美食！

Gourmet

早餐、午餐到晚餐都囊括在內，甜點當然是另一個胃！讓身心都獲得滿足的京都美食。今天要去哪裡呢？

Enjoy your meal!

高瀨川くりお »P.63

不僅好吃，CP值也極具魅力

享用讓人感到幸福的和食午餐

京都和食善於運用風味豐富的高湯，
一道道傳統技巧及各店創意出類拔萃的料理令人著迷。
這次旅行要在哪間店度過愉快的午餐時光呢？

柚子雜燴飯
¥4620

附有16個朱盤、烤物及名產柚子雜燴飯。這天的菜色有鯛魚龍皮捲、美山豆皮芥末勾芡、鯖魚棒壽司……等。每一道菜都各具魅力，讓人想全部介紹！

多汁的柚子香氣及風味擴散開來，氣氛也進入最高潮！

1. 天花板及陳設使用屋齡約90年建築物的古材，打造出饒富風趣的建築 2. 從玄關往灑過水的石階每走一階，就會提高非日常感

可愛模樣讓人興高采烈
呼應季節的朱色器皿

柚子屋旅館 一心居

ゆずやりょかんいっしんきょ

位於八坂神社南側旁料理旅館內的餐廳。很推薦在能看到有瀑布流淌的庭院，別具情調的空間享用午餐。用16個朱盤盛裝使用豆皮、麵筋及京蔬菜等精選食材做成的京都家常菜。收尾時會端上以柚子為主角，熱騰騰的柚子雜燴粥，屆時眾人一定會歡聲四起。

祇園 ▶ MAP 附錄 P.13 C-2 C R

☎075-533-6374 休 無休 🕒11:30～14:00、17:00～19:00
📍京都市東山区祇園町八坂神社南隣545 👣市巴士祇園下車即到
P 無

AWOMB 西木屋町

アウームにしきやまち

改建自屋齡80年町家的和食店。有家常菜、天婦羅及水果等色彩繽紛的「手織壽司」，美得像是藝術作品般。用香味十足的海苔，將丹波產越光米及藜麥兩者混合的醋飯與配料，捲成壽司食用。

木屋町 ▶MAP附錄 P.17 D-4 Ⓒ®

☎050-3177-5277 休不定休
🕒11:30～14:30、17:30～18:30（限上網預約） ⚲京都市下京区難波町405
京阪清水五條站步行5分
P無

在町家品嘗宛如藝術的手織壽司

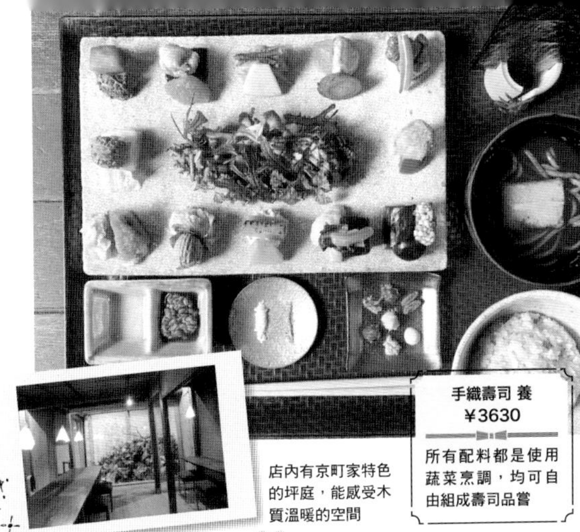

店內有京町家特色的坪庭，能感受木質溫暖的空間

手織壽司 養
¥3630
所有配料都是使用蔬菜烹調，均可自由組成壽司品嘗

和食午餐

つぶら乃

つぶらの

在數寄屋造建築的店內品嘗京都蔬菜為主的料理

該店為改建城數寄屋造建築風格，屋齡已約百年。可品嘗忠於和食的料理長親手烹調的和食，與使用和束產宇治茶製成的甜點。推薦料理是京都特色滿分的「京繪皿便當」。

清水寺 ▶MAP附錄 P.13 C-3 Ⓒ®

☎075-741-8248 休週三
🕒11:30～19:00（晚餐22:00閉店）※視預約狀況而有變動 ⚲京都市東山区八坂上町368-1-8 市巴士清水道下車步行7分 P無

位於八坂塔旁。晚上提供和食全餐料理（完全預約制）

京都繪皿便當
¥3500（需在前一天預約）
有今日5種前菜及季節燉菜拼盤

居樣／IZAMA

いざま

以京都名產點綴的季節家常菜

在這間和食餐廳可享用一道道細心烹調的精緻日本料理。家常菜午餐使用豆腐老鋪「平野屋」的平野豆腐及當令食材製成，能感受季節變換，以高湯的鮮美襯托出素材的滋味。

四條烏丸 ▶MAP附錄 P.16 B-2 Ⓒ®

☎075-251-2500 休無休 🕒6:30～9:30、11:30～13:30、17:30～21:00 ⚲京都市中京区新町通六角下ル六角町361 三井花園飯店京都新町 別邸1F 地鐵四條站、阪急烏丸站步行6分 P無

建築師永山祐子所設計的最小化和風摩登空間

九種京都家常菜御膳
¥2000～¥2400
（價格視季節而異）
可少量品嘗各種家常菜，深受女性歡迎

「つぶら乃」所在的八坂通上，有八坂塔及八坂庚申堂等，都是人氣攝影景點。

Machiya

重點在於散發淡淡香味的高湯

在町家吃京都日常飯菜

想要體驗京都氣氛，就少不了散發高湯香氣的和食與町家。
讓人想放鬆融入町家的氣氛，享用溫和的高湯香與滋味。

1. 一湯三菜￥800。這天的菜色為豆腐涼拌小芋頭、醋漬蘋果和紫色高麗菜、雞肉丸湯及芥菜飯
2. 彷彿到朋友家作客般舒適

散發白蘭地酒香的卡爾瓦多斯酒磅蛋糕￥600

まつは

由一對分別學建築和陶藝的姊妹基於想提供「能好好放鬆的舒適場所」的念頭，所經營的町家咖啡廳。在這個屋齡百年經過修建的前裝褄店空間，內部有庭院，度過悠閒時光。提供「一湯三菜」為首，還有甜點及下酒菜等料理，簡樸卻饒富滋味，相當溫暖。最棒的是，所有料理全天都能點餐。

京都市役所前 ▶ MAP 附錄 P.14 A-3

075-231-7712 休 週日、一 10:00～21:00 京都市中京区晴明町671 地鐵京都市役所前站步行約6分 P な無

※2023年仍休業中，僅部分販售便當、小菜，請上官網確認。

就是想要尋求這種高湯！

1. 擺上炸過的利休麩、紅葉狀顏色鮮艷的生麩及豆皮，相當有京都特色的利休蕎麥麵￥1430　2. 高湯存在感相當鮮明的衣笠蓋飯￥1045　3. 將蛋液淋在濃郁高湯煮的油豆腐及九條蔥上

形狀圓滾可愛，口感輕脆的蕎麥球￥378～

本家尾張屋 本店

ほんけおわりやほんてん

已創業550年，京都歷史最悠久的蕎麥麵店，別具風格的格局讓人不禁挺直腰桿。不論是蕎麥麵、烏龍麵還是蓋飯類，每一道都是能純粹嘗到食材及高湯鮮味的正統派料理。包括蕎麥點心在內，所有料理全都使用了比叡山豐沛湧泉，是滋味濃郁卻清爽的高湯的關鍵。

烏丸御池 ▶MAP 附錄 P.17 C-1

☎075-231-3446　休1月1日·2日　🕒11:00～15:00（點心販售 9:00～17:00）　📍京都市中京区車屋町通二条下ル　🚶地鐵烏丸御池站步行5分　P無

餐點充滿了使用圓花鰹、沙丁脂眼鯡及鯖魚柴魚片取得的高湯香味

「まつは」每個月最後一個週六都會舉辦「おふくいち」，活動上會展示觸動店主姊妹感性的作家作品。

Kyo Ryori

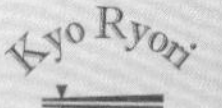

色、香、味、美的競演！

用五感品嘗京都料理的妙趣

不論是抵達店面前的小路上、打開店門的瞬間，還是色彩繽紛的餐具及料理擺在眼前，每一個光景都能真切感受「京都特色」。如此幸福至極的時光，讓人感動不已！

彷彿從托盤溢出的繽紛色彩令人陶醉

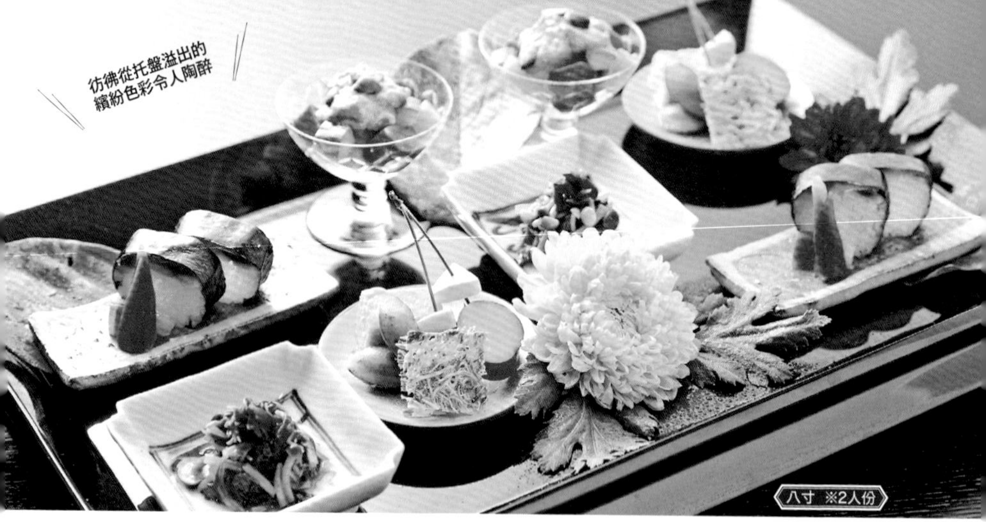

八寸 ※2人份

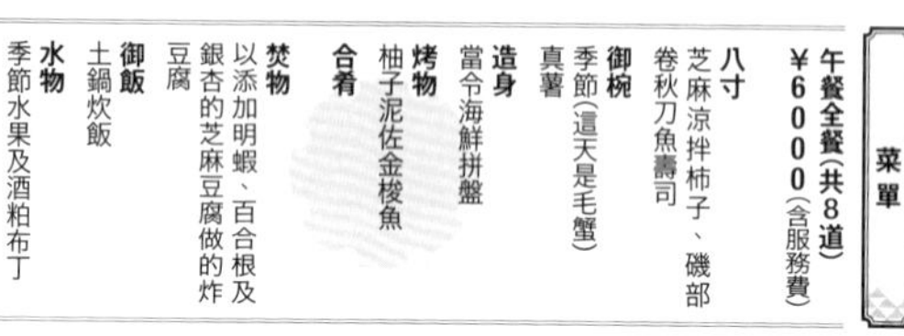

菜單

午餐全餐(共8道)
¥6000(含服務費)

八寸
芝麻涼拌柿子、磯部卷秋刀魚壽司

御椀
季節(這天是毛蟹)真薯

造身
當令海鮮拼盤

烤物
柚子泥佐金梭魚

合肴

焚物
以添加明蝦、百合根及銀杏的芝麻豆腐做的炸豆腐

御飯
土鍋炊飯

水物
季節水果及酒粕布丁

御椀

造身

從器皿到佐料，充滿了讓素材變化多端的堅持

就算預算高一點
也想犒賞自己的
美食佳餚！

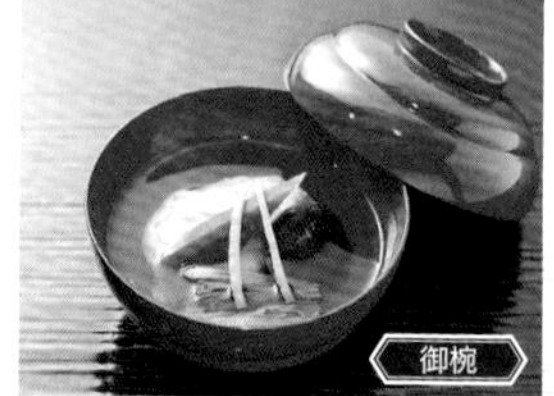

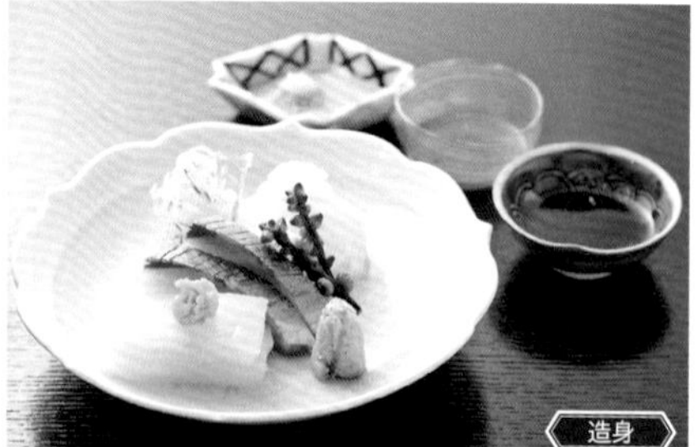

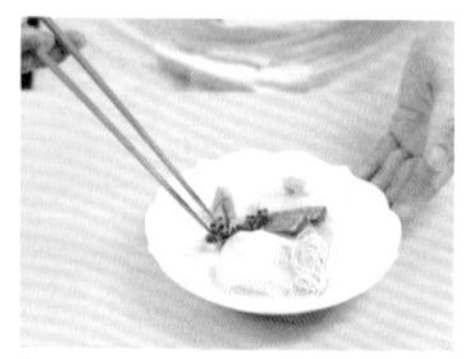

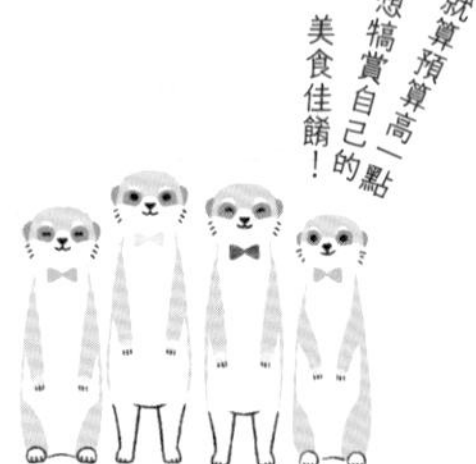

水物

午餐全餐共7道菜￥5400。優質食材及稀奇器皿也能炒熱氣氛

菜單

午餐全餐(全7道) ¥5400

先付 蔬菜拼盤

御椀 當天為松茸及蟹肉真薯

造身 以大間鮪魚、瀨戶內海鯛魚及鯖魚做的生魚片

水物 核桃法式千層酥、季節芭菲等6種甜點任選

其他

修伯

しゅうはく

風雅的擺盤讓心情雀躍起來

可眺望對面的八坂塔，連延伸到店面的石板路也能享受古都風情。為了讓顧客以平價享受將季節食材的鮮味發揮到極限，充分活用材料的料理，中午及晚上僅提供預約制全餐料理。6種任選的和洋甜點，還有囊括作家作品到古董、個性獨具的器皿，也很賞心悅目。

清水寺 ▶ MAP 附錄 P.13 C-3

075-551-2711 休週一

12:00～14:00、18:30～21:30(營業時間有變更) 京都市東山区下河原通高台寺塔之前上ル金園町392

市巴士清水道下車步行5分 P無

京都料理的精粹在於以最美味的料理呈現當令食材

隨季節更換品項

祇園 いわさ起

ぎおんいわさき

一年四季都華麗盡情展示魅力

從充滿季節感的八寸到最後的水物，每一樣器皿都典雅有緻，與高級餐廳老鋪的香檳也相當合拍。店主岩崎道一先生爽朗大方的氣氛與無微不至的關照，令人安心，舒適的店內裝潢能讓身體放鬆。這裡是想度過特別日子時，一定要記住的珍藏空間。

祇園 ▶ MAP 附錄 P.13 C-2

075-531-0533 休不定休

12:00～14:00、18:00～20:00 京都市東山区祇園町南側570-183 京阪祇園四條站步行5分 P無

慢慢感受充滿祇園特色的最高級待客之道

選用適合料理的器皿也是品嘗京都料理的樂趣之一，可以感受料理人的風雅。

喜愛牛肉的京都人也經常光顧

無論如何都想品嘗的絕品肉料理

你是否有過今天的心情毫無疑問想吃肉，並想增強集中力，補充力氣的日子呢？
極度美味的肉是就精力的來源。不論是獨自一人還是成群結伴，盡情吃肉吃個過癮吧！

le 14e

ル・キャトーズィエム

多汁且入口即化到「可以喝的肉」!?

精通牛肉火候的店主茂野真先生，將嚴選的國產牛煎成「可以喝的」鮮嫩牛排。為追求這份感動，全國各地的愛肉人士來店光顧，店內空間小卻舒適居家。

京都御所 ▶ MAP 附錄 P.14 A-1 Ⓡ
075-231-7009 休週三、日
18:00～21:30（週六及假日為16:00～21:30） 京都市上京区伊勢屋町393-3 ボガンビル2F 京阪神宮丸太町站步行5分 P無

1. 代客將肉分切成最佳厚度。牛腿肉240g￥6800。搭配嚴選無過濾葡萄酒吃起來更爽口

2. 最好事先預約，不過翻桌率也很快，即使店內客滿也別放棄

京中 月

きょうなかにくづき

收下滿溢而出的肉汁

由精肉店監製的餐廳。以熟成肉牛排為主菜，也吃得到漢堡肉及英式烤牛肉等。豐富的香味刺激食欲，肉質鮮嫩多汁，咬一口就溢出肉汁。餘韻無窮的美味牛肉也滿足了心靈。

東山 ▶ MAP 附錄 P.15 C-4 Ⓡ
075-748-1429 休不定休
11:30～14:00、18:00～21:00（僅限預約） 京都市東山区稲荷町北組573 地鐵東山站步行5分
P無

1. 窗外可看見白川
2. 熟成肉特製漢堡肉午餐￥2500（需預約）

1. 慢慢將肉烤得又香又美味！ 2. 活用旅籠旅館昔日面貌的小包廂、大房間及酒窖等，空間相當豐富多樣 3. 料理長推薦的「祇園」全餐￥8000，可少量品嘗多種部位的肉

在寧靜沉穩的町家烤肉

京やきにく 弘 祇園山名庵

きょうやきにくひろぎおんやまなあん

相當有京都特色的烤肉店，可在保留祇園料理旅館風情的町家，高雅地品嘗新鮮牛肉。採購整頭最高品質黑毛和牛，精選其中最適合做成烤肉的部位供應顧客，這是本店為老鋪肉店才能使出的本領。

祇園 ▶MAP 附錄 P.12 B-1

075-561-1717 休 無休 17:00～23:00(閉店為24:00) 京都市東山区祇園四条縄手上ル新橋(末吉町16) 京阪祇園四條站步行5分 P 無

店名是仿效坐鎮隔壁的八兵衛明神

小巷道內的牛肉蓋飯滋味倍增

御二九と八さいはちべー

おにくとやさいはちべー

這間內臟料理專門店位處鬧區，潛藏在散發京都情緒的柳小路中。午餐提供牛舌漢堡及側腹橫肌牛排蓋飯等價格實惠菜單。晚上則準備了全餐料理。除了鮮美多汁的牛肉外，搭配的蔬菜充滿鮮味也令人印象深刻。

四條河原町 ▶MAP 附錄 P.17 D-3

075-212-2261 休 無休 11:30～14:00(進店)、17:00～21:30(進店) 京都市中京区新京極四条上ル中之町577-17 阪急河原町站步行5分 P 無

愈是品嘗，肉的鮮味就會擴散口中。季節蔬菜側腹橫肌牛排蓋飯￥2250

京都人非常喜歡吃牛肉，消費量名列全國前茅，在京都說到肉指的就是牛肉！

現在最想吃的就是這道

享用新鮮的 京都蔬菜♪

賞心悅目滋味深厚的京蔬菜，再搭配上京都料理人細膩的感性與技巧，實在完美！
現在就去品嘗讓人充滿期待的美味料理吧!!

細膩優美的花冠～大自然的恩惠～（午餐全餐￥4180起），讓人猶豫是否該動叉享用

La Part Dieu

French

ラ・パール・デュー

大量使用向大原等各地生產者進貨及自家栽種的蔬菜、野草及鮮花，充滿當令野性味的野味及嚴選海鮮烹調成色彩繽紛的法式料理，充滿大自然的香味。不僅外觀美麗，一入口就能感受到味道的變化，讓身心皆清爽滿足。主廚白波瀨和宜先生喜歡下廚同時也愛吃、好奇心旺盛，其品味讓人脫帽致敬。

修學院·一乘寺 ▶ MAP 附錄 P.9 D-4

075-711-7643 休 週一
11:30～14:30、17:30～21:30
京都市左京区田中里ノ前町59
叡山電車元田中站步行5分 P 有

店內古典優雅的氣氛相當舒適

15kg重的鮟鱇魚可用各種調理法加以變化

店面外觀為明亮的薄荷綠，相當吸睛

鮮味濃郁，後勁清爽

整排都是現採無農藥蔬菜！

Chinese

一之船入

いちのふないり

這間屋齡140年的町家原是茶店，隨處都能感受到玩心巧思。打造成如同屋形船般的高瀨川沿岸包廂也相當獨特。大量使用無農藥京蔬菜製作的菜單，蔬菜都是每天早上料理長前往契約農家挑選的，不僅視覺鮮艷，口感也很清爽，愈吃愈有活力，簡直就是「醫食同源」般的滋味。

京都市役所前 ▶MAP 附錄 P.17 D-1

075-256-1271　休 週日
11:30～14:30、17:30～22:00　京都市中京区河原町二条下ル一之船入町537-50　地鐵京都市役所前站步行3分　P 無

1. 可眺望高瀨川靜靜地用餐　2. 可在多樣化的全餐料理享用採嚴選季節食材製成的京風創意中華料理。午餐全餐¥4400～（服務費另計），晚餐全餐¥9350～（服務費另算）　3. 充滿美麗和風情懷的氛圍

這才是蔬菜的寶石箱

在京都豐沛水土培育的當令蔬菜！

French

青いけ

あおいけ

如同主廚青池啟行先生所說：「想做出簡樸，讓顧客知道吃了什麼的料理。」這是間將食材風味發揮到極限，以季節京蔬菜為主角的法國料理餐廳。店內外裝潢兼具品格與輕快感，掛在牆上的繪畫、夏卡爾與莫瑞蒂的餐盤……，在洋溢藝術氣息的店內大飽「口福」。

京都御所 ▶MAP 附錄 P.7 C-2

075-204-3970　休 週日　12:00～13:30、18:00～19:30　京都市中京区竹屋町通高倉西入堺之内町631　地鐵丸太町站步行5分　P 無

1. 店內外裝潢都是由數寄屋建築第一人中村外二工務店代表中村義明先生監製　2. 15種農園蔬菜製的法式榨鴨菜園樣式（今日午餐無菜單料理共8道¥7800起）。將各種蔬菜壓制成塊，相當奇妙漂亮的一道菜　3. 入口即化的白蘿蔔與鵝肝令人感動

京都蔬菜是在京都的水土下培育，由於栽種大多費工，因此也富含營養及鮮味。

春天待在櫻樹旁，夏天滿天星斗躺在納涼床上也不錯！

在充滿風情的先斗町&木屋町小酌微醺

可於位於先斗町細長小巷的店家度過深度時光，
木屋町則匯集了各式各樣個性豐富的店家。由於這兩條路相鄰，續攤暢飲樂趣加倍！

先斗町

まゝや

ままや

矗立在小巷內隱密的和食店。提供使用京蔬菜製成的家常菜￥420～及串炸拼盤等豐富菜單，每一道都價格實惠。加上店內氣氛如居家般舒適，17:30開始營業，也很推薦想提早喝酒的人來此光顧。

木屋町·先斗町 ▶ MAP 附錄 P.17 D-3

075-231-3060 休 週一 17:30～22:00
京都市中京區先斗町四条上ル鍋屋町212-7
阪急河原町站步行5分 P 無

京都家常菜及串炸溫暖內心深處

1. 每日更換的家常菜拼盤￥650。內側是生麩田樂￥620 2. 可感受木質溫暖的店內設有吧檯席及桌位席，共17席

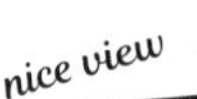

在京町家品嘗純和食

1. 夏天可在納涼床享用香魚及海鰻，冬天可在和式座位享用火鍋。晚間全餐8道菜￥7700，午餐￥3960
2. 借景自鴨川及東山，備有讓人放鬆的葦簾，遮陽對策相當完善

擺盤相當漂亮

先斗町

先斗町 魯ビン （有納涼床）

ぽんとちょうろビン

活用屋齡150年町家風情的京都料理店，夏天推薦在納涼床用餐。除了京都外，亦使用全國各地嚴選四季食材做成料理，外觀也賞心悅目。除了名產季節土鍋飯等單品料理外，料理長相當講究的全餐料理也很充實。

木屋町·先斗町 ▶ MAP 附錄 P.17 D-2

050-3628-2022（預約專用） 休 無休
17:00～21:30 京都市中京區先斗町通若松町137-4 市巴士河原町三条下車步行8分 P 無

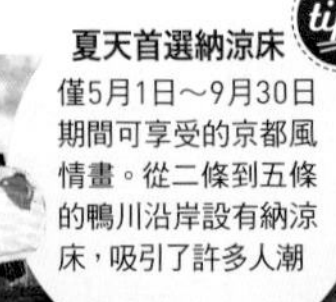

tips

夏天首選納涼床

僅5月1日～9月30日期間可享受的京都風情畫。從二條到五條的鴨川沿岸設有納涼床，吸引了許多人潮

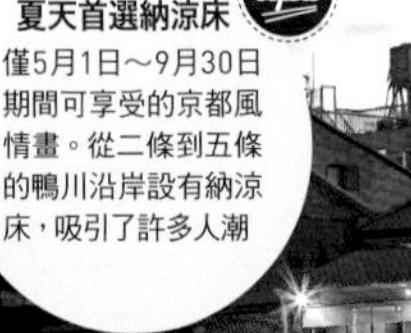

木屋町

高瀨川くりお

たかせがわくりお

環境舒適讓人想經常光顧

能在氣氛沉穩的環境中，享用大量可感受到京都特色的當令食材製成的京都家常菜。1樓的桌位席可眺望高瀨川的流水，2樓的和式座位可以悠閒放鬆。不論是少人數或是小型聚會皆宜的貴重餐廳。

木屋町·先斗町 ▶ MAP 附錄 P.17 D-3

☎075-344-2299 休週三 ⏰17:00～22:30 📍京都市下京区四条河原町下ル船頭町237-1 🚶阪急河原町站步行3分 🅿無

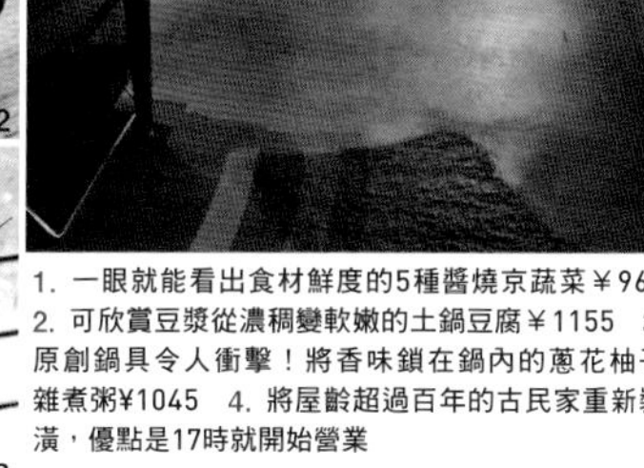

1. 一眼就能看出食材鮮度的5種醬燒京蔬菜￥968 2. 可欣賞豆漿從濃稠變軟嫩的土鍋豆腐￥1155 3. 原創鍋具令人衝擊！將香味鎖在鍋內的蔥花柚子雜煮粥¥1045 4. 將屋齡超過百年的古民家重新裝潢，優點是17時就開始營業

1. 香菜沙瓦￥400，每日更換鮮魚菜單價位都低於￥500
2. 本店入口。狹窄的樓梯前方，玻璃門內整排都是書

木屋町

Revolution books

レボリューションブックス

可邂逅書本的立飲書店酒吧

身為專賣飲食相關書籍的書店，同時也是能喝到好喝咖啡的咖啡立飲店。書籍類型豐富，包括小說、繪本、隨筆散文等。可在此獨自仔細閱讀書本，亦可與朋友一塊度過愉快時光。

木屋町·先斗町 ▶ MAP 附錄 P.17 D-3

☎075-341-7331
休週一、每月2次週二不定休（需上社群網站確認） ⏰16:00～23:00（週六、日為15:00～）
📍京都市下京区船頭町235集まりC号2F
🚶阪急河原町站步行5分 🅿無

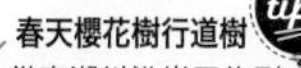

木屋町

tips

春天櫻花樹行道樹

從高瀨川沿岸四條到五條之間，約有200棵櫻花樹綻放。被夜晚燈光照亮的櫻花樹，非常適合微醺氣氛

旅行據點再進化

京都站區域是新美食發信地

京都站周邊為美食、藝術、觀光及商業等各種領域人事物的集散地。附近也有中央批發市場，是現在備受注目、對美食最新資訊敏感的區域！

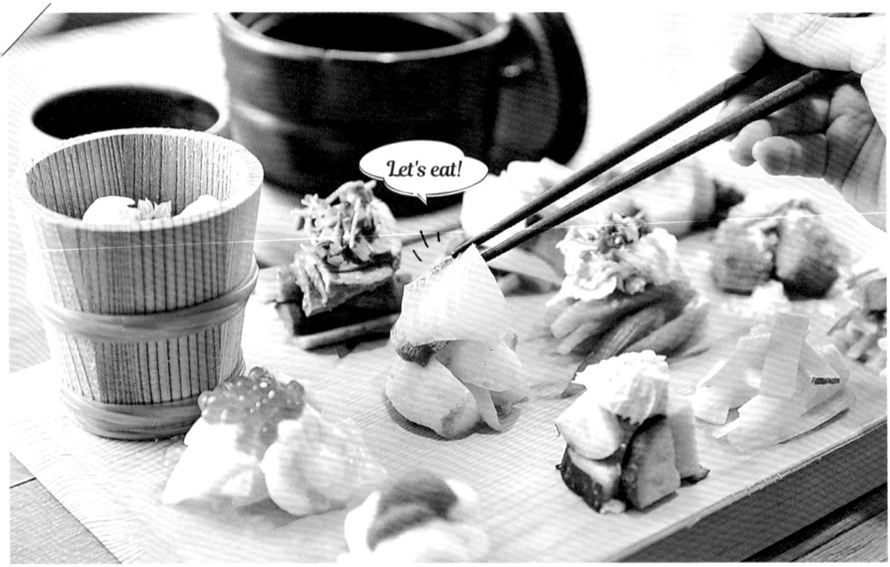

擺上12種醃漬蔬菜的拼盤，還附上季節土鍋雜煮飯及濃縮蔬菜湯，簡直物超所值的isoism午餐￥1800

漬け野菜isoism

Lunch&Dinner

つけやさいイソイズム

運用味噌漬、紅酒漬、油漬等變化多端的醃漬技法，將從自家農園「五十棲農園」及契約農家現採的蔬菜，做成美味更進化的「醃漬蔬菜」。用品嘗時尚沙拉及前菜的感覺來享用，就會看到嶄新的蔬菜世界。店內氣氛也很居家舒適，顛覆了以往漬物店的概念。

京都站 ▶ MAP 附錄 P.5 C-1 ⓒⓡ

075-353-5016 休 不定休 中午採 11:30、12:00、13:00、13:30四段制（座席為75分制），晚上 17:00～22:00 京都市下京区七条通烏丸西入中居町114

JR京都站、地鐵京都站步行5分 P 無

充滿許多新鮮水潤的蔬菜

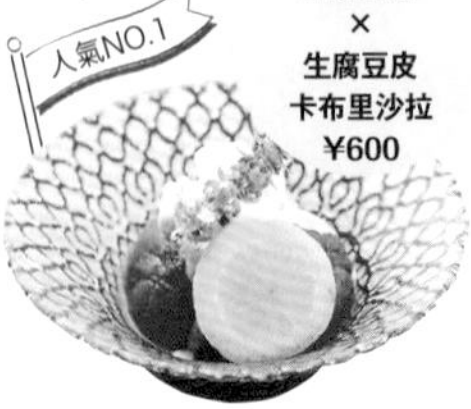

白酒醃漬蕃茄×生腐豆皮卡布里沙拉 ¥600

1. 2樓座位也相當寬敞，光線照入室內相當清爽　2. 亦設有吧檯席，店內充滿活力　3. 整排都是醃漬蔬菜！

1. 串燒￥160～及濃郁偏辛口的藏出生原酒￥440　2. 匯集了種類豐富的MADE IN京都地酒、紅酒及精釀啤酒等

B1F KYOTO TOWER SANDO バル　B1F 鳥せい

京都釀造評比組合￥1200，一次可喝到3種話題性精釀啤酒

hoka hoka!

擔擔麵 ￥880

土鍋蕃茄麻婆豆腐 ￥850

油淋雞 ￥850

B1F 魏飯吉堂

可聞到10種香草香味的自家製琴通寧「植物園」￥1100

B1F The Roots of all evil.

在京都邊走邊享用備受注目的美味

KYOTO TOWER SANDO　Lunch&Dinner

きょうとタワーサンド

進駐京都塔大樓的商業設施。在地下1樓可以美食廣場形式品嘗京都老鋪及19間人氣店鋪的料理和酒。亦有匯集日本酒與精釀啤酒的酒吧，能盡情享受不同風味。

京都站 ▶MAP 附錄 P.5 C-2

☎075-746-5830(10:00～19:00)　休無休
營B1F 11:00～23:00、1F 10:30～20:30、2F 10:30～19:00　※視店鋪而異　※有可能變動
京都市下京区烏丸通七条下る東塩小路町721-1
JR京都站、地鐵京都站步行約2分　P無

旅途的開始 就從一杯咖啡開始

Kurasu Kyoto Stand　Coffee

クラスキョウトスタンド

與日本各地的咖啡烘豆機合作，提供每月更換的講究咖啡。手沖咖啡（熱￥500～）都是由咖啡師細心周到地手沖而成。可從定期更換的自家烘焙多種咖啡豆挑選，沖出喜歡的咖啡。

京都站 ▶MAP 附錄 P.4 B-2

☎075-744-0804　休週三　營8:00～18:00
京都市下京区東油小路町552　JR京都站、地鐵京都站步行5分　P無

cute!

1.店內統一採用溫和的木質調，設有吧檯及4張凳子　2.咖啡拉花相當可愛的熱拿鐵（S）￥450

在吧檯輕鬆品嘗 正統和食

こりょうり たか屋　Lunch&Dinner

こりょうりたかや

這間和食餐廳由曾在割烹餐廳磨練廚藝的店主所開設。活用在地蔬菜為首的京都食材製作，除了搭配日本酒之外，與紅酒也很搭配。中午限定10份的「美味米飯與8道小料理」（￥1870）為人氣餐點，也很適合晚上前來續攤。

京都站 ▶MAP 附錄 P.4 B-1 Ⓡ

☎075-365-5159　休週日（逢假日則翌日休）　營12:00～14:00（售完打烊），17:00～22:30（全餐～21:00）　京都市下京区七条通烏丸西入ル西鏡町165 GEMセブン　JR京都站、地鐵京都站步行5分　P無

1. 店內僅設有9個吧檯席，來店前別忘了先預約　2. 無菜單全餐￥6050～，色彩相當豐富的八寸

authentic!

位於車站大樓的JR京都伊勢丹地下2樓，販售各種京都品牌便當。

在麵包之都任君挑選

好想大口享用三明治！

漫步街道的途中覺得有點餓時，就想吃點三明治。
你想夾豬排、夾蛋還是夾水果？一起來尋找能同時滿足五臟腑與心情的店家吧！

炸牛排三明治
¥2300
牛肉的軟嫩口感格外突出。可以外帶回飯店吃

能感受和風情趣的店內。內部有可供包廂使用的房間

香腸小黃瓜吐司三明治
¥380
烤得酥脆的吐司內夾炸香腸及小黃瓜，口感令人愉悅

店內貼滿了藝妓及舞妓的千壽札，相當壯觀！

はふう 本店

はふうほんてん

超厚牛肉美味多汁

矗立在京都御所南方的肉類料理餐廳。深受好評的炸牛排三明治，是用細緻的吐司內夾住裹上薄薄麵衣的厚牛肉。添加芥末及和辛子的醬汁畫龍點睛，連女性也能馬上吃完。

京都御所 ▶ MAP 附錄 P.14 A-2 Ⓒ®(中午不可預約)
☎075-257-1581 休 週三
🕒11:30～13:30、17:30～21:30 📍京都市中京区麩屋町通夷川上ル笹屋町471-1 👣地鐵丸太町站步行10分 P 無

切通し進々堂

きりとおししんしんどう

可看到藝妓用牙籤優雅剔牙的模樣♡

70年來一直用味道回應挑嘴藝妓們「味道溫和」、「吃不膩」、「理所當然」的要求。不管吃什麼料理都讓人覺得美味懷念又安心，奇妙的是卻又有新鮮感，這是只有長年在祇園受顧客愛戴的店才辦得到。

祇園 ▶ MAP 附錄 P.12 B-1
☎075-561-3029 休 週一、不定休
🕒10:00～15:30 📍京都市東山区祇園町北側 254
👣京阪祇園四條站步行3分 P 無

コロナ的
厚蛋三明治
¥800

一入口滿嘴都是鬆軟煎蛋的香氣

繼承受到當地人喜愛長達半世紀的「喫茶セブン」建築

喫茶 la madrague

きっさマドラグ

名店的味道在復古咖啡廳復活

繼承歇業令人遺憾的洋食店「コロナ」長年受到顧客喜愛的食譜而復活。分量十足的厚煎蛋捲搭配鬆軟吐司，結合多蜜醬與美乃滋，是只要吃過一次就難忘的懷念滋味。

二條城 ▶MAP 附錄 P.16 B-1

075-744-0067 休週日 11:30～21:00（午餐～15:00）※售完停止點餐
京都市中京区押小路通西洞院東入ル北側
地鐵烏丸御池站步行9分
P無

特製水果三明治及綜合果汁套餐
¥1265

與本店相隔幾棟建築，三明治可外帶

店內牆上的壁畫由充滿幹勁的現代藝術家所設計，極具衝擊性

フルーツパーラー ヤオイソ

新鮮水果的恩惠

老鋪水果店所經營的水果咖啡廳，名產水果三明治是創業當時就有的菜單。內夾量多到快溢出的大塊水果，與醇厚的鮮奶油融為一體。新鮮多汁的滋味，只有在水果店才吃得到。

四條大宮 ▶MAP 附錄 P.16 A-3

075-841-0353（ヤオイソ本店）
休無休（過年期間除外）
9:00～16:45（販售～18:00）
京都市下京区四条大宮東入ル立中町496（パーラー）
阪急大宮站即到 P無

日式高湯蛋捲三明治
紅豆奶油三明治
各¥363

鹹甜三明治一起試吃比較也很有趣

店內約有16個座位，採用能感受到木質溫暖的自然風設計

knot café

ノットカフェ

高湯風味慢慢擴散口中

可品嘗紐約最先端咖啡的咖啡廳。讓該店一躍成名的人氣日式高湯蛋捲三明治，如同漢堡般的感覺，圓麵包與日式高湯蛋捲絕配。一入口，滿口都是調味與麵包搭配的高湯豐富香味。

西陣 ▶MAP 附錄 P.8 A-4

075-496-5123 休週二（逢25日則營業） 10:00～18:00 京都市上京区今小路通七本松西入東今小路町758-1 市巴士上七軒下車即到 P無

京都的麵包消費額居日本之冠。以前西陣織等產業的工匠，喜歡麵包可單手拿著吃的便利性。

比平時早起吃早餐！

從早餐開啟HAPPY的一天

也很推薦享用京都的美味早餐。不妨到早餐專賣店、老鋪咖啡廳及吃不起晚餐的人氣店等，一大早大飽口福，就會有預感開啟幸福的一天！

柔軟黏糊的**生腐豆皮**

香酥的整隻**沙丁脂眼鯡魚乾**

因應配料改變高湯的**湯品**

講究的**放養雞蛋**+¥385

體驗飽含心意的京都早餐

喜心早餐 ¥2970

早餐共5道菜。3種湯品任選，還有一道追加料理

7:30～

朝食 喜心Kyoto

ちょうしょくきしんキョウト

位於祇園，洋溢京都風情的早餐專賣店。用土鍋煮的米飯以及添加豐富當令食材的湯品等，每一道都值得細細品味。另提供可挑選喜歡的設計樣式及大小的飯碗服務，滿意度也大為提昇。

祇園 ▶ MAP 附錄 P.12 B-2 CR

075-525-8500 休週四 7:30～8:50、9:00～10:20、10:30～11:50、12:00～13:20、13:30～14:50（各時段80分，需預約） 京都市東山区小松町555 京阪祇園四條站步行3分 P無

飽餐一頓後……出發前往八坂神社 GO! P.43

店內以吧檯席為主。能觀看烹調過程，相當有趣

8:00～
LORIMER 京都
ロリマーきょうと

在紐約著手經營和食店的老闆所開設的早餐專賣店。定食主菜為魚，可以嘗到熟成後再烤等因應食材改變調理法煮成的手法。除了有3種定食外，也有提供單點料理及飲料等。

京都站 ▶MAP 附錄 P.5 C-1
075-366-5787 休無休 8:00～15:30（週六、日及假日為7:30～）
京都市下京区橋詰町143
地鐵五條站步行5分
P無

保留町家昔日風采的店內品嘗從國外紅回國內的魚料理

一湯五菜 ¥2200
魚料理任選，附白飯、味噌湯及5道配菜

除了採光良好的窗邊席外，2樓也有桌位席

用完早餐後……，接著前往市比賣神社 GO! P.117

7:00～
INODA COFFEE 本店
イノダコーヒほんてん

代表京都咖啡文化的咖啡廳老鋪。散發奶油香的可頌、鬆軟濃稠的炒蛋以及原創無骨火腿等，分量十足的早餐最適合當作一天的開始。

烏丸御池 ▶MAP 附錄 P.17 C-2
075-221-0507 休無休
7:00～18:00(早餐～11:00)
京都市中京区堺町通三条下ル道祐町140 地鐵烏丸御池站步行5分
P有合作停車場

在眾所喜愛的復古咖啡廳度過豪華的早晨

京都早餐 ¥1600
套餐有附INODA的招牌咖啡「阿拉比亞珍珠」

開放感的舊館露台席。晴天時也很推薦坐花園席

吃完早餐後……，接著前往六角堂 GO! P.108

8:00～
都野菜 賀茂 烏丸店
みやこやさいかもからすまてん

可以自助餐形式盡情品嘗堅持京都產農家直送的蔬菜。除了調味清淡的家常菜，還有淋上自家製沙拉醬享用的早晨現採蔬菜「農地吧」，米飯也是京都產的。

四條烏丸 ▶MAP 附錄 P.17 C-3
075-351-2732 休無休
8:00～9:15、10:30～15:30、17:00～21:00 京都市下京区東洞院通綾小路下ル扇酒屋町276 地鐵四條烏丸站、阪急烏丸站步行5分 P無

用銅板價享用家常菜自助餐

早餐 ¥550(限定40人)
除了京都家常菜外，也可享用湯、粥及烏龍麵

活用新鮮蔬菜的鮮美，口味令人懷念的多樣料理

吃完早餐後……，接著前往佛光寺 GO! P.132

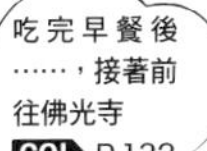

「居様／IZAMA」（P.53）除了午餐外，早餐的家常菜自助餐也相當有人氣。

讓人想吃遍所有種類

去見心愛的抹茶芭菲

滋味香濃的抹茶芭菲是京都旅行不可或缺的樂趣。
諸如冰淇淋、蕨餅及果凍等，想大快朵頤這些染上抹茶色的甜點。

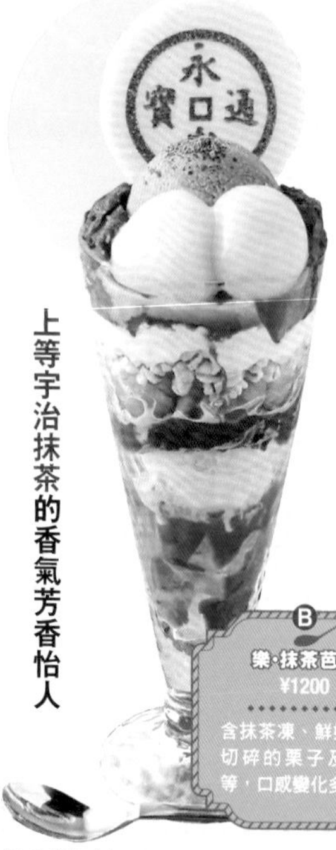

上等宇治抹茶的香氣芳香怡人

B 樂·抹茶芭菲 ¥1200
含抹茶凍、鮮奶油、切碎的栗子及薏仁等，口感變化多端

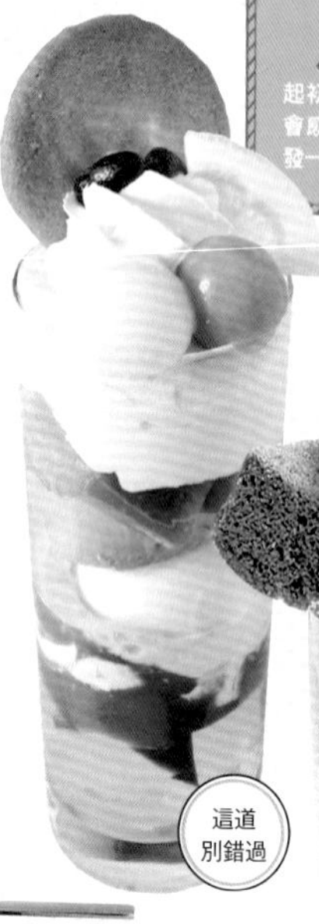

抹茶與檸檬完美結合

A 戀戀檸檬抹茶芭菲 ¥1330
起初酸酸甜甜，最後會感到一陣微苦。散發一股清爽的檸檬香

這道別錯過

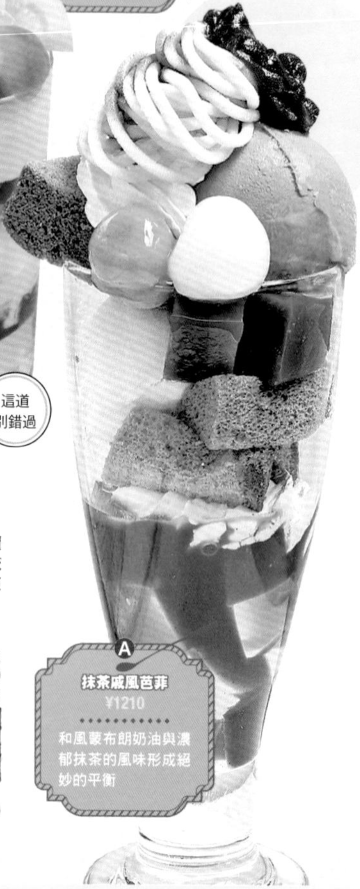

黏稠的抹茶冰淇淋

A 抹茶威風芭菲 ¥1210
和風蒙布朗奶油與濃郁抹茶的風味形成絕妙的平衡

えいらくやきっさしつ
永楽屋 喫茶室 B

本店的兩大招牌為佃煮及和菓子。2樓的咖啡廳有大受好評的抹茶芭菲，從宇治玉露冰淇淋到淋上抹茶醬的寒天凍都有，可享用豐富的風味。

四條河原町 ▶ MAP 附錄 P.17 D-3
☎075-221-2318
休無休 🕒11:00～18:30 📍京都市中京区河原町通四条上る東側永楽屋本店2F 🚶阪急河原町站即到 P無

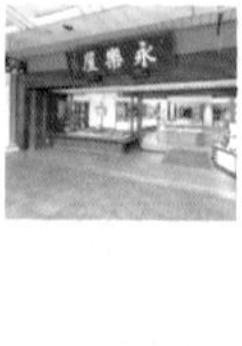

かでんきょうあめぎおんこいし
家傳京飴 祇園小石 A

創業超過80年以上的京飴專賣店。在附設的甜點店，活用傳統製糖技術「祕傳黑蜜」製成的原創甜點大受好評。

祇園 ▶ MAP 附錄 P.13 C-2
☎075-531-0331 休週二、四（逢假日則營業） 🕒10:30～16:30（17:00閉店）※有可能變更 📍京都市東山区祇園町北側286-2 🚶京阪祇園四條站步行5分 P無

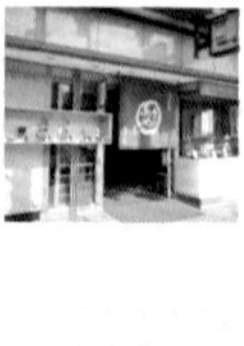

杯內裝的是豪華抹茶園

E
翠泉芭菲
¥1250
內含Q彈的抹茶三笠燒、蕨餅及霜淇淋等，以濃郁的抹茶味為特徵

老鋪茶店 口感豐富多變的芭菲

D
抹茶芭菲
¥1350
蕨餅和炒核桃等不同口感的調和相當有趣

秋季限定

濃郁栗子與抹茶奏出美妙合音

C
栗子芭菲
¥1900
栗子泥的醇厚甜味與抹茶的微苦相當合拍

這道別錯過

地點絕佳也大為加分

盡是不惜排隊也想品嘗的美味

C
抹茶巴巴露亞芭菲
¥1600
內含手工抹茶巴巴露亞及抹茶長崎蛋糕的人氣甜點

さりょうすいせんからすまおいけてん
茶寮翠泉 烏丸御池店 E

和風與摩登風格融合得恰到好處的時尚甜點店。堅持手工現做的抹茶甜點，特別突顯出抹茶原有的美味。

烏丸御池 ▶ MAP 附錄 P.16 B-1
☎075-221-7010 休不定休 ⏱10:30～17:30 📍京都市中京区両替町通押小路上ル金吹町461 烏丸御池メディカルモール1F
👣地鐵烏丸御池站步行5分 P無

にけんちゃやなかむらろう
二軒茶屋 中村楼 D

位於八坂神社鳥居內的老鋪茶店。除了添加生麩的紅豆湯、蜜豆沙等甜點外，可品嘗味噌富饒風味的名產田樂豆腐也很推薦。

祇園 ▶ MAP 附錄 P.13 C-2
☎075-561-0016 休週三
⏱11:00～18:00(閉店) 📍京都市東山区祇園町八坂神社鳥居内
👣京阪祇園四條站步行10分
P無

ぎをんこもり
ぎをん小森 C

位於白川旁，原先是茶店，現在則是別具風情的甜點店。芭菲、冰淇淋、蕨餅等種類豐富的抹茶甜點極具魅力，從和式座位眺望的白川美景也令人注目。

祇園 ▶ MAP 附錄 P.12 B-1
☎075-561-0504 休週三(逢假日則營業) ⏱11:00～19:30
📍京都市東山区祇園新橋元吉町61 👣京阪祇園四條站步行7分
P無

難得來到京都，當然也要到茶的聖地「宇治」品嘗道地的抹茶甜點（P.142）。

Local Dinner

味道與CP值都有自信！

當地人常光顧的晚餐

不僅味道好！價格實惠！氣氛也棒！！

好想跟朋友分享這些可以想去就去，獨自用餐也覺得舒服的餐廳。
今晚又想去吃深受當地人信賴的御用餐廳。

祕密基地般的氣氛
以及賓至如歸的接待服務！

fudo

フウド

店主入江哲生先生希望「讓顧客多品嘗日本的紅酒，想做出配合氣候風土的味道」，連食材也是從鄰近場所進貨。他運用在西班牙、京都的料理經驗與記憶所誕生的味道，讓人覺得懷念又新穎，想一吃再吃。

京都市役所前 ▶ MAP 附錄 P.17 C-1 Ⓒ Ⓡ

☎075-253-6290 休 週二、每月1次不定休 ⏲17:00～24:00
📍京都市中京区御池大東町590 加納ビルB1F 🚇地鐵京都市役所前站步行4分 P 無

1. 京都丹波高原豬肉義式水煮魚￥3300
2. 西京味噌漬八橋與鵝肝醬法式凍派¥1320
3. 入江先生烹調的多樣化菜單吸引不少回頭客
4. 木工作家山根大典描繪的日本髭羚招牌相當吸睛

其他菜單

鯛魚高湯義大利麵佐鯛魚子、青海苔與蔥，馬鈴薯鯖魚佐九條蔥醬及柑橘蒜蓉美乃滋等，每一道都魅力十足，讓人都想點！

66 前往內行人才
知道的祇園綠洲 99

其他菜單

午餐有3種。主要料理有雞肉越南河粉及泰式湯咖哩等

アジアの料理 たけふさ

アジアのりょうりたけふさ

店主武田芙紗子小姐以「符合日本人口味」為理念，製作滋味豐富，溫柔且溫暖包圍顧客胃袋的亞洲料理。在依稀洋溢旅行及藝術氣息的店內，讓人忘卻街上的喧囂，使心情得到放鬆。

祇園 ▶ MAP 附錄 P.13 C-1

075-561-0170 休 週日晚上、週一 11:30~14:30、18:00~21:00 京都市東山区祇園町北側323番地 祇園会館 南側1F 京阪祇園四條站步行5分 P 無

1. 慢慢滲透全身的雞肉越南河粉￥1020。清脆多汁、口感輕快的炸春捲￥1020及芒果布丁￥510也很推薦 2.3. 從店內裝潢也能感受到女性特有的品味

其他菜單

印度香飯（印度的雜煮飯）僅限定週五晚上登場

66 想一直品嘗
持續變化的美味 99

カレー&スパイス料理 ムジャラ

カレーアンドスパイスりょうりムジャラ

進入店門前就能聞到香料的香味，令人食指大動。每天不同的咖哩及酸辣醬、酸黃瓜等豐富配菜裝滿整盤，讓人高興地不知該從何開動！即使全部拌在一塊，味道仍能完美調和，非常不可思議。

四條大宮 ▶ MAP 附錄 P.16 A-4

080-9161-1191 休 週日、不定休 11:30~14:30※售完打烊 京都市下京区高辻通大宮西入坊門町832-1F 阪急大宮站步行5分 P 無

1.2. 店內氣氛前衛迷幻，但奇妙的是卻讓人感到平靜 3. 這天的咖哩是豬五花肉、雞肉及參巴醬的3種拼盤￥1400。單品咖哩￥1050，雙色咖哩￥1200。所附的酸辣醬味道也很細膩

隨興立飲也很good

柳小路TAKA

やなぎこうじタカ

立飲店位在別具風情的柳小路上。提供多道融合義式與京都料理的料理，可搭配種類豐富的酒類飲料一起品嘗。

四條河原町 ▶ MAP 附錄 P.17 D-3

075-708-5791 休 週二 13:00~22:30 京都市中京区中之町577番 柳小路 はちべえ長屋 阪急河原町站步行2分 P 無

1. 7種日本酒試飲組合￥1200 2. 鬪鯖魚一夜乾￥800，雞蛋拌飯￥500，味噌小黃瓜￥450

「カレー＆スパイス料理　ムジャラ」有時在午餐時段就會售完，建議最好上官方推特事先確認。

在咖啡之城京都發現

好想光顧的珍藏咖啡廳

在每走3步就有一間咖啡廳，咖啡消費量居日本之冠的京都，
與咖啡一起度過的時間已經融入日常生活中。不妨到咖啡廳小歇一會吧？

充滿季節美味食材的水果三明治重箱 ￥1950及卡布其諾￥600

店名Unir在西班牙文中是指「結合」、「合而為一」之意

設有咖啡師世界大賽官方機器的濃縮咖啡櫃台

阿芙佳朵咖啡布丁￥650

Pudding!!

1. 2樓的座席洋溢著和風摩登氣氛，相當時尚 2. 屋齡超過百年的日本家屋，被指定為京都市指定傳統建築物 3. 1樓的販售區售有濾掛咖啡包及咖啡豆

The Unir coffee senses

ザウニールコーヒーセンシズ

京都發起的特別咖啡品牌——Unir的新店鋪。店主從世界各地收購咖啡豆，相當講究烘焙與萃取的特製咖啡帶有果香，滋味豐富。以重箱盛裝的水果三明治及阿芙佳朵咖啡布丁等甜點品項也相當充實。

清水寺 ▶ MAP 附錄 P.13 D-3

075-746-6353 休 週三及第1、3週四 11:00～17:00（販售區～17:30。週六日及假日為～17:30，販售區～18:00） 京都市東山区桝屋町363-6 市巴士東山安井下車步行5分 P無

1. 煎蛋三明治小姐早餐¥1180（～11:30），附鮮綠思慕昔　2. 咖啡師岡田先生擁有眾多粉絲　3. 以位於小巷內的紳士剪影為標記前進　4. 硬漢布丁¥450，布丁的焦糖如同其名般偏苦硬派

沒有跟老闆聊到就不能回去!?

Okaffe kyoto

オカフェキョウト

可以來此品嘗以口感偏苦，以後味回甘為特徵的Dandy Blend咖啡，享受成人時光，也可以點道獨特菜單及Party Blend咖啡，悠閒愜意一下。該店招牌為店長岡田章宏先生妙語如珠，任誰都會聽得津津有味。

四條烏丸 ▶ MAP 附錄 P.17 C-3

075-708-8162　休 無休
9:00～20:00　京都市下京区綾小路通東洞院東入神明町235-2　地鐵四條站、阪急烏丸站步行3分　P 無

在街上的祕密基地享用一杯香味濃郁的咖啡

WEEKENDERS COFFEE 富小路

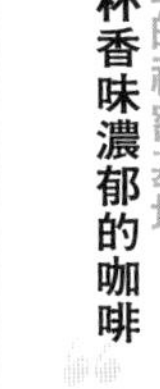

ウィークエンダーズコーヒーとみのこうじ

咖啡豆個性鮮明的淺焙咖啡，果香與酸味交融出複雜卻清爽的口感。平常販售約8～10種新鮮的咖啡豆，可比較不同咖啡產地與品種的差異。

四條河原町 ▶ MAP 附錄 P.17 C-2

075-746-2206　休 週三（逢假日則營業）　7:30～18:00　京都市中京区富小路通六角下ル西側骨屋之町560離れ　阪急河原町站步行8分　P 無

位於停車場內側，店外的植物生長茂盛宛如祕密基地般

咖啡師

本日濾掛式咖啡¥490是哥倫比亞咖啡

厚切吐司淋上蜂蜜及融化的奶油

咖啡師

外帶咖啡到河川沿岸散步也不錯

聆聽河川的潺潺流水聲度過療癒時光

murmur coffee kyoto

マーマーコーヒーキョウト

該店位於高瀨川沿岸，可聆聽潺潺水聲並眺望四季不同的景色，療癒心靈。咖啡使用了7種咖啡生豆自行烘焙，4種個性豐富的咖啡配方豆任君挑選。

京都站 ▶ MAP 附錄 P.5 C-1

075-708-6264　休 週日　9:00～17:00
京都市下京区八王子町103（正面通高瀬角）
京阪七條站步行5分　P 有

「WEEKENDERS COFFEE 富小路」的店鋪旁設有小張長椅，可在此小歇一下。

在古典的空間度過午後時光

眷戀復古咖啡廳的時光

在充滿魅力空間的陪同下度過稍縱即逝的非日常時光，還有宛如寶石般的甜點。
在享受甜美時光的同時，也能感受到空氣中微微洋溢的京都歷史與文化。

喫茶ソワレ

きっさソワレ

店內使用夢幻淡藍色燈光的老鋪咖啡廳。走進店內，感覺就像是踏進異世界般。在飾有東鄉青兒的美人畫，充滿懷舊氣氛的店內，色彩繽紛耀眼的果凍潘趣酒令人陶醉。

四條河原町 ▶ MAP 附錄 P.17 D-3

075-221-0351 休 週一（逢假日則翌日休）
13:00～18:00 京都市下京区西木屋町四条上ル真町95
阪急河原町站即到 P 無

4. 果凍潘趣酒￥750
5. 自創業起，店內陳設一直都很雅緻

デザートカフェ長楽館

デザートカフェちょうらくかん

位於被登錄為京都市有形文化財，屋齡超過百年洋房內的咖啡廳。下午茶在專用的「迎賓之間」享用，蛋糕及茶飲則是在裝有美麗彩色玻璃的「球戲之間」享用，還有可眺望圓山公園的「貴婦之間」等，可在風情各異的房間好好放鬆。請務必來此享受無比幸福的時光。

祇園 ▶ MAP 附錄 P.13 C-2

075-561-0001 休 不定休 11:00～18:00（閉店為18:30，下午茶為12:00～18:00※需預約） 京都市東山区八坂鳥居前東入円山町604 市巴士祇園下車步行5分 P 有

1. 四周環繞著名畫及古董家具的「迎賓之間」。下午茶￥4950～ 2. 巴卡拉公司製水晶吊燈 3. 擺滿甜點的精品店

@デザートカフェ長楽館
以前是作為招待國內外貴賓的迎賓館

@喫茶ソワレ
雖然位於鬧區，時光卻靜靜流逝

@村上開新堂
在採光良好且氣氛沉穩的店內幸福打盹♪

村上開新堂
むらかみかいしんどう

在京都長年備受顧客喜愛的西點店所開設的咖啡廳。在改建自屋齡90年日本建築的店內，陳設了復古風家具及燈具，可在此度過悠閒時光。除了限定內用的甜點套餐外，也可品嘗招牌俄羅斯蛋糕及瑪德蓮蛋糕。

※咖啡廳現在停止營業，預計2023秋季重新營運，需確認

京都市役所前 ▶ MAP 附錄 P.14 A-2

075-231-1058 休週日、第3週一、假日 10:00～16:30（商店為～18:00） 京都市中京区寺町通二条上ル東側 地鐵京都市役所前站步行4分 P無

8. 咖啡限定甜點套餐￥1200，選的是熔岩巧克力蛋糕
9.10. 從內側的座位可看到整齊端正的庭院

梅園 三條寺町店
うめぞのさんじょうてらまちてん

甜點店「梅園」的新店鋪。可品嘗名產草袋形御手洗糰子、蜜豆沙、蕨餅及剉冰等，以嶄新創意交織出多種講究的甜點。以外皮包裹紅豆餡做成的「紅豆餡花束」可當作伴手禮，對方收到一定會很開心。

京都市役所前 ▶ MAP 附錄 P.17 D-2

075-211-1235 休無休 10:30～19:00 京都市中京区天性寺前町526 地鐵京都市役所前站步行5分 P無

6. 店內裝潢活用古材質感
7. 能一次享用多種甜點的花點心￥980

在「梅園 三條寺町店」，只有夏天才能享用鬆軟的剉冰

Sweet Pudding

超越世代，廣受大眾喜愛的滋味♪

咖啡廳及餐廳的隱藏人氣菜單

一道美味布丁讓人感動

布丁是將蛋、牛奶及糖等基本材料組合而成的甜點。有口感偏硬、Q彈軟嫩或是濃郁黏稠等多種口感，因店而異，不妨比較看看充滿各店個性的布丁滋味吧。

menu
經典
法式布丁
¥900

1. 裝滿布丁、大量水果、鮮奶油及香草冰淇淋的招牌布丁樣式　2. 店內裝潢以巴黎的卡巴萊休息室為形象　3. 位於三條通沿路大樓的地下室

喫茶 le GABOR

きっさガボール

在復古的空間享用法式布丁

在原是畫廊的場所擺放古董家具作為裝飾，散發一股復古時尚氣氛的咖啡廳。備有三明治及咖哩等多樣令人懷念的咖啡廳菜色，尤其是法式布丁，種類豐富，共6種口味。

木屋町・先斗町 ▶MAP 附錄 P.17 D-2

075-211-7533　休週三
平日15:00～22:30，週六、日及假日12:00～　京都市中京区三条木屋町東入ル中島町103 フジタビルB1F
京阪三條站步行4分　P無

Wonderful

▶▶▶ OTHER MENU ◀◀◀

蒙馬特
法式小泡芙布丁
¥900
口感香酥的小泡芙與布丁簡直絕配

鮮紅法式布丁
「Rochefort」
¥950
用多種莓菓製成的華麗甜點

1. 質地偏硬散發蘭姆酒香的成人布丁，與香醇的咖啡相當搭配。搭配飲料折¥50　2. 入口旁的展示櫃內展示的全是布丁　3. 店內背景音樂播放的是古典樂，裝潢採沉穩的深咖啡色

高木珈琲店 高辻本店

たかぎこーひーてんたかつじほんてん

正統派咖啡廳的手工甜點

自京都代表性咖啡廳「INODA COFFEE」出身的上一代店主開店以來，已經過了45年。店內充滿活力，可以聽到店主與當地常客精神充沛地打招呼。除了自家烘焙的咖啡及使用講究雞蛋製成的布丁外，早餐A套餐（¥800）也相當有人氣。

四條烏丸 ▶MAP 附錄 P.16 B-4
075-371-8478　休 不定休　7:00～18:00
京都市下京区高辻通室町東入ル骨屋町175
地鐵四條站步行4分　P 無

Café Bistrot AUX BONS MORCEAUX

カフェビストロオーボンモルソー

餐廳的甜點布丁

店主主廚久保先生為實力派主廚，憑藉著豬腸製作的法國傳統料理「腸肚包」在法國首度榮獲國外的「5A」肯定。除了道地法國料理外，也想品嘗從以前就是招牌人氣菜單的布丁。

京都市役所前 ▶MAP 附錄 P.17 D-2
075-212-8851　休 週二、第3週三
17:30～23:00（24:00閉店）
京都市中京区恵比須町534-18 ステラム1F　地鐵京都市役所前站步行5分
P 無

1. 以擺放在店前的眾多招牌為標記　2. 卡士達布丁在法國也以「crème renversée au caramel」為人周知　3. 不僅味道，連店內氣氛也洋溢著法國當地的氣息

やまもと喫茶

やまもときっさ

享用名產蛋三明治及布丁

矗立在白川沿岸上，以黃白相間條紋屋頂為標記的咖啡廳。店內空間設有吧檯席及桌位席，共約30席。提供名產「煎蛋三明治」及「鮮奶油蘇打」等豐富的傳統咖啡廳菜單。布丁為簡單的正統形式，充滿了雞蛋風味。

祇園 ▶MAP 附錄 P.13 C-1
075-531-0109　休 除了週二也有不定休
7:00～16:30（17:00閉店）　京都市東山区白川北通東大路西入ル石橋町307-2
地鐵東山站步行5分　P 無

1. 添加大量偏濃焦糖的正統布丁　2. 柔軟麵包內夾鬆軟煎蛋的煎蛋三明治¥650（附飲料套餐加¥250）　3. 該店位於京阪祇園站往白川的路上

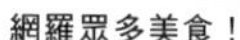

現正流行清爽微醺！

在新感覺酒館乾杯

這裡有帶有果香的沙瓦、日本酒的深邃美味以及醇厚芳香的精釀啤酒。飲酒不是為了買醉，而是品嘗箇中滋味。講究飲酒的酒館現正急速增加！

＼華麗的立飲式酒館充滿新鮮感／

sour 15:00～24:00

サワー

這間立飲酒吧可輕鬆享用現榨果汁做的新鮮沙瓦、將香草及香料泡在醋裡製成各種充滿特色的沙瓦。位於鬧區正中央，15時開始營業，可在與人會合前、用完餐後甜點或是想健康續攤等時候來喝一杯，瀟灑度過瑣碎時光。

四條河原町 ▶ MAP 附錄 P.17 D-3

☎075-231-0778 休週一～四(逢假日及假日前天則營業) 🕒15:00～24:00
京都市中京区裏寺町通四条上ル裏寺町607-19 ヴァントワビル1F
阪急河原町站步行5分 P無

店內結合狂野的插花與霓虹燈管，極具藝術性

Hello!

備有蘋果迷迭香果醋¥600等散發果香的沙瓦

Cider

＼充滿果香的西打超棒／

Spain Bar sidra (15:00～23:30)

スペインバルシドラ

蘋果酒、西打與西班牙料理專賣店。入口櫃台旁的展示櫃隨時擺放著本店自豪的6種法式凍派，色彩繽紛又美麗。4種半塊法式凍派拼盤￥1200相當受歡迎。15時開始營業，可順道前來輕鬆光顧也是其魅力之一。

京阪三條 ▶MAP 附錄 P.14 B-3

075-708-6796 休 週一（逢假日則翌日休） 15:00～23:30 京都市左京区孫橋町31-4 ペンタグラム川端御池1F 京阪三條站即到 P 無

午後享用奢侈的一杯酒！

法式凍派一道￥600～

一大群人也能容納的地下樓層

tasty!

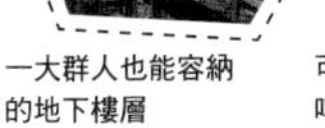

可生飲西打的啤酒機

Sake

＼陳列上百種日本酒的酒庫櫃台／

伏水酒蔵小路 (11:30～23:00)

ふしみさかぐらこうじ

伏見是日本屈指可數的酒產地。吧檯隨時備有伏見18家釀酒廠的日本酒，共約120種以上。可以點1杯約70ml的小杯酒，或試看看18家釀酒廠品牌的「十八藏試飲酒組合」、5種試飲酒套餐「SAKEGLA」也很推薦。

伏見 ▶MAP 附錄 P.21 B-2

075-601-2430 休 週二 11:30～23:00 京都市伏見区平野町82-2 京阪伏見桃山站步行6分 P 無

你喜歡哪家釀酒的日本酒？

用高腳杯飲用的5種試飲酒「SAKEGLA」

靠牆陳列的酒瓶及長達23m的酒藏吧檯為一大亮點

Cheers!

Beer

＼粉絲眾所期待！在町家享用和風啤酒／

SPRING VALLEY BREWERY KYOTO (11:30～21:00)

スプリングバレーブルワリーキョウト

「先來杯啤酒」的時代已成為過去，搭配餐點一起悠閒享用才是現代作風。本店徹底追求透過傳統手法細心釀造的京都產精釀啤酒美味，菜單品項講究並使用高腳杯品酒，是新啤酒文化的發信地。

四條河原町 ▶MAP 附錄 P.17 C-3

075-231-4960 休 無休 11:30～21:00（飲料～21:30） 京都市中京区富小路通錦小路上ル高宮町587-2 阪急河原町站步行5分 P 無

味道香氣俱佳，外觀也很賞心悅目♪

「無上幸福雙人套餐」￥1280，可享用與SPRING VALLEY豐潤（496）相當搭配的小菜

2棟建築的町家。入口附設釀造場

good smell!

酢橘與臭橙的清爽香氣與酸味令人爽快，店鋪限定酒「Kyoto 2021」也大有人氣

味道外觀都要講究

視覺系沁涼冰品

不論是在炎熱的天氣、散步途中，還是飽餐一頓後，都想來點冰涼的甜點♥
下面將介紹讓人不禁想炫耀的網美照甜點大集合！

用色彩繽紛的甜點替心靈補充營養

MALEBRANCHE KYOTO TOWER SANDO店

マールブランシュきょうとタワーサンドてん

濃茶做的新感覺冰棒

誕生於京都北山的人氣西點店。可在表現出茶田風景的空間裡，享用淋上濃茶Espuma醬的濃茶生巧克力冰棒「生茶之菓冰棒」。

京都站 ▶ MAP 附錄 P.5 C-2

☎075-353-4567 休無休 🕒10:30～20:30 📍京都市下京区烏丸通七条下る東塩小路町721-1 KYOTO TOWER SANDO 1F 🚶JR京都站、地鐵京都站步行2分 P無

店內也有設有內用區

先到這台專用券販賣機購票，再拿給店員

抹茶的餘韻讓人陶醉

將人氣點心「生茶之菓」做成冰品的生茶之菓冰棒￥250。輕盈的Espuma風味更加濃郁

喫茶ゾウ B

きっさゾウ

色彩繽紛的鮮奶油蘇打

以大象為商標的昭和復古咖啡廳。招牌商品為撩動少女心的鮮奶油蘇打。讓人想挑選附可愛大象餅乾的鮮奶油蘇打拍網美照。

京都御所 ▶ MAP 附錄 P.6 B-1

☎075-406-0245　休 不定休　🕘9:00～17:00(18:00閉店)
📍京都市上京区三丁町440-3　👣地鐵今出川站步行10分　P無

B. 大象餅乾相當可愛的鮮奶油蘇打。由右邊起依序是藍色夏威夷、漂浮檸檬蘇打及草莓蘇打各￥726

門簾上也有貓！找找看吧！

ことばのはおと D

貓咪的可愛度滿分

京町家的書店咖啡廳。書櫃上擺滿了店主精選的小說及漫畫等超過2000本以上的書，與貓相關書籍也有上百本。

西陣 ▶ MAP 附錄 P.8 B-3

☎075-414-2050　休週一、二　🕘11:30～17:00(18:00閉店)
📍京都市上京区天神北町12-1　👣市巴士天神公園前下車步行3分　P無　※小學生以下禁止入店

D. 貓咪芭菲￥1375，貓咪的背影也可愛得不得了(13時開始點餐)

FRUITS PARLOR CRICKET A

フルーツパーラークリケット

放了滿滿新鮮果實

長年受到當地喜愛的水果咖啡廳。將水果緊密封住的冰棒，彷彿吃到整顆水果般，味道相當新鮮。

金閣寺 ▶ MAP 附錄 P.10 B-2

☎075-461-3000　休週二不定休　🕘10:00～17:30(18:00閉店)　📍京都市北区平野八丁柳町68-1 サニーハイム金閣寺1F　👣市巴士衣笠校前下車即到　P有

A. 冰棒各￥500。有添加黑加侖及紅酒的綜合黑加侖口味、滿滿草莓的草莓口味等，共6種

鹿の子 C

かのこ

※照片為遷移前

添加手工煉乳的牛奶剉冰

自家製煉乳及糖漿備受好評的剉冰專賣店。削得蓬蓬鬆鬆的剉冰頗有分量，裡面添加義式奶酪與水果，讓人吃不膩。

京都站 ▶ MAP 附錄 P.4 B-1

☎075-708-7150　休不定休　🕘11:00～17:00（17:30閉店）
📍京都市下京区西新屋敷上之町126 シャトー誠和1F
👣JR丹波口站步行7分　P無

C. 添加大量黑芝麻、自家製煉乳以及焙茶義式奶酪的黑芝麻黃豆粉牛奶冰￥1150。黃豆粉牛奶糖漿與黑芝麻提昇了香味（冬、春限定）

「鹿の子」備有八岳的天然冰及奈良日乃出製的純冰，任君挑選（天然冰需另加￥200）。

Kyoto Gourmet

招牌菜單固然不錯，個性派雲集的隱藏菜單也值得注目，內容盡是別具風格的名配角。

人氣店的隱藏菜單

內行品味讓旅行增添樂趣

隱藏菜單

小杯抹茶芭菲¥702

SUGiTORA

スギトラ

曾榮獲甜點師世界大賽銀賞的杉田晋一先生所開設的義式冰淇淋專賣店。以藝術性的芭菲引發話題，使用單品抹茶製的京都特色迷你芭菲也務必品嘗。

四條河原町

▶MAP 附錄 P.17 D-2

☎075-741-8290 休週二、三 營13:00～20:00 京都市中京区中筋町488-15 阪急河原町站步行10分 P無

招牌菜單

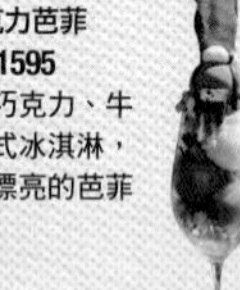

巧克力芭菲
¥1595
含大量巧克力、牛奶等義式冰淇淋，奢侈又漂亮的芭菲

隱藏菜單

優雅京三色豆皮捲(小)
¥864 ※3～5月春季限定

ひさご寿し

ひさごずし

以天然素材染成色彩優雅的豆皮捲，溫和的味道讓人平靜。除了可在店內享用外，亦可外帶或當作伴手禮，相當方便。

四條河原町

▶MAP 附錄 P.17 D-3

☎075-221-5409
休週三 營9:30～18:30（19:00閉店） 京都市中京区河原町通四条上ル塩屋町344 阪急河原町站即到 P無

招牌菜單

名代散壽司¥2160
鋪滿了蝦子、蛋絲及星鰻，視覺上也相當華麗

ZEN CAFE

ゼンカフェ

由老鋪和菓子店「鍵善良房」所監製。內夾隨季節變換的配料及鮮奶油的水果三明治，尺寸僅有一口大小，可優雅品嘗。

祇園

▶MAP 附錄 P.12 B-2

☎075-533-8686
休週一（逢假日則翌日休）
營11:00～17:30
京都市東山区祇園町南側570-210
京阪祇園四條站步行3分
P無

招牌菜單

特製葛餅與飲料套餐¥1700
口感柔軟有彈性的葛餅與黃豆粉及黑蜜相當搭配

隱藏菜單

水果三明治¥1300

SONGBIRD COFFEE

ソングバードコーヒー

由甜點師經營的時尚咖啡廳。15時以後可品嘗添加大量鮮奶油的法式吐司等甜點。

招牌菜單

SONGBIRD CURRY (Chicken) ¥1080
以鳥巢為形象的人氣菜單。輕放在上方的半熟蛋讓人無法招架

二條城

▶MAP 附錄 P.6 B-2

☎075-252-2781 休週四、第1、3週五 營11:00～19:20 京都市中京区竹屋町通堀川東入西竹屋町529 Songbird Design Store. 2F 地鐵二條城前站步行7分 P無

隱藏菜單

法式吐司¥850

想買的都在這裡 Shopping

不論是在老鋪還是新店鋪，一定能找到中意的物品！一邊心情振奮地期待這難得的機會，一邊在包包內塞滿幸福♡

Have a great time!

鳩居堂 ≫P.100

引人入迷的原創款式

每天都想使用的布製小物

都是些色彩繽紛、觸感溫柔又可愛的布製小物。光是想到這些可愛小物放在包包內，心情就雀躍不已，內心深處的少女心似乎開始騷動!?

伸縮性極佳

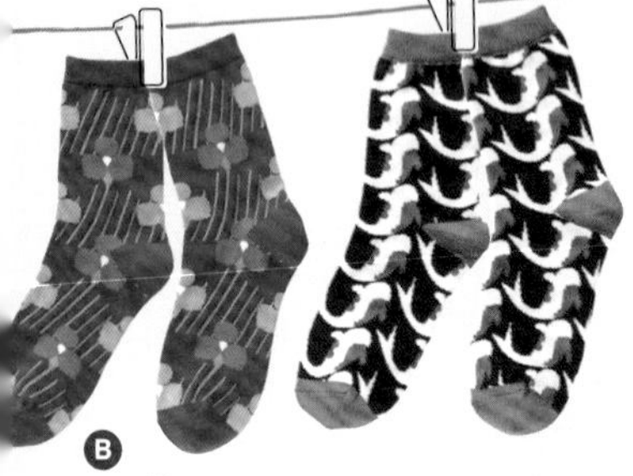

B 襪子 錦鯉、杜若 各¥1320

外型圓滾可愛

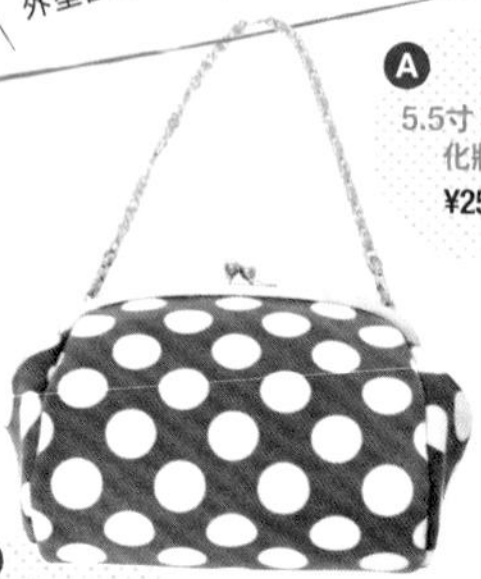

A 6.8寸 圓形單肩包 各¥4290

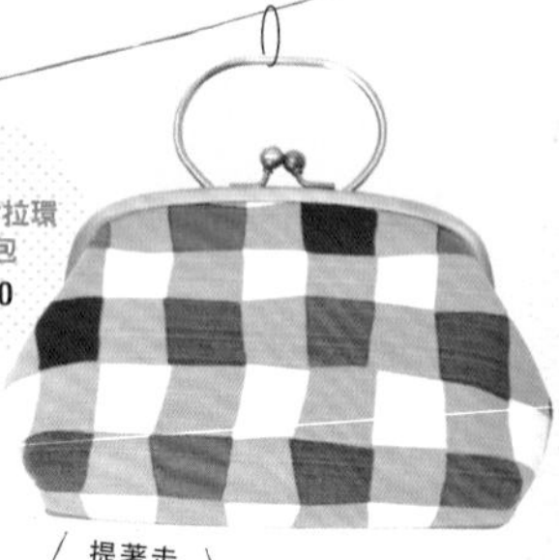

A 5.5寸 附拉環化妝包 ¥2530

提著走也很便利

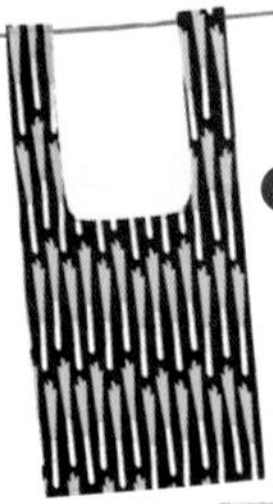

外型如同滿月的化妝包

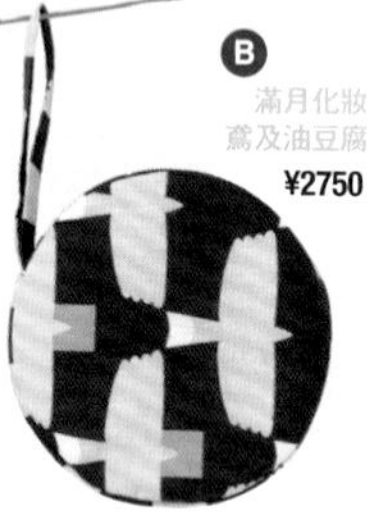

B 環保袋 九條蔥 ¥3300

B 滿月化妝包 鳶及油豆腐圖案 ¥2750

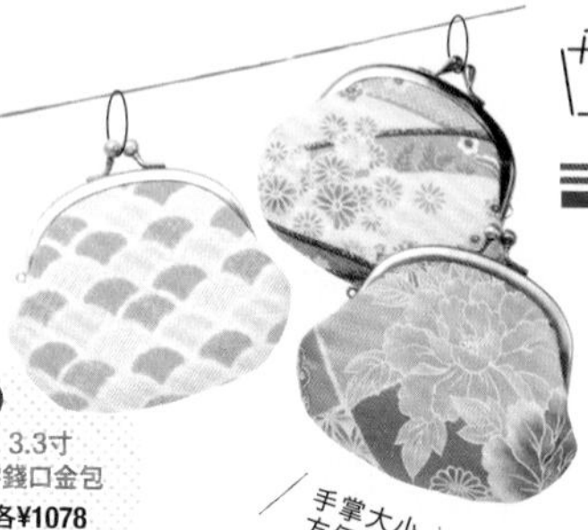

A 3.3寸 零錢口金包 各¥1078

手掌大小方便使用

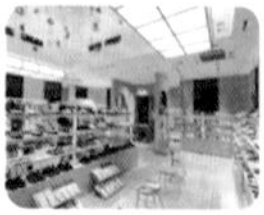

C

ソウソウたび

SOU・SOU 足袋

推出大膽採用流行織物設計的分趾鞋。此外亦有販售分趾襪及小物等。

四條河原町 ▶ MAP 附錄 P.17 D-3
075-212-8005　休 無休
11:00～20:00※定休日及營業時間可能變更　京都市中京区新京極通四条上ル中之町583-3　阪急河原町站步行5分　P 無

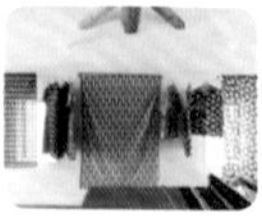

B

あをごろも

青衣

映照出「日本風景」的織物設計品牌。連圖案看似大膽的衣服，只要穿在身上就會不可思議地適合，宛如魔法般的設計。

東山 ▶ MAP 附錄 P.15 C-4
075-354-5223　休 不定休　11:00～18:00
京都市東山区七軒町19（東山三条西入ル）
地鐵東山站步行4分　P 無

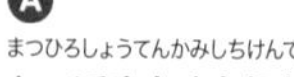

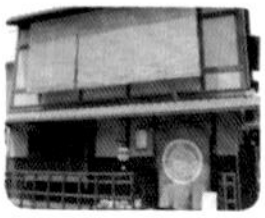

A

まつひろしょうてんかみしちけんてん

まつひろ商店 上七軒店

由每位工匠手工製作的口金包，以設計及尺寸等種類豐富為特徵。為了讓顧客能長久使用，還提供免費保養。

西陣 ▶ MAP 附錄 P.8 A-4
075-467-1927　休 週三（逢假日、每月25日則翌日休）　11:00～17:00　京都市上京区今出川通七本松西入真盛町716
市巴士上七軒下車步行3分　P 無

C SO-SU-U昆 分趾鞋淡墨色 ¥8800

讓人想解開小鉤，露出內裡

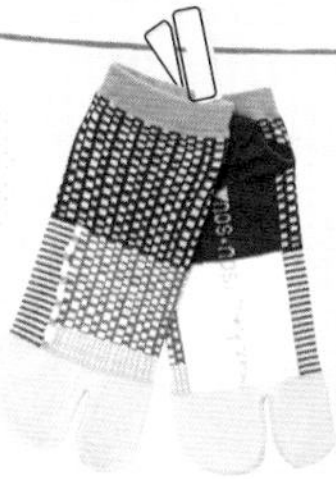

從分趾襪開始花紋時尚

C 分趾襪(及踝) 點線 宮美、落落大方 濡羽色 各¥605

C 分趾襪(一般長度) ¥605

E 可放卡片的口金包(美術館·虹花) 各¥2970

用來裝卡片或小東西很方便

E 御朱印帳(花·虹花) 各¥3025

使用手拭巾布料製成

D 附側邊束口袋 各¥1760

D 手拭巾 煩惱達摩(90cm) ¥1980

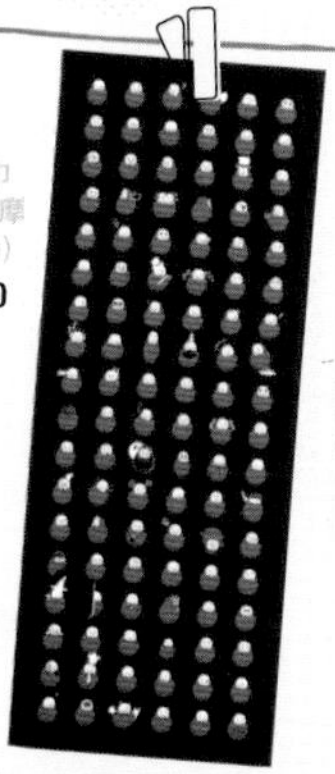

E 迷你托特包(山與竹) 各¥6490

適合散步的小巧尺寸

D 紗巾手拭巾 櫻流水(90cm) ¥1760

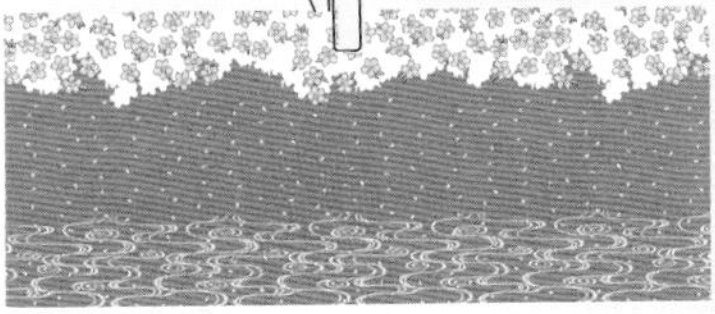

Shopping

布製小物

手拭巾美術館也別錯過

2022年4月開幕

在細辻伊兵衛美術館，主要展示橫跨江戶時代到令和6個時代，創業400多年的棉布商永樂屋所製作的手拭巾。

E

プティ・タ・プティ

Petit à Petit

陳列在屋齡150年京町家的是，以絕妙配色來表現京都山貌風景的織物製品。店內空間本身也很值得欣賞。

京都市役所前 ▶ MAP 附錄 P.14 A-2
075-746-5921 休無休
10:30～18:00 京都市中京区寺町通夷川上ル藤木町32 地鐵京都市役所前站步行6分 P無

D

ほそつじいへえびじゅつかんミュージアムショップ

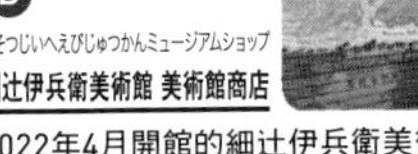

細辻伊兵衛美術館 美術館商店

2022年4月開館的細辻伊兵衛美術館附設商店。可觸摸手拭巾老鋪永樂屋的原創手拭巾。

烏丸御池 ▶ MAP 附錄 P.16 B-2
075-256-0077 休無休
10:00～19:00 京都市中京区室町通三条上ル役行者町368 地鐵烏丸御池站步行3分 P無

「Petit à Petit」所在的寺町通上，林立著許多販售古董及紙製品的老鋪，來挑選中意的商品吧。

實現美麗的美妝及小物大集合

妝點京都美人化妝包的配件

誕生出閑靜高雅京都美人的祕密，就藏在化妝包內。
究竟哪些才是京都美人愛用的美妝及配件呢？讓我們偷偷瞧一下。

髮釵是想要不經意打扮時尚一點時的必備配件

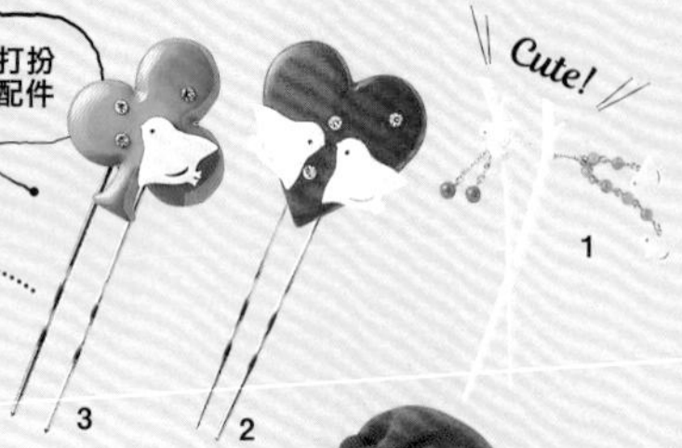

Cute!

方便收納在包包內的小巧化妝包

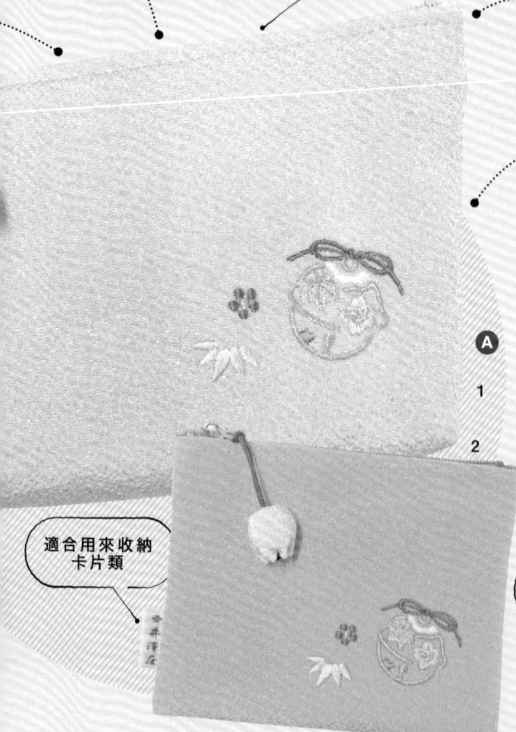

B 3 2 1

超強保濕力，香味也很療癒的萬能膏

A 1 2

C

適合用來收納卡片類

頭髮愈梳愈有光澤的攜帶木梳

D

A.1. 縮緬刺繡側片化妝包「雲錦鈴」￥2640／A.2. 縮緬刺繡迷你化妝包「雲錦鈴」￥1760／B.1. CHIDORI象牙風髮簪1支¥3300，2支¥3520　B.2. Kiss Kiss Kiss ¥5610　B.3. 幸運CHIDORI髮簪¥5060／C. 千鳥屋有機柚子護唇膏、日本扁柏萬能膏附提袋各￥2860／D. 千鳥鏤空木梳　附縮緬收納袋¥5280／E. 瑞瑞藥用護手凝膠￥1540／F. 胡粉指甲油和風色系列各¥1452／G. うらら香ほる臉部保養三件組￥2970／H. 京都散步護唇膏（咖啡、抹茶、巧克力、芝麻薄荷）各¥1650／I.（左）かづら清　五島產山茶花果實特製山茶花油（經典瓶）¥2145（100mℓ），（右）かづら清　香椿特製山茶花油¥3630（60mℓ）

いざわや
井澤屋 A G

祇園 ▶ MAP 附錄 P.12 B-2

自古以來也受到舞妓喜愛的和風小物老鋪。新系列商品「雲錦鈴」花紋推出了東口袋、扇套等各種商品。

075-525-0130 休 無休 10:30～19:00 京都市東山区四条通大和大路西入ル中之町211-2 京阪祇園四條站即到 P 無

きょうとちどりやぎんかくじてん
京都千鳥屋 銀閣寺店 B C

銀閣寺 ▶ MAP 附錄 P.11 B-1

持續生產以日本傳統素材為基底的商品。飾有千鳥商標的可愛包裝也值得注目。

075-751-6650 休 週四、日
10:00～18:00
京都市左京区浄土寺上南田町65-1 1F
市巴士銀閣寺前下車步行5分 P 無

かづらせいろうほ
かづら清老舖 D I

祇園 ▶ MAP 附錄 P.13 C-2

專售髮飾小物的老鋪。除了保養頭髮的商品外，也別錯過原創髮簪。

075-561-0672 休 週三
10:00～19:00
京都市東山区四条通祇園町北側285
市巴士祇園下車即到 P 無

うえばえそう
上羽絵惣 E F

四條烏丸 ▶ MAP 附錄 P.17 C-4

由超過270年歷史的日本畫專用畫具專賣店所經營的美妝店。看到美麗的色彩，就讓人想將傳統和風色彩記下來。

075-351-0693 休 週六、日及假日 9:00～17:00
京都市下京区東洞院通高辻下ル燈籠町579
地鐵四條站、阪急烏丸站步行10分 P 無

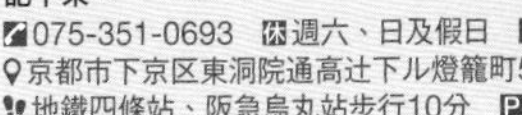

きょうとしゃぼんやおくのこうぼう
京都しゃぼんや 奥の工房 H

烏丸御池 ▶ MAP 附錄 P.14 A-2

推出堅持使用100%天然素材的美妝用品。與京都老鋪及寺社的聯名商品，每次都能帶給顧客愉快的驚喜。

075-257-7774 休 無休
11:00～18:00(週六日及假日為～17:00)
京都市中京区松本町567-2
地鐵京都市役所前站步行5分 P 無

不傷指甲
發色鮮艷的指甲
油也是常備物品

凝膠型醫藥外用品護手霜
添加京都產成分

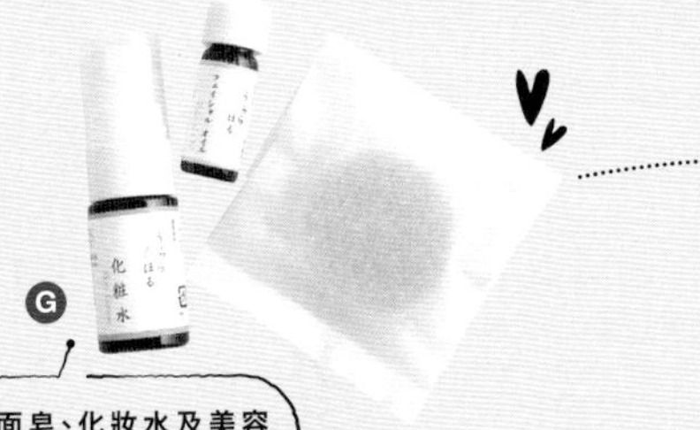

洗面皂、化妝水及美容
洗臉巾的迷你三件組

保濕護唇膏是讓你隨時
笑口常開的強大夥伴

不論天氣乾燥或陰雨都放心
用山茶花油來滋潤成人秀髮

Shopping

京都美人化妝包

在舞妓與藝妓的御用商店「井澤屋」，肌膚觸感溫柔的紗巾手帕也相當有人氣。

Traditional Shop

想好好珍惜、用來犒賞自己

貼近生活的老鋪逸品

使用代代相傳的傳統技術，打造出老鋪逸品。
不妨如同培育般，好好使用這些愈使用會愈漂亮，讓人愛不釋手，可陪伴終生的用品。

有次

ありつぐ

繼承刀匠的技術，以前曾是京都御所御用的老鋪，現在則專售菜刀為首，還有鍋具及湯匙等支撐起京都料理的工具。附贈刻字服務，能在現場看工作人員在工具上刻字令人開心，這點會讓人愛不釋手，請務必嘗試。

四條河原町 ▶MAP 附錄 P.17 C-3

075-221-1091 休 週三
10:00～17:00
京都市中京区錦小路通御幸町西入ル鍛治屋町219
阪急河原町站步行8分
P 無

海外廚師也愛用

Let's give it a try!

1. 磨泥器（No.3）¥5830 以擁有一個個突起的銳利齒目自豪。大尺寸方便使用 2. 餅乾壓模¥1210～ 有櫻花、紅葉、雪花等圖案，尺寸也相當豐富。還有具有京都特色的千鳥圖案 3. 黃銅製開罐器（千鳥）¥7920 帶有復古氣氛、別具情趣的開罐器。用來送禮也會讓對方高興

日本最古老的錫工房

清課堂

せいかどう

該店始於江戶後期以錫師身分創業，從事製造神佛具。現在則專售錫製等金屬工藝品，店內陳列著清酒杯、茶器及刀具等。內部還設有工房，以敲打金屬時清脆有力的鏗鏘聲迎接顧客。

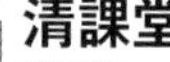

京都市役所前 ▶MAP 附錄 P.17 D-1

075-231-3661
休 週一 10:00～18:00
京都市中京区寺町通二条下ル妙満寺前町462
地鐵京都市役所前站步行5分 P 無

1. 銀製香座 紅葉¥7150（小）、¥9570（大）造型簡單作工細膩的香座。亦可看作青楓，全年皆可使用 2. 銀製和菓子刀 文結¥6380 好用的銀製和菓子刀。刀鞘僅此一件，可選擇喜歡的花紋 3. 錫製一口啤酒杯 各¥12650 有3種鎚目紋。購買對杯時，請務必購買不同的鎚目紋組合

& MORE

「一六六一」的品項由象彥監製

象彥經營的新品牌，店名一六六一是取自象彥的創業年份。備有以代代相傳的蒔繪底稿「置目」為圖案，相當可愛的各種文具。

文香 ¥1650　Okime 一筆箋 ¥550

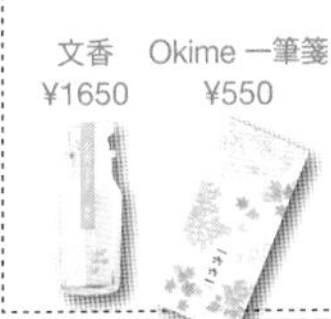

象彥 京都寺町本店

ぞうひこきょうとてらまちほんてん

擁有360年歷史的京都漆器老鋪。除了利用蒔繪與螺鈿技法做出宛如藝術作品般的用品與室內裝飾外，近年也開始經手許多日常生活容易使用的小物及器皿。充滿玩心的流行配色商品非常適合初次選購漆器的人。

京都市役所前 ▶ MAP 附錄 P.14 A-2

075-229-6625　休 週二　10:00~18:00

京都市中京区寺町通二条上ル西側法要寺前町719-1

地鐵京都市役所前站步行5分

P 無

招待賓客的必備品項

1. 花寄小碟 五入組 ¥10450 將5個小碟合起來就能組成梅花形狀。用來裝和菓子或西點都適合
2. 花蕾杯 各¥7700 利用漆器特性製成的杯子，即使裝熱飲，表面也不會變燙

1. minotake 三角木鏟 各¥540 彎曲線條設計，連瓶子等的底部及側面也能緊密貼合
2. (左)真竹筷 ¥1980 筷子尖端細得恰到好處，方便使用。(右)極上筷 ¥1760 讓人想連同筷架湊成一對
3. minotake 飯杓 ¥1980 活用竹子本身曲線製成的飯杓，採使用順手的設計

貼近生活的簡單之美

公長斎小菅

こうちょうさいこすが

其製作運用竹子特性的工藝品，在國外也受到肯定。利用割、削、編等單純技法製成的產品，個個都兼具溫暖及高雅氣質。請務必親身體驗不經意融入日常生活中的竹器魅力。

京都市役所前 ▶ MAP 附錄 P.17 D-2

075-221-8687

休 無休　11:00~19:30

京都市中京区三条通河原町東入ル中島町74 ザ ロイヤルパークホテル 京都三条1F　地鐵京都市役所前站步行3分　P 無

辻和金網

つじわかなあみ

位於御所南邊，持續生產堅持手工製作的產品。藉由工匠的手技製成的網目美得令人驚嘆，可長年使用。請務必來店將受到眾多料亭愛用的金屬網製品帶回家。

烏丸御池 ▶ MAP 附錄 P.7 C-2

075-231-7368　休 週日、假日

9:00~18:00　京都市中京区堺町通夷川下ル亀屋町175

地鐵烏丸御池站步行10分

P 無

用指尖細心編織

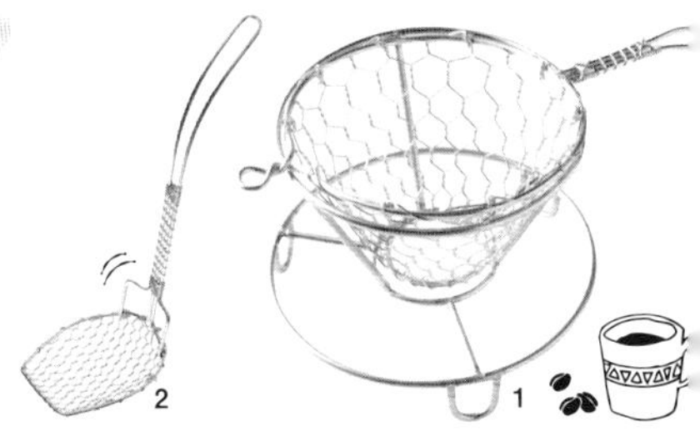

1. 手編不鏽鋼咖啡濾杯(小1~2杯用)¥5500 和式摩登氣氛讓生活更加有質感　2. 湯豆腐杓子(六角 中)¥2420 容易撈起豆腐的祕訣在於略帶曲線的撈網上

在「清課堂」店鋪內部的倉庫與茶室，也有設立美術館(不定休)，不時舉辦豆皿特展等，請上官網確認！

美食專家的最愛！

京都人所挑選絕對讓人喜歡的小禮物

挑選伴手禮時，對方究竟喜歡什麼總會讓人猶豫不決。
下面就來告訴你，在京都活躍的美食專家所大力推薦好吃又好看的伴手禮！

京都人推薦「ひさご寿し」»P.84 壽司店店主宇治田惠室先生的推薦商品！

包住季節，可愛閃耀的甜點

琥珀什錦3個裝
（柚子凍、重陽、琥珀柚子）
¥1780

外觀仿照菊花的「重陽」將紅豆、紫蘇及抹茶3種口味封入其中

解說by宇治田

有別於品名琥珀及帶有透明感的外觀，吃起來相當爽口。溫和擴散於口中的柚子香與甜味也相當絕妙

永楽屋本店

えいらくやほんてん

以佃煮料理和點心，辛辣物和甜品為兩大招牌。亦推出兩大招牌的代表商品「一口香菇」及「琥珀」綜合禮盒。

四條河原町 ▶ MAP 附錄 P.17 D-3

075-221-2318 休 無休

10:00～19:00

京都市中京区河原町通四条上る東側 阪急河原町站即到

P 無

古典優雅、鬆軟的烤點心

俄羅斯餅乾
1盒12個裝
¥2765（1個¥205）

共有杏仁、葡萄乾、葡萄果醬夾心、柚子果醬夾心及巧克力5種口味

解說by宇治田

餅乾搭配巧克力、葡萄乾及果醬的口感相當有趣，讓人忍不住一片又一片……，可能一不小心就會吃太多!?

村上開新堂

むらかみかいしんどう

從明治時代一直營業至今，充滿復古氣氛的西點店。除了陳列在玻璃展示櫃的烤點心外，裝在束口袋的寺町香草布丁也相當美味。

京都市役所前 ▶ MAP 附錄 P.14 A-2

075-231-1058

休 週日、假日、第3週一

10:00～18:00 京都市中京区寺町通二条上ル東側 地鐵京都市役所前站步行4分 P 無

京都人推薦「MAISON DE FROUGE 苺のお店」»P.97 草莓專賣店店主渡部美佳小姐的推薦商品！

Patisserie Karan

パティスリーカラン

受到在地喜愛的西點店，名產是一口大小乳酪蛋糕。讓人想吃遍該系列的抹茶乳酪、巧克力舒芙蕾等所有口味。

上賀茂·下鴨 ▶ MAP 附錄 P.3 C-1

075-495-0094
休 週二、不定休 10:00～18:00
京都市北区西賀茂坊ノ後町15
市巴士神光院前下車即到 P 有

解說by渡部

推薦送給有小孩的家庭或帶去公司當作伴手禮。質地柔軟，口味令人懷念

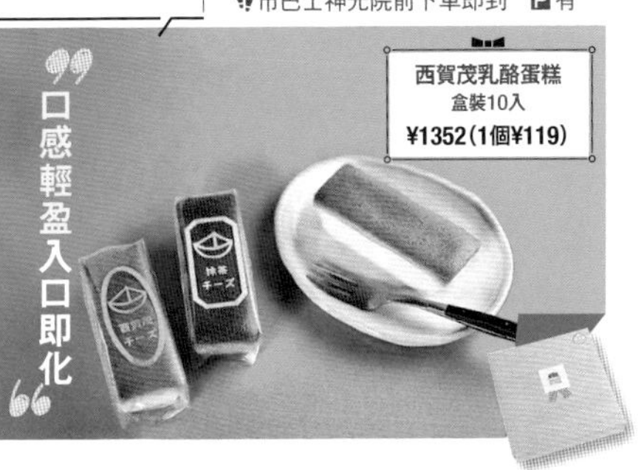

宝泉堂 本店

ほうせんどうほんてん

上等黑豆本身帶有的溫和甜味相當療癒人心。使用丹波黑大壽當中品質最好的大顆黑豆。

上賀茂·下鴨 ▶ MAP 附錄 P.9 D-2

075-781-1051 休 週日、假日
10:00～17:00 京都市左京区下鴨膳部町21 市巴士洛北高校前下車即到 P 無

解說by渡部

不分年齡，甚至連不喜歡甜食的男性也會開心。種類豐富，從小包裝到禮盒包裝應有盡有，重量輕巧這點我也喜歡

京都人推薦「Okaffe kyoto」»P.75 咖啡師岡田章宏先生的推薦商品！

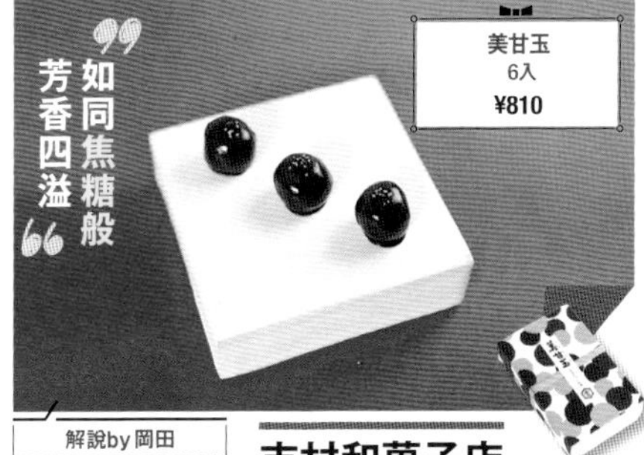

解說by岡田

代表銘菓「烏羽玉」是使用不傷身的椰奶等加工製成，可搭配咖啡一起品嘗

吉村和菓子店

よしむらわがしてん

京都點心老鋪龜屋良長經營的和菓子品牌，使用減少對身體負擔的素材製成。流行時尚的包裝讓人雀躍不已。

四條烏丸 ▶ MAP 附錄 P.16 A-3

075-221-2005 休 無休 9:30～18:00 京都市下京区四条通油小路西入柏屋町17-19 亀屋良長店内
市巴士四条堀川下車即到 P 無

解說by岡田

蕨餅質地柔軟到無法用手拿取。內包紅豆餡的蕨餅與咖啡的搭配，棒得沒話說

本家月餅家直正

ほんけつきもちやなおまさ

使用本蕨粉製成的餅皮與紅豆沙內餡，吃起來格外綿滑。由於常銷售一空，最好提早來店。

木屋町·先斗町 ▶ MAP 附錄 P.17 D-2

075-231-0175 休 週四、第3週三(逢假日則翌日休) 10:00～18:00
京都市中京区木屋町三条上ル八軒目
京阪三條站步行5分 P 無

在寺町通的「村上開新堂」購買烤點心後，可到內部的咖啡廳（»P.77）享用甜點。

格外可愛的造形設計好心動♡

現正流行可愛的京菓子

看到美麗的京菓子出現眼前時，心情就如同戴上喜愛的飾品一樣雀躍。
京菓子的外觀與味道皆五花八門，相信你一定能找到自己的喜好。

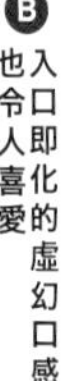

B 入口即化的虛幻口感也令人喜愛

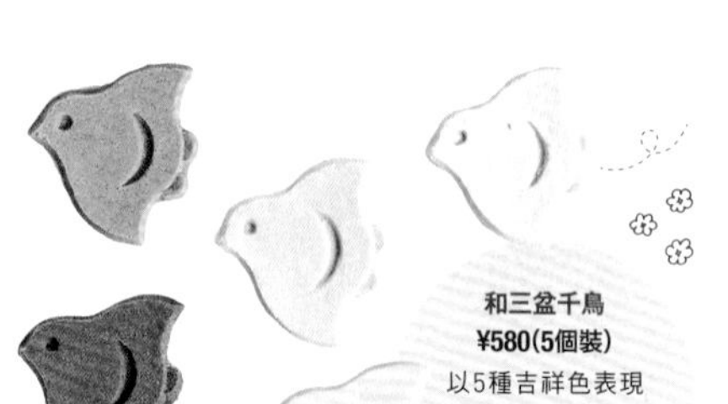

和三盆千鳥
¥580(5個裝)
以5種吉祥色表現出該店所在的先斗町象徵 — 千鳥

A 秋意正濃的可愛落雁禮盒

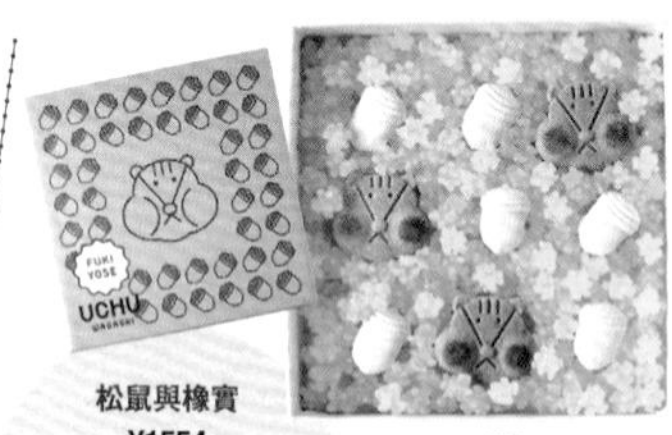

松鼠與橡實
¥1554
使用嚴選和三盆糖製成的可愛落雁與金平糖。9～11月限定販售

A 以京都眾所熟悉的風景為設計

京都物語
¥1234
以清水寺、大文字山、京都塔等景點設計的落雁。包裝也很時尚

C 披上和服花紋的美麗小蛋糕

kimono
¥2538(5個裝)
品名與花紋都是以吉祥紋為概念，有種類似挑選和服的雀躍感

A 充滿玩心的系列

drawing
¥834
可隨心所欲將落雁組合成喜歡的形狀

きょうまといかしカコト

京纏菓子 cacoto C

四條烏丸 ▶ MAP 附錄 P.7 C-4

店主曾在西點名店「Patisserie Karan」修業。商品的紋樣及其附贈的紙籤，正是源自老鋪租衣店。

☎075-351-2946 休週日之外也有不定休 🕒10:00～17:00 📍京都市下京区東洞院通松原下ル大江町553-5 🚶地鐵五條站步行4分 P有（1輛）

ぽんとちょうするがや

先斗町 駿河屋 B

木屋町·先斗町 ▶ MAP 附錄 P.17 D-2

持續生產重視自然素材原有風味的和菓子。本店名產「一口蕨餅」是讓人想吃到不惜訂購的絕品美味。

☎075-221-5210 休週二、三 🕒10:00～18:00 📍京都市中京区先斗町通三条下ル材木町187 🚶京阪三條站步行5分 P無

ウチュウワガシてらまちほんてん

UCHU wagashi 寺町本店 A

京都御所 ▶ MAP 附錄 P.14 A-1

亦有從事點心模設計的京都和菓子品牌。來此可以遇見在入口即化的和三盆糖中加入紅茶及香草風味，充滿個性的落雁。

☎075-754-8538 休週二、三 🕒10:00～17:00 📍京都市上京区寺町通丸太町上ル信富町307 🚶京阪神宮丸太町站步行7分 P無

D 松鼠和香菇的組合讓人感受到秋意

D 色彩溫柔的櫻花為春季限定

「秋」「春」「冬」「夏」

季節生菓子
各¥324
呈現在生八橋上的季節花卉和動物相當可愛。※設計隨季節而異

D 讓人感覺到春天腳步聲的日本樹鶯和梅花

D 顏色會隨時期變化

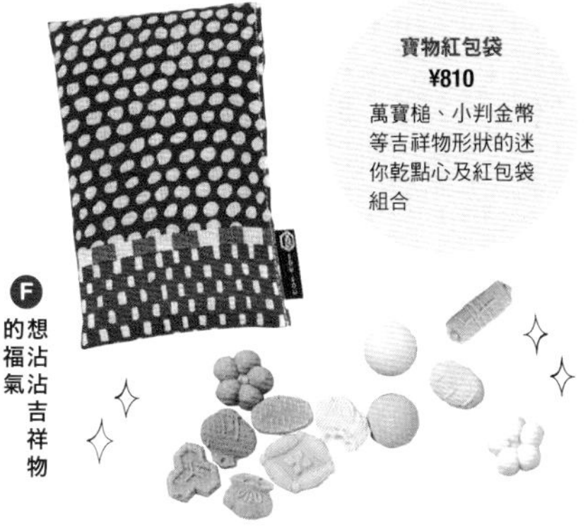

寶物紅包袋
¥810
萬寶槌、小判金幣等吉祥物形狀的迷你乾點心及紅包袋組合

F 想沾沾吉祥物的福氣

有平糖
¥540(5支裝)
以京都名勝為印象配色。讓人想放在口袋帶著走

E 不過於花俏的優雅色彩

かめやよしなが
亀屋良長 F

四條烏丸 ▶ MAP 附錄 P.16 A-3
擁有210年以上歷史的老鋪和菓子店。以傳統技法為基底，再加上年輕老闆娘的女性特有創意，製作出的和菓子相當受歡迎。
☎075-221-2005
休無休 L9:30～18:00
📍京都市下京区四条通油小路西入ル柏屋町17-19
👣市巴士四条堀川下車即到 P無

つるやよしのぶイロドリ
鶴屋吉信 IRODORI E

京都站 ▶ MAP 附錄 P.5 C-2
全國共3間店鋪的「IRODORI」初代店鋪。不論哪樣商品，看了都會被其色彩之美所迷倒。別忘了順路到附設咖啡廳坐坐。
☎075-574-7627 休無休 L9:00～21:00(咖啡廳外帶～20:30，商店～21:00) 📍京都市下京区東塩小路町8-3 JR京都駅八条口1F アスティロード内
👣各線京都站即到 P無

ニキニキ
nikiniki D

四條河原町 ▶ MAP 附錄 P.17 D-3
聖護院八橋本店所推出的嶄新八橋造型。仿照京都歲時記等的限定品項絕對不能夠錯過。
☎075-254-8284 休不定休 L請參照官方Instagram 📍京都市下京区四条西木屋町北西角 👣阪急河原町站即到 P無

這裡介紹的京菓子幾乎都是和菓子老鋪的產品。維持傳統，挑戰新事物正是京都作風。

宛如珠寶般的開心甜點

品嘗巧克力與蛋糕享受甜蜜幸福

彷彿藝術作品般細膩優雅的京都巧克力與蛋糕，
是讓人一見鍾情的小惡魔甜點。請在表達獨特世界觀的甜點店好好享用。

A 精彩的裝飾與輕盈的口感讓人著迷 1

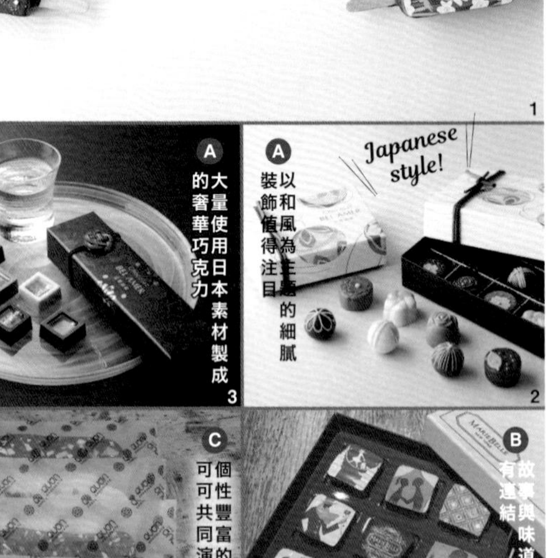

A 大量使用日本素材製成的奢華巧克力 3

A 以和風為主題的細膩裝飾值得注目 2

C 個性豐富的素材與可可共同演出

B 故事與味道有連結

ショコラベルアメールきょうとべってぃさんじょうてん

Chocolat BEL AMER 京都別邸 三條店 A

烏丸御池 ▶ MAP 附錄 P.17 C-2

在改建自町家的店內，陳列活用日本酒及茶等和風素材製成的巧克力。不妨在咖啡廳，好好享用香醇的現做甜點。

☎075-221-7025 休不定休 🕒10:00～19:30 📍京都市中京区三条通堺町東入ル桝屋町66 🚶地鐵烏丸御池站步行5分 P無

A.1. 巧克力棒各¥594／外觀如同冰棒的巧克力
A.2. 彩巧克力各¥314／和風圖案相當美麗的巧克力
A.3. 瑞穗之滴各¥292～／使用日本酒及茶等日本素材
※商品設計可能有變更

マリベルきょうとほんてん

MARIEBELLE 京都本店 B

烏丸御池 ▶ MAP 附錄 P.17 C-2

每一顆都蘊含故事的甘納許巧克力受到好評。店內各處被古董風的陳設及巧克力香味所包圍。

☎075-221-2202 休週二 🕒11:00～19:00（咖啡廳為12:00～17:30、週六日、假日為11:00～17:30） 📍京都市中京区柳馬場三条下ル槌屋町83 🚶地鐵烏丸御池站步行6分 P無

B.Blue Box（9個裝）¥5800／味道隨圖案不同而變的甘納許巧克力

ニュースタンダードチョコレートキョウトバイくおん

NEW STANDARD CHOCOLATE kyoto by 久遠 C

西陣 ▶ MAP 附錄 P.6 B-1

由巧克力師野口和男先生所監製。只能在店內飲用的熱巧克力請務必來品嘗。

☎075-432-7563 休不定休 🕒11:00～18:00 📍京都市上京区堀川出水上ル桝屋町28 堀川商店街內 🚶市巴士堀川下立売下車步行3分 P無

C.京都法式凍派（6個裝）¥1166／使用抹茶與黑豆等京都特色食材。食材的口感與巧克力彼此相互襯托

メゾンドフルージュいちごのおみせ

MAISON DE FROUGE 苺のお店 D

烏丸御池 ▶ MAP 附錄 P.17 C-2

備有各種極具設計性蛋糕的草莓甜點專賣店。4層高的草莓鮮奶油蛋糕，採用不管吃哪裡都吃得到草莓的夢幻構造。

075-211-4115
休週一（逢假日則翌日休）※需上官網確認
11:00~17:00(內用~16:30)
京都市中京区東洞院通三条下ル三文字町201 1F
地鐵烏丸御池站步行3分
P無

D.1. 草莓千層酥／切斷蝴蝶結也是讓人雀躍的一刻。酥皮、鮮奶油及草莓等各種味道與口感在口中彼此交融 D.2. 草莓費南雪／將洋溢杏仁香的費南雪麵糊及新鮮草莓烘烤成濃郁滋味 D.3. 草莓乳酪蛋糕／可以享受草莓的原味，是創業當初就有的乳酪蛋糕

グランヴァニーユ

grains de Vanille E

烏丸御池 ▶ MAP 附錄 P.17 C-1

店主主廚津田勵祐先生曾在法國的一流甜點店修業，創造出耀眼華麗的西點。除了生菓子外，烤點心也是絕品美味。

075-241-7726
休週日、一
10:30～18:00※限外帶
京都市中京区間之町通二条下鍵屋町486 地鐵烏丸御池站步行4分 P有

E.1. Everest¥720／法國產的白乳酪慕斯淋上紅色水果醬及大量鮮奶油 E.2. 水果塔¥720／酥鬆塔皮上擺滿了隨季節不同的當令水果

パティスリーエスサロン

Patisserie-S Salon F

四條烏丸 ▶ MAP 附錄 P.17 C-2

本店持續製作講究香味的西點。品嘗一盤蛋糕，感覺就像是細細品味一段故事一樣。

075-223-3111
休週三、四 12:30～18:00(咖啡廳~17:30)
京都市中京区朝倉町546 ウェルスアーリ天保1F
地鐵四條站、阪急烏丸站步行10分 P無

F.1. Luxe¥700／奢侈地用了真正的玫瑰，成熟風的慕斯蛋糕 F.2. FRAPIN¥670／以焦糖及黑糖增添醇厚風味的香蕉蛋糕

D 塞滿整排鮮紅草莓

1

D 含大量新鮮草莓製成的草莓泥

3

D 將新鮮草莓烘烤成豪華點心

2

E 擺滿色彩繽紛的新鮮水果

2

E 讓女子力火力全開的可愛寶石

1

F 散發淡淡酒香

2

F 濃郁玫瑰香擄獲人心

1

「MAISON DE FROUGE 苺のお店」冬季到春季期間限定登場的草莓大福，也受到許多粉絲喜愛。

小小展覽在我家

逛餐具店尋找中意器皿

讓一成不變的餐桌變得時尚又美味

正因為是每天使用的器皿，才需要慎重挑選。到眼光精準的店主精選的餐具店，滿心雀躍地尋找想長久使用或送給重視對象的器皿。

1. 備有林拓兒先生、寺門廣氣先生、增田勉先生等人在京都只有本店才買得到的作品。 2. 菊地知己先生、Mirocomachiko小姐、町田尚子小姐等經常登場的繪本作家展覽，也會隨主題而有變化，令人期待

倉敷意匠xkatakata「剪紙印章小碟子（虎斑貓）」￥1100，倉敷意匠「陽刻小碟子（青花瓷）」￥1650，充滿幽默感的表情及姿態讓人無法招架

作為器皿使用也很有存在感。工房イサド的砧板（圓）￥3850、（長方形）￥7700

充實的現代作家繪本

主要販售舉辦展覽會的作家的繪本。主辦單位野分編輯室發行的小型出版品也別錯過

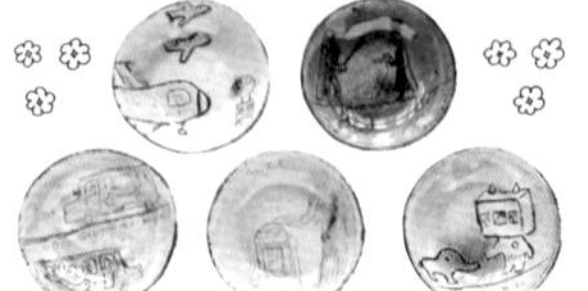

住在益子的寺門廣氣先生所製作，宛如插圖故事般的小皿各￥1870

讓人想蒐集或送禮，充滿畫意的器皿

nowaki

ノワキ

挑選器皿的基準除了第一眼看到時的樂趣外，還有使用是否順手。店主菊池美奈小姐一定會親自使用，確認商品好用與否。此外，連走訪作家時聽到的製作軼事及保養方法，也會詳細告訴顧客。每月更換的展覽會廣泛邀請繪本原畫新人、資深作家，每月展覽也不容錯過。

京阪三條 ▶ MAP 附錄 P.14 B-3

075-285-1595 休 隨展示而異

11:00～19:00 京都市左京区川端通仁王門下ル新丸太町49-1

京阪三條站步行3分 P 無

Subikiawa食器店

スビキアワしょっきてん

店內陳列著以「桌上馬戲團」為主題，在玻璃上一個個手工描繪圖案的時尚餐具。這些玻璃餐具的氣氛會隨著注入飲料的不同而變化，光看就覺得有趣，全都僅此一件。如果找到中意的品項，請務必把它帶回家。

百萬遍 ▶ MAP 附錄 P.7 D-1

☎無　休 不定休　營 不定
京都市左京区吉田牛ノ宮町27-20
市巴士百万遍下車步行5分
P 無

沉迷在玩具般時尚的玻璃杯

3. 令人懷念的長屋小店，由於不定休，需確認開店日
4. 彷彿國外的商店般，色彩繽紛的空間讓人雀躍不已。也售有信封信紙組等

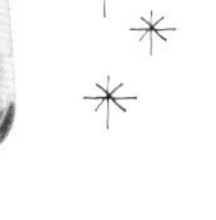

1. 枸櫞先生的白蘭地酒
2. 週三的杯子

& MORE

老鋪的可愛小碟子也別錯過！

裝一些點心零食就會變得相當時尚的小碟子。用來取代筷架也相當雅緻。

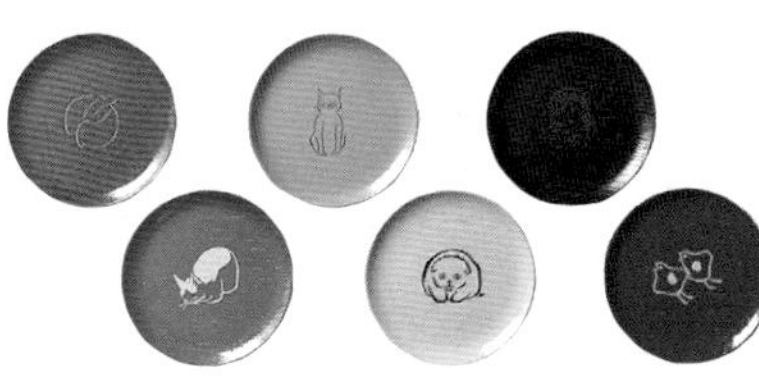

漆器小碟子各¥2750

創業190多年的漆器老鋪。近年成立新的漆器品牌「isuke」，透過各種商品來呈現只有漆才能表現的和風色調與質感。亦與國內外設計師推出聯名作品，令人期待。

いすけしょうてん

井助商店

清水寺 ▶ MAP 附錄 P.12 A-4

☎075-344-9710　休 週六日、假日　營 9:00～17:30
京都市下京区柳馬場通五条上ル柏屋町344
京阪清水五條站步行5分　P 有

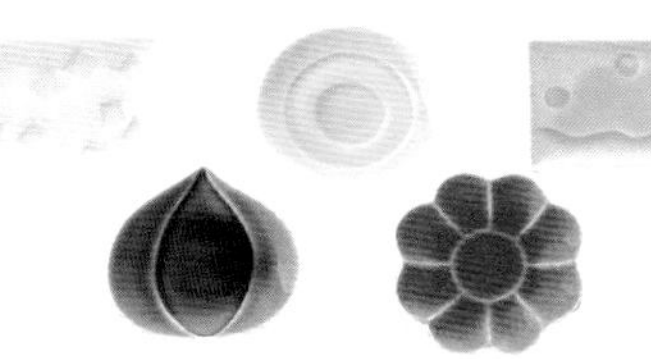

小碟子 御菓子之畫圖寫〈元祿〉¥4400

室町時代後期在京都創業的和菓子老鋪。代表商品有小倉羊羹「夜梅」、京都限定商品及季節生菓子等，都相當受歡迎。此外，也有將虎屋相傳的菓子型錄圖畫，做成小碟子販售。

とらやきょうといちじょうてん

虎屋 京都一条店

京都御所 ▶ MAP 附錄 P.9 C-4

☎075-441-3111　休 每月最後週一(除了12月外)、1月1日　營 9:00～18:00　京都市上京区烏丸通一条角広橋殿町415　地鐵今出川站步行7分　P 有

「nowaki」進店需脫鞋，不妨以到他人家作客般的心情好好享受。

種類豐富的設計讓人著迷

自用送禮兩相宜的京都紙品

包裝、書寫、鋪設……誕生自體貼他人文化的美麗紙張，用法五花八門。
反映京都傳統的文具，讓人能更接近紙的深奧之處。

讓小小心意

即使紙張搓揉磨損還是很可愛

華麗的多色印刷讓人著迷

附在禮物上傳達訊息

信封採稍微加厚的體貼設計

C 雲母唐長 四條店（きらからちょうしじょうてん）

江戶時代延續至今，日本僅此一家唐紙店。隨著光線增減呈現不同表情的神祕紋樣，是唐紙特有的圖案。

四條烏丸 ▶ MAP 附錄 P.16 B-3
075-353-5885 休 週二
11:00～18:00 京都市下京区水銀屋町620 ココン烏丸1F 地鐵四條站、阪急烏丸站即到 P 無

C.（從右上依順時鐘方向）唐長紋樣懷紙 天平大雲（30入）¥770／唐長紋樣一筆箋 無盡藏¥605／明信片各¥880／唐長紋樣禮金袋 南蠻七寶（3入組）¥770

B 鳩居堂（きゅうきょどう）

擁有350年歷史，專售香與和紙製品的老鋪。備有讓人想聊表感謝、饋贈他人的商品。

京都市役所前 ▶ MAP 附錄 P.17 D-1
075-231-0510 休 無休（1月1日～3日休息） 10:00～18:00 京都市中京区寺町通姉小路上ル下本能寺前町520
地鐵京都市役所前站步行3分
P 無

B.（從右上依順時鐘方向）紅包袋（5入）¥605（部分¥440）／信封（5入）¥550、660（由左到右）花文香（3個裝）¥550／絲綢明信片1張¥88

A 竹笹堂（たけざさどう）

明治年間創業的竹中木版所開設的店。由工匠製作的原創木版畫作品、摩登設計的紙類文具，都相當有人氣。

四條烏丸 ▶ MAP 附錄 P.16 B-3
075-353-8585 休 週三
11:00～18:00 京都市下京区綾小路通西洞院東入ル新釜座町737
地鐵四條站、阪急烏丸站步行10分
P 無

A.（從右上依順時鐘方向）問候卡 花束、不倒翁各￥1320／洋風信紙信封組 魚腥草唐草￥1320／小卡 森林裝飾￥440／書衣 梅花結、蛋糕各￥1320

@雲母唐長

使人察覺到唐紙與洋風空間也很搭調

@鳩居堂

在香氣使人安心的店內悠閒購物

@竹笹堂

走進名叫膏藥圖子的小路後就會看到

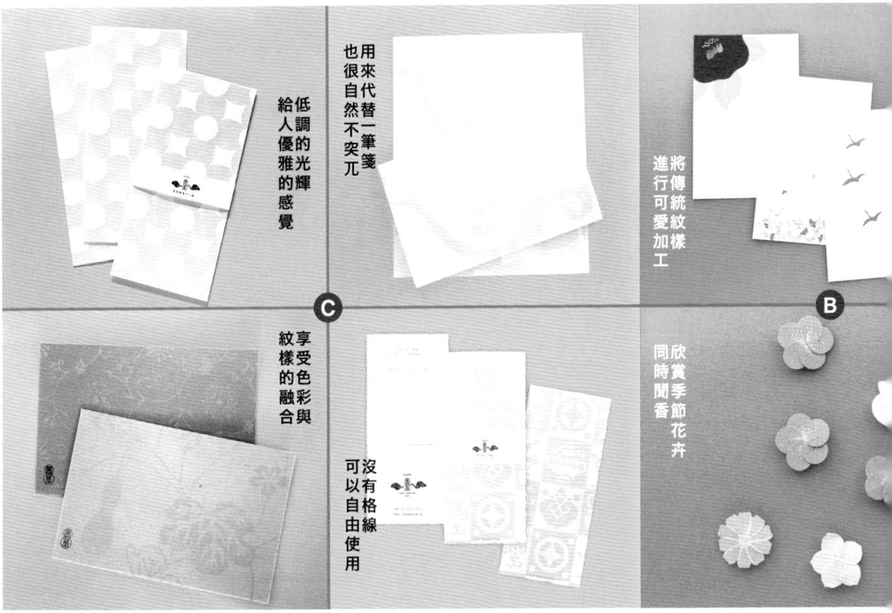

Shopping

京都紙品

B

將傳統紋樣進行可愛加工

欣賞季節花卉同時聞香

C

用來代替一筆箋也很自然不突兀

低調的光輝給人優雅的感覺

沒有格線可以自由使用

享受色彩與紋樣的融合

和菓子店的雅緻包裝紙

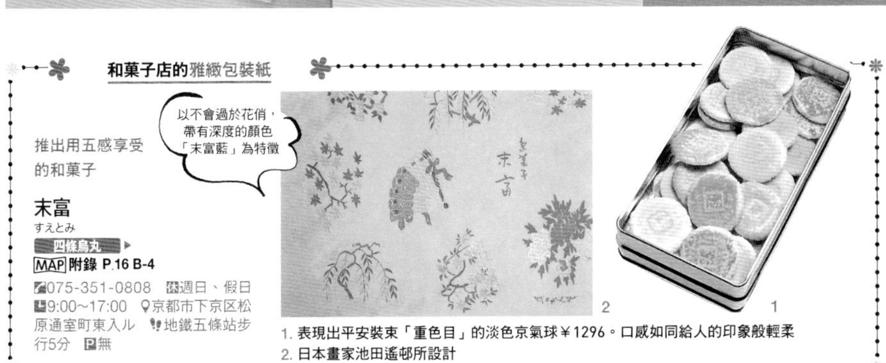

以不會過於花俏，帶有深度的顏色「末富藍」為特徵

推出用五感享受的和菓子

末富

すえとみ

四條烏丸 ▶

MAP 附錄 P.16 B-4

☎075-351-0808 休週日、假日 9:00~17:00 京都市下京区松原通室町東入ル 地鐵五條站步行5分 P無

1. 表現出平安裝束「重色目」的淡色京氣球￥1296。口感如同給人的印象般輕柔
2. 日本畫家池田遙邨所設計

「鳩居堂」的「花文香」也推薦放在名片盒內使用，使名片沾染上香味。

前往讓心旅行的非日常空間

開始過有舊家具的生活！

歷經漫長歷史之旅的器物，靜靜地訴說什麼是美、文化及歷史。
與憑藉獨特價值觀蒐集老家具的店主交談也相當有趣。

在無國界的空間裡
人與物也在旅行

2. 洗練造型相當帥氣的法國航空餐具￥9000
3. 滑稽的人偶玩具別具可愛趣味。Kay Bojesen car toy 丹麥製￥35000

1. 兒童用馬克杯與餐具組。ARABIA SATUKENKA 芬蘭製 1962-72年￥12000

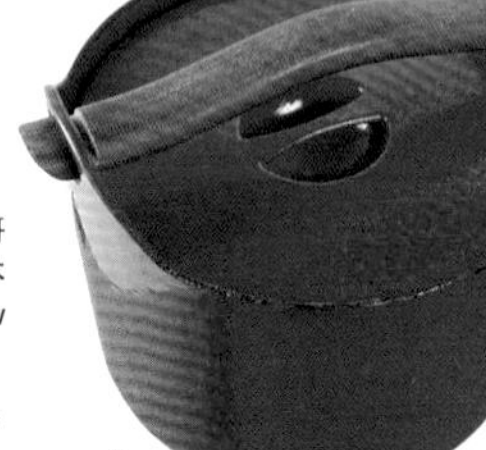

4. 用色別具異國風情的墨西哥缽￥3000　5. 漂亮的紅色與木製手把相當美麗。Rosenlew Casserole 芬蘭製￥30000

原本是美術學校的教室。店內蒐集了從古董、民藝、生活用具到繪畫、書與玩具，古今中外各種類型的物品，簡直像博物館一樣

materia forma

まてりあほるま

如同店名的字面意思：「materia＝素材」，「forma＝形狀」，店主井村芳生先生想要擺脫意義及品牌等的附加價值，如同以前人們第一眼見到物品時一樣沒有隔閡，發現純粹覺得有趣的器物。基於對任何事物都充滿興趣的好奇心，因而創設這個無格線的空間。

修學院·一乘寺 ▶ **MAP 附錄 P.9 D-3**

075-721-7020　休 僅於隔週六、日營業　12:00～19:00　京都市左京区田中東春菜町30-3 the SITE B号室　叡山電車元田中站步行5分　P 有

soil
ソイル

一年前往北歐數次，每次都會額外訪問新國家，店內陳列著重視素材感的舊生活用品。每一件物品都帶有各國及時代的獨特表情，樸素中卻能感受到一閃光芒，這或許是店主仲平誠先生邂逅該物品的瞬間，所感受到的閃耀與空氣感傳達給顧客的緣故吧。

平安神宮 ▶ MAP 附錄 P.15 C-3
090-2357-0574 休 週二～四、採購時 12:00～19:00 京都市左京区北門前町476-1 地鐵東山站步行7分 P 無

蒐集中意的物品

1

店內的老家具如同作畫一樣擺放在最恰當的位置，適度留白，空間感相當舒適

3

2

1. 內裝為大理石，表面上蠟的香煙盒￥1800 2. 克比塔窯的奶精杯及糖罐，套組為￥6000 3. 經年使用的柔軟度也別有韻味。香菇籃￥6800

到古民家感受古老美好的時代

eight
エイト

本店是由店主親自改建古民家，並蒐集昭和時代復古的老家具及生活雜貨，地方不大卻相當舒適的空間。店內亦設有咖啡廳區，2樓也有出租空間。在觀光途中或是尋找伴手禮時，可以順路來訪的地利之便，也是本店一大魅力。

上賀茂・下鴨 ▶ MAP 附錄 P.9 D-3
075-721-0810 休 週一（逢假日則營業） 11:00～18:00
京都市左京区高野清水町127
叡山電車元田中站步行6分
P 無

1. 人氣和製提籃。各種款式約￥4000～8000 2. 可當作擺設的舊天秤￥3800

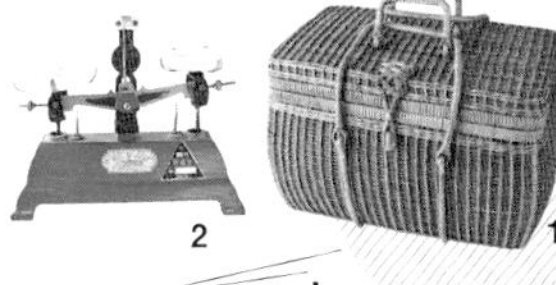

2 1

咖啡廳空間

＼最受歡迎！／
蘋果吐司￥670
咖啡￥430

位於店內深處的小型咖啡空間。Fire-King及鋁製食器令人懷念

Antique!

4

3

3. 昭和復古流行花紋令人懷念的高腳杯各￥800
4. 素雅的糖稀色蘋果形茶杯與茶托￥800

Shopping

舊家具

 老家具幾乎都是僅此一件，因此遇到中意的物品就別猶豫，馬上帶回家吧。

JR京都伊勢丹&KYOTO TOWER SANDO

想在京都站購物就到這裡！

選購伴手禮堪稱是旅途最後的樂趣。
來現在最熱門的兩大景點，在準備要回家前享受購物時光。

挑選在地女子也喜歡的商品

本區的特色在於必買伴手禮的店自不用說，也有販售在地人日常也會買來贈禮的商品。來此可以遇到有別於正統，讓人另眼相看的單品。

都松庵
MIYAKO MONAKA **¥378円**
能自己動手做的最中餅套組。也很推薦夾冰淇淋及水果

擦在手腕上也可當作香膏

京都しゃぼんや
柚子乳液 **各¥1650**
使用柚子知名產地京都水尾的柚子製成的保濕乳液

Crochet kyoto
京貽 雛 HIINA系列商品 **各¥345**
京貽的製作技巧與西洋之美完美融合而成的美麗逸品

KYOTO TOWER SANDO 注目商品

「京都北山 MALEBRANCHE」、「京ばあむ」、「辻利」等多家市內名店的KYOTO TOWER SANDO注目商品千萬別錯過。由於店鋪集中在1樓，購物可以節省時間。

おたべ·京ばあむ
おたべ·京ばあむ（抹茶、豆乳、綜合）
各¥579
京ばあむ與冰涼的霜淇淋相當搭配。建議用八橋舀冰淇淋食用

辻利
辻利 京茶麵包乾 抹茶 **(5片裝)¥626**
辻利 京茶麵包乾 焙茶 **(5片裝)¥626**
口感酥脆輕盈的麵包乾，裹上使用「辻利」的宇治抹茶及焙茶巧克力而成

辻利 京らんぐ 抹茶貓舌餅
(10片裝)¥1501、**(16片裝)¥2397**
內夾空氣巧克力的貓舌餅夾心餅乾

KYOTO TOWER SANDO

キョウトタワーサンド

連京都通也大為滿足的商店大集合

地點所在的商業大樓，其上頭便聳立著京都象徵「京都塔」。2樓可體驗製作和菓子及傳統工藝等，1樓為可購買京都伴手禮、雜貨及話題甜點的樓層，地下1樓的美食廣場匯集約19家餐飲店，各種聚會都很適合。

京都站 ▶ MAP 附錄 P.5 C-2
075-746-5830(10:00～19:00)
休 無休 B1F 11:00～23:00、1F 10:30～20:30、2F 10:30～19:00※視店鋪而異
京都市下京区烏丸通七条下る東塩小路町721-1 JR京都站、地鐵京都站步行約2分
P 無

濃茶醬令人著迷

京都北山 MALEBRANCHE 限定
生茶之菓冰棒
¥250 P.82
只有在京都塔正下方的店才吃得到的原創商品。設計也相當可愛

自動售票機也很獨特

JR京都伊勢丹

ジェイアールきょうといせたん

在種類廣泛的商品中找到想要的商品！

從老鋪和菓子到京漬物、便當等，商品種類相當豐富，為引領京都伴手禮趨勢的存在。立地極佳，不僅新幹線及JR在來線，從近鐵電車、地鐵及巴士總站等各線也能步行即到是其魅力之一。在猶豫不知道要挑選什麼伴手禮時，就到JR京都伊勢丹吧！

京都站 ▶ MAP 附錄 P.4 B-2

☎075-352-1111 休不定休
🕒10:00～20:00（7～10樓餐廳11:00～23:00，11樓餐廳11:00～22:00）※視店鋪而異 📍京都市下京区烏丸通塩小路下ル東塩小路町 👣各線京都站直通 P有

老鋪與實力派的京都便當隨時待機

色彩繽紛的便當，讓人想帶著一起旅行。地下2樓的便當區陳列多達40種以上的和、洋、中式品牌便當，京都便當的充實度更是值得一提。只要事先預約就能預留商品。

紫野和久傳
雙層便當 **¥4860**
結合人氣的鯛魚散壽司及料亭四季美味的雙層便當

以提桶便當聞名

六盛
手鞠壽司便當 **¥2160**
由開創提桶便當的老鋪所推出，色彩繽紛且可愛的人氣便當

實現名店聯名

中村楼・いづう
祇園之味 **¥3780**
由在祇園長期受到喜愛的2間名店，攜手推出的精彩合作

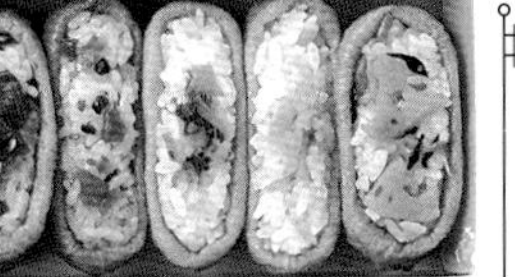

豆狸
京都伴手禮綜合稻荷壽司 **¥681**
京都名產稻荷壽司專賣店。口味豐富多樣的稻荷壽司5個裝

下鴨茶寮
おうち料亭 六角 **¥1620**
1857年創業的料亭。便當內裝滿了華麗的自豪料理

名店京菓子齊聚一堂

地下1樓販售種類豐富和洋點心。最棒的是不必特地跑到總店，就能買到名店逸品。出町雙葉等超人氣點心也會在限定星期登場，記得上官網確認喔。

限定

俵屋吉富
京都八重饅頭
(5個入)¥756
口感Q軟的饅頭

拉開抽屜後……

塩芳軒
千代櫃 **¥3240**
由深受茶人信賴的西陣名店所推出的綜合乾菓子

鼓月
姬千壽煎餅 **(12片入)¥1404**
抹茶為京都限定口味。內夾微苦醇厚的抹茶奶油製成的烤點心

和×洋聯手共演

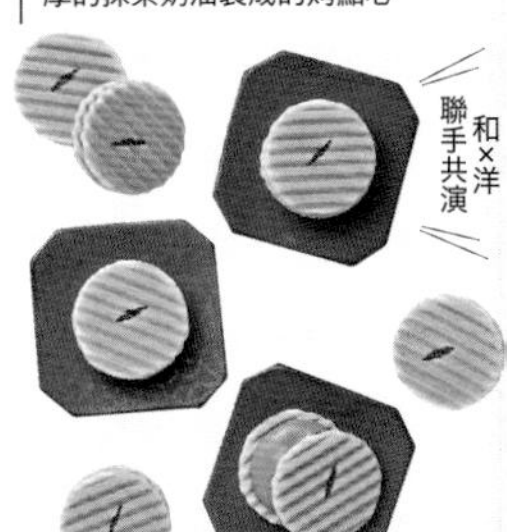

加點香鬆及調味料更好吃

在家享用京都美味！

將餐桌也變成京都風。每一樣醃菜、小魚乾及豆皮都是能輕鬆購買的美味，在家中也能享用長年受到顧客喜愛的老店好味道。

熱騰騰的早餐♪

在日常場景稍作休息

5 頂級玄米茶 ¥540(1袋100g)

茶葉澀味與糙米風味達成絕佳平衡。不需放涼即可直接飲用，最適合忙碌的早晨。可回沖3次。

恰到好處的酸味與卓越的口感

3 (由上而下) 鹽漬櫻花、柴漬、ひね千本壬生菜漬 ¥480(140g)、¥540(150g)、¥480(160g)

引出蔬菜原有鮮味的當令漬物大受歡迎。即使購買1包，也會裝進送禮用包裝袋，最適合拿來送禮

營造稍微奢侈的餐桌

1 現撈豆皮 ¥1026(5片入)

口感滑順，味道高雅。除了生魚片外，加入燉菜、湯品中就能完成一道充滿高級感的料理。

說到京都的拌飯香鬆就想到這個！

6 山椒小魚乾 ¥1080(紙盒裝 80g)

手工製作才有的溫和滋味。口感濕潤，愈嚼愈能吃出食材的鮮味，非常下飯。

無比幸福的鮮美擴散口中

4 銀鮭藏味噌漬(西京漬) ¥780(1片)

鬆軟多汁的魚肉在口中化開，尾韻可感受到西京味噌的圓潤醇厚。藍點馬鮫和紅金眼鯛也相當有人氣。

味噌的豐富風味

2 一碗味噌湯 ¥648(3包入)

在碗內放入烤麩，只需熱水沖泡立即完成。有豆腐、炸油豆腐、滑菇、紅麴及西京白味噌共5種口味。

いっぽどうちゃほきょうとほんてん
一保堂茶舗 京都本店

京都市役所前 ▶ MAP 附錄 P.14 A-2
075-211-4018 休第4週三 10:00～17:00(茶館～16:30) 京都市中京区寺町通二条上ル常盤木町52 地鐵京都市役所前站步行5分 P有

むらかみじゅうほんてん
村上重本店

四條河原町 ▶ MAP 附錄 P.17 D-3
075-351-1737 休無休 9:00～19:00(週六日及假日為～19:30) 京都市下京区西木屋町四条下ル船頭町190 阪急河原町站出站即到 P無

せんまるや
千丸屋

四條烏丸 ▶ MAP 附錄 P.17 C-3
075-221-0555 休週三 10:00～18:00 京都市中京区堺町通四条上ル八百屋町541 地鐵四條站、阪急烏丸站即到 P無

やよいほんてん
やよい本店

祇園 ▶ MAP 附錄 P.13 C-2
075-561-8413 休無休
10:00～17:00 京都市東山区祇園下河原清井町481 市巴士祇園站下車步行5分 P無

きょうといちのでんほんてん
京都一の傳 本店

四條烏丸 ▶ MAP 附錄 P.17 C-2 ⓇR(食事)
075-254-4070 休週三(逢假日則翌日休)
10:00～18:00(用餐11:00～14:30)
京都市中京区柳馬場通錦上ル十文字町435
地鐵四條站、阪急烏丸站步行8分 P無

ほんだみそほんてん
本田味噌本店

京都御所 ▶ MAP 附錄 P.8 B-4
075-441-1131
休週日 10:00～18:00
京都市上京区室町通一条558 地鐵今出川站步行6分 P有

Check!

讓食物更美味♪的調味料都在這裡

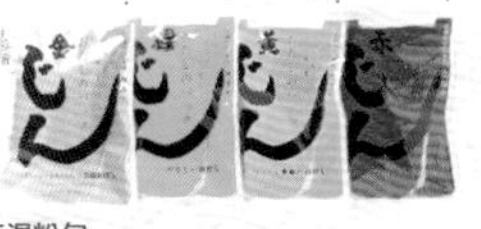

高湯粉包
(金)¥1404(綠)¥1491(黃)¥1404(紅)¥1134
紅色是使用鯖魚等製成的濃湯；綠色是100%植物製成的健康高湯；黃色是用鰹魚及昆布萃取成方便使用的京都風高湯；金色則是以鮪魚柴魚片及羅臼昆布萃取出的滋味圓潤高湯

高湯專賣店的風味豐富名配角
うねのほんてん
うね乃 本店

京都站 ▶ MAP 附錄 P.4 A-2
075-671-2121 休第2週六、日、假日
10:00～18:00(週六為～16:00)
京都市南区唐橋門脇町4-3
JR西大路站步行5分 P有

鰹魚乾拌飯香鬆
(梅子紫蘇、鰹魚乾海苔)
各¥659(11袋入)
輕輕一灑，風味豐富。亦可灑在沙拉及烏龍麵上，享受味道的變化。

與高湯的組合相當新鮮
やまなかあぶらてん
山中油店

西陣 ▶ MAP 附錄 P.6 B-1
075-841-8537 休週日、假日
8:30～17:00 京都市上京区下立売通智恵光院西入下丸屋町508 地鐵丸太町站步行3分 P有

高湯沙拉醬
¥864(115mℓ)
大量使用最高級的橄欖油。與義大利麵等也相當合拍的萬用醬汁

檸檬橄欖油
¥3024(250mℓ)
檸檬風味的義大利產橄欖油

芳香花生油
¥1566(180g)
芳香濃郁的風味。當作香草冰淇淋的醬汁也很好吃

「山中油店」的線上商店除了有種類豐富的食用油外，也提供可用來保養頭髮與肌膚的山茶花油。

護身符也想重視可愛度！

由於想隨時攜帶護身符，就需要講究其外觀。這裡匯集許多實現上述願望的護身符與御神籤。

帶來幸運的護身符及御神籤

可愛度也能讓情緒高漲起來！

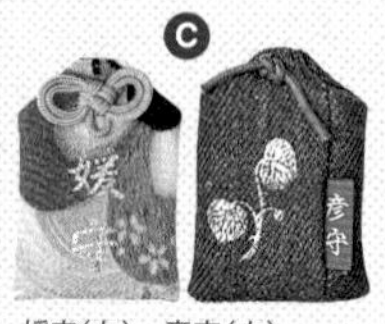

C 色彩繽紛的花紋 挑選起來也心情雀躍

媛守(左)、彥守(右)
各¥1000

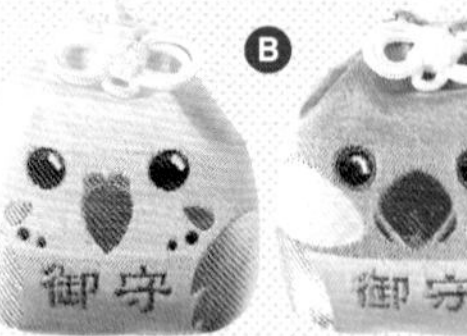

B 圓滾滾的眼睛 相當可愛

保佑無並無痛護身符 **各¥500**
虎皮鸚鵡（左）、肉桂文鳥（右）

A 來自染殿大人的保佑

保佑順產及小孩的護身符(束口型)
各¥800

F 鴿子會帶來幸福

幸福鴿神籤 **¥500**

E 以祭神使者松鼠為構想

傳達神諭的松鼠 **¥800**

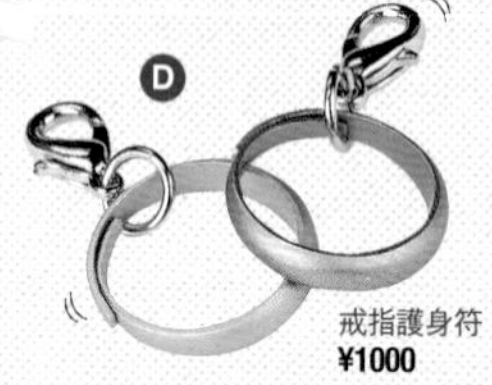

D 淡藍色與粉紅色配對 也可拿來當鑰匙圈！

戒指護身符
¥1000

C 下鴨神社 世界遺產
しもがもじんじゃ

護身符分成牛仔布材質的男性用，及縮緬材質的女性用2種。據說成對攜帶就能達成心願。

上賀茂・下鴨 ▶ MAP 附錄 **P.9 D-3**
【DATA】≫P.135

B 因幡藥師(平等寺)
いなばやくし(びょうどうじ)

可愛的鸚鵡與文鳥護身符，能保佑病痛趕快飛走，無病無痛。

四條烏丸 ▶ MAP 附錄 **P.17 C-4**
☎075-351-7724 休無休 ⏰6:00～17:00(授與護身符為9:00～) 📍京都市下京区因幡堂町728 🚶地鐵五條站步行5分 ¥免費 P無

A 染殿院
そめどのいん

據說染殿皇后向本願的地藏菩薩祈禱後，便產下了皇子。因此這裡以保佑順產及小孩的「染殿地藏尊」廣為人知。

四條河原町 ▶ MAP 附錄 **P.17 D-3**
☎075-221-3648 休無休 ⏰10:00～18:00 📍京都市中京区新京極通四条上ル中之町562 🚶阪急河原町站步行5分 ¥免費 P無

F 六角堂(頂法寺)
ろっかくどう(ちょうほうじ)

鴿子護身符相當可愛。據說用御神籤將境內六角柳的2根枝條綁在一塊，就能覓得良緣。

烏丸御池 ▶ MAP 附錄 **P.17 C-2**
☎075-221-2686 休無休 ⏰6:00～17:00 📍京都市中京区六角通東洞院西入堂之前町248 🚶地鐵烏丸御池站步行3分 ¥免費 P無

E 平野神社
ひらのじんじゃ

春季約有400棵櫻花樹盛開，為賞花景點。環抱櫻花的松鼠御神籤務必要帶回家。

金閣寺 ▶ MAP 附錄 **P.10 B-2**
☎075-461-4450 休無休 ⏰6:00～17:00 📍京都市北区平野宮本町1 🚶市巴士衣笠校前下車步行3分 ¥免費 P有

D 野宮神社
ののみやじんじゃ

境內的野宮大黑天是知名的結緣之神。情侶攜帶成對的戒指護身符也很適合。

嵐山・嵯峨野 ▶ MAP 附錄 **P.18 A-3**
☎075-871-1972 休無休 ⏰9:00～17:00 📍京都市右京区嵯峨野宮町1 🚶嵐電嵐山站步行10分 ¥免費 P無

天狼院書店「京都天狼院」
P.112

Matcha&Wagashi

接觸傳統的真正體驗

挑戰點抹茶及製作和菓子

試著透過五感來體驗在京都悠久傳承的款待文化。
觀看茶道優美的點前動作與和菓子師傅細膩的技巧，就能感受到京都深奧的魅力。

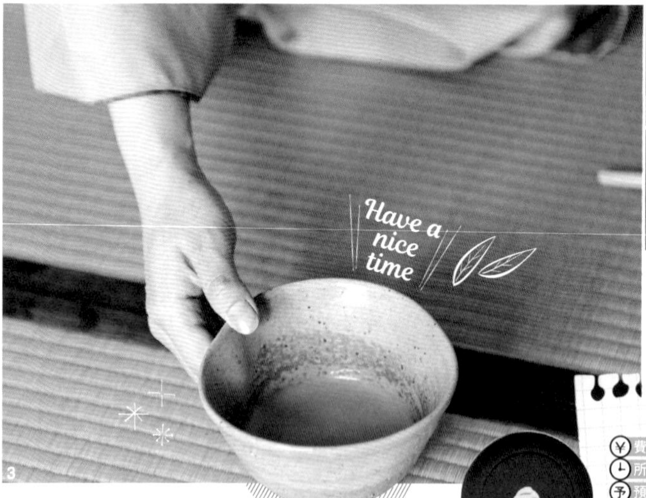
Have a nice time

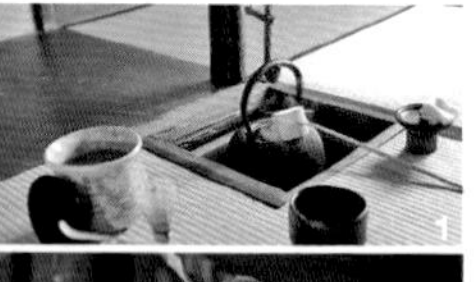

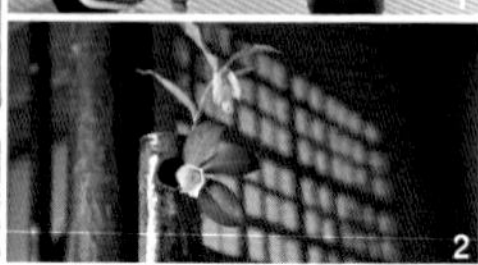

1. 每個茶道具都帶有洗練的美感，不禁看得入迷 2. 不經意的綠意營造空間感 3. 仔細欣賞茶器後才享用抹茶

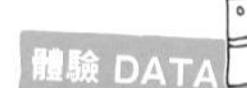

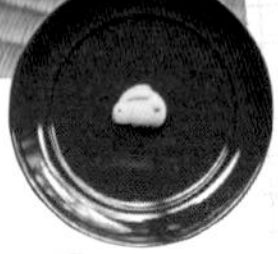

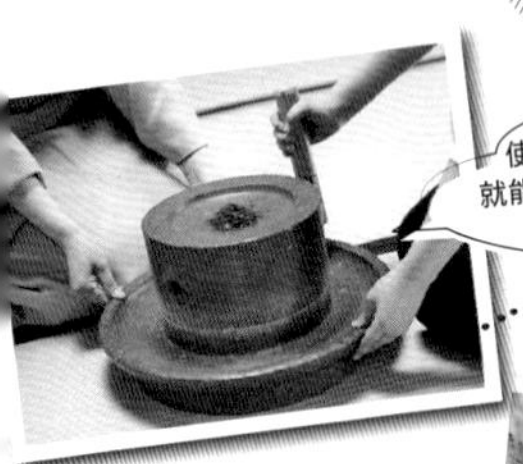

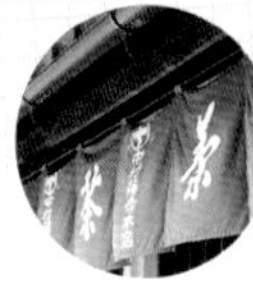

使勁全身力氣推動就能聽見石磨靜靜發出轉動的聲音

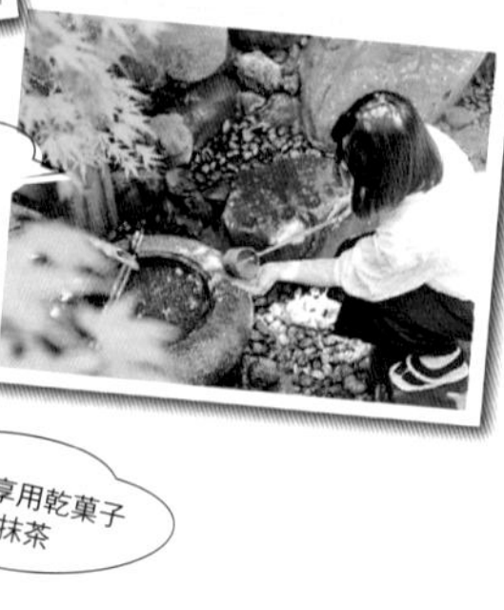

先在庭院的石製洗手盆淨身後再到茶室

薄茶

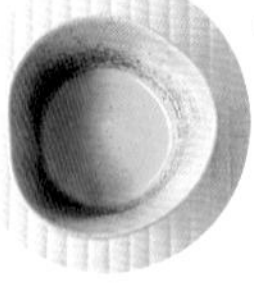

在茶室享用乾菓子和抹茶

體驗 DATA

磨茶和茶席體驗

- 費用 6380円
- 所需時間 60～80分
- 預約 請上專用網站預約

在別具風情的茶室愉快體驗正統點前做法。可親自將茶葉磨粉，品嘗薄茶抹茶

中村藤吉本店

なかむらとうきちほんてん

傳達宇治茶的美味及茶文化的茶商。大受歡迎的磨茶和茶席體驗，是從親手操作石磨研磨茶葉開始，接著到元祿建築樣式的茶室瑞松庵品嘗薄茶。可欣賞動作行雲流水的點前做法及舉動，享受著抹茶的香味，一邊放鬆度過時光。

宇治 ▶ MAP 附錄 P.21 A-4

0774-22-7800 休 1月1日（體驗為週二、五休）
10:00～17:00（視季節而異，銘茶販售10:00～）
宇治市宇治壱番10 JR宇治站出站即到 P 有

七條甘春堂 本店

しちじょうかんしゅんどうほんてん

本店以銀河為形象的羊羹、紅豆豆腐這類誕生自傳統技法與玩心的高雅和菓子受到好評。在體驗教室可向經驗老道的師傅，學習做和菓子的基礎、使用各種工具，並挑戰製作3種和菓子。最後品嘗自己做的和菓子與抹茶，就會留下難以忘懷的回憶。

三十三間堂 ▶ MAP 附錄 P.5 C-1

075-541-3771　休 無休（茶館及體驗為週一、二休）　9:00～17:30（茶館及體驗10:00～）

京都市東山区七条通本町東入ル西の門町551

京阪七條站步行5分　P 無

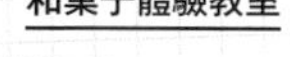

體驗 DATA

和菓子體驗教室

費用　2530円

所需時間　60～90分

預約　透過e-mail或電話預約(2人以上受理)

體驗製作3種共4個上生菓子。其中1個可搭配點好的抹茶一起品嘗，剩下則能帶回去

以位於七條通上頗具風情的店面為標記

LET'S TRY!

step 1

聽講

注意師傅手部的動作。愈是熟練的技巧看似簡單，實則困難

step 2

將紅豆餡塑形

用手掌搓圓或是用指尖輕捏，使紅豆餡成形

step 3

加上裝飾

用筷子將當作花朵的桃色紅豆餡碎屑，擺在上頭就大功告成

step 4

點抹茶

師傅也會細心教導點茶做法，初次嘗試也沒有問題

step 5

FINISH!

品嘗

紅豆餡的高雅甜味與微苦抹茶，不禁讓人心頭暖暖的

做好的和菓子可帶回家

Experience

點抹茶及製作和菓子

PICK UP!

在嵐山體驗製作京菓子

GOOD!

老松 嵐山店

おいまつあらしやまてん

嵐山・嵯峨野 ▶ MAP 附錄 P.18 B-3

075-881-9033　休 不定休

9:00～17:00

京都市右京区嵯峨天龍寺

嵐電嵐山站步行3分

P 無

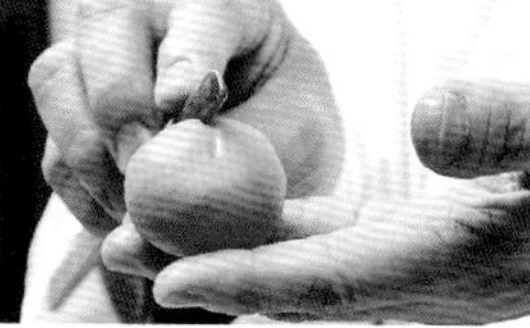

在和菓子老店學習京菓子的知識後，還能親自動手體驗製作。

時間　10:00～、13:30～

費用　3300円

所需時間　約1小時

預約　於10天前電話預約

文化發信地
與書店來場意外邂逅

書本是我們一生的摯友，在感到煩惱或是身體健康時，都能透過文字開啟一扇嶄新的大門。下面就來介紹能邂逅這些書籍，還能更加深入且享受閱讀的書店。

潛藏的好奇心覺醒了!?

在書店入口處放著寫有行程表的黑板。每天都會更換舉行攝影部、燈光講習等活動

2　1

1. 和三盆抹茶霜淇淋￥462，奢侈地灑上大量茶香濃郁的抹茶粉　2. 咖啡￥462～

意外邂逅

在每天舉辦的讀書會、研討會及成人社團活動，常會誕生新事物

推薦書籍

顯示閱讀效果的「閱讀處方箋」書櫃，或許能在此找到成為人生解答的書。另外還有開封後才知道內容的「覆面書」。

天狼院書店「京都天狼院」

てんろういんしょてんきょうとてんろういん

以店主三浦崇典先生所提倡「READING LIFE 享受書本盡頭的體驗」為理念的書店咖啡廳，繼東京、福岡之後，也在京都祇園登場！可以在被爐閱讀剛買的書，也可以參加活動「改變人生」。

祇園 ▶ MAP 附錄 P.12 B-2

075-708-3930
休 視展示而異
12:00～20:00（咖啡廳為～19:30，週六日及假日為10:00～）
京都市東山区博多町112-5　京阪祇園四條站步行5分　P 無

改建自町家。2樓設有咖啡廳空間

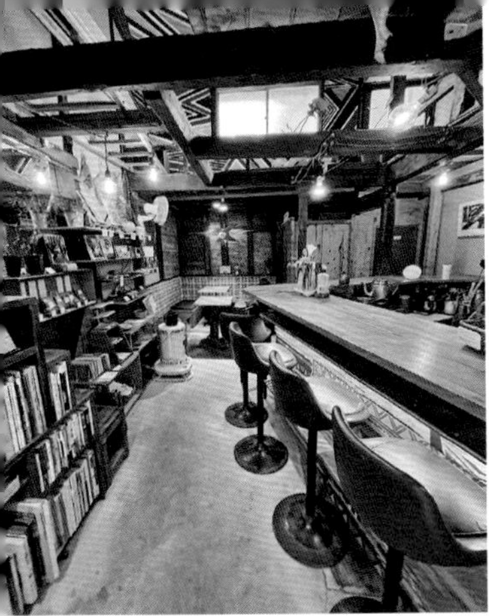

山福ジャパン

やまふくジャパン

蛋包飯及咖哩相當受歡迎，也可來此小酌一番。不使用化學調味料，盡可能將生產者所提供的原味呈現給顧客。每週三還會有另一家「MagicFlour」出攤（12:00～19:00），販售自製麵包跟咖哩。

京阪三條 ▶ MAP 附錄 P.17 D-2

☎075-253-6696　休週二、三　🕒11:30～20:00　📍京都市中京区木屋町通三条下ル石屋町126-1　🚶京阪三條站步行3分　P無

店內為山福夫婦攜手改建的多目的空間，亦可調整舉辦活動

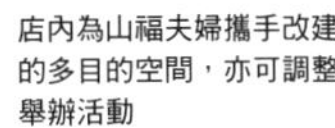

意外邂逅

山福蛋包飯（附沙拉）¥950。奶油抓飯蛋包飯淋上本店自豪的「豬五花軟骨咖哩」，為結合兩者優點的菜單，人氣最旺。使用自家栽培食材自製的八朔檸檬蘇打¥450也很推薦。

位於三條大橋西詰稍微南下的地方

恵文社一乘寺店

けいぶんしゃいちじょうじてん

受到全國愛書人喜愛的名店。書櫃及書籍類別也相當廣泛，在在都能確實感受到每一本書的推薦理由、放在該場所的原因，以及店員想打造「有人情味書櫃」的熱情。不斷看到想要的書，讓人既高興又煩惱。

修學院·一乘寺 ▶ MAP 附錄 P.9 D-2

☎075-711-5919　休無休　🕒11:00～19:00（過年期間除外）　📍京都市左京区一乗寺払殿町10　🚶叡山電車一乘寺站步行5分　P有（店鋪對面1輛，店鋪後方5輛）

推薦書籍

讀了會讓人想漫步京都小路的隨筆作品《在京都思考》吉田篤弘（MISHIMASHA）¥1650

以書店為中心，設有生活館及書廊

意外邂逅

每月更換舉辦的手工展示、作坊內容、生活雜貨及食品等，全都經過精心挑選

PICK UP

遇見想一直珍惜的繪本

前往充滿故事的空間

壽大樓

昭和初期興建的復古大樓。大樓內進駐了5樓的「MERRY-GO-ROUND KYOTO」、「minä perhonen」等畫廊及時尚商店。

尋找喜歡的書！

店內也有陳列適合成人看的小說及隨筆

MERRY-GO-ROUND KYOTO

メリーゴーランドきょうと

專售繪本的童書專賣店。書櫃放滿了想長久珍惜的書。

四條河原町 ▶ MAP 附錄 P.17 D-4

☎075-352-5408　休週四

🕒10:00~18:00　📍京都市下京区河原町通四条下ル市之町251-2 寿ビルディング5F　🚶阪急河原町站步行4分　P無

位在「出町雙葉」（P.40）出店即到的出町桝形商店街上，有電影院、書店及咖啡廳的複合設施「出町座」（MAP 附錄 P.9 C-4）也值得注目！

Seasonal Events

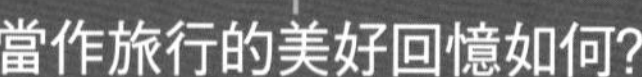

當作旅行的美好回憶如何?

充滿情懷的季節活動

可以在此度過感受四季變遷的風流時光，或是看著身穿美麗衣裳的祭典隊伍感到心跳不已……。
不妨將四季活動排入旅行的規劃當中吧。

"浮在空中與水池上的兩輪明月"

活動 賞月之夜

@ 舊嵯峨御所 大本山大覺寺
きゅうさがごしょだいほんざんだいかくじ

「賞月之夜」活動是在日本三大名月觀賞地之一 ── 大覺寺大澤池，搭船欣賞中秋明月，堪稱京都的秋季風情畫。可以抬頭仰望在天上閃耀以及映照在水面上晃動的兩輪明月。

嵐山·嵯峨野 ▶ MAP 附錄 P.18 B-1

075-871-0071　休 無休　9:00～16:30
京都市右京区嵯峨大沢町4　JR嵯峨嵐山站步行20分　¥ 本堂區500円，大澤池區300円　P 有

活動資訊

日程/時間
包括中秋節為期3天／17:30～20:30受理結束

費用
500円(須事先上大覺寺官網確認)

紅葉最佳觀賞時期為每年11月下旬～12月上旬。映照在池面上的深紅色顯得華麗無比

在國寶內徹夜念佛

Event 午夜念佛 in御忌

@ 知恩院
ちおんいん

僧侶在國寶三門樓上內徹夜念佛，是整年當中只有在這天才能體驗的珍貴活動。柔和的燈光打在佛像身上，參加者也會跟著敲木魚念佛。

東山 ▶ MAP 附錄 P.13 D-1

☎075-531-2111 休無休 ⏱9:00～16:00 📍京都市東山区林下町400 🚇地鐵東山站步行8分 ¥境內免費，友禪苑300円，方丈庭園400円 P無

活動資訊

日程/時間 4月18日 20:00～翌日7:00
費　用 免費

由藝妓及舞妓負責接待的大茶會降暑

Event 梅花祭

@ 北野天滿宮
きたのてんまんぐう

活動資訊

日程/時間 2月25日 10:00～、戸外茶會10:00～15:00(預定)
費　用 戸外茶會2000円（梅苑「花之庭」入院費1000円）

於菅源道真的祭日舉辦，擁有約900年歷史的祭典。境內除了舉行梅花祭神事外，也有仿效豐臣秀吉所舉辦北野大茶湯之「梅花祭戸外茶會大茶湯」。由上七軒的藝妓及舞妓負責接待的茶會，每年都大受歡迎。

西陣 ▶ MAP 附錄 P.8 A-4 [DATA]≫P.135

藉由泡腳神事降暑

Event 御手洗祭

@ 下鴨神社
しもがもじんじゃ

活動資訊

日程/時間 土用丑日前後 時間未定
費　用 300円(含蠟燭費)

下鴨神社的末社之一御手洗社的祭禮。又名泡腳神事，即將雙腳泡在冰冷的水池中，在神明面前供奉蠟燭，祈求無病無痛。尤其是夜晚，蠟燭的燭光映照在水面上，營造出夢幻般的氣氛。

上賀茂·下鴨 ▶ MAP 附錄 P.9 D-3 [DATA]≫P.135

京都三大祭典

約2000人隊伍打造的時代繪卷

時代祭
10月22日

平安神宮的祭典。始於慶祝平安遷都1100年的例行活動。

奢華的活動美術館

祇園祭
7月1日～31日

擁有千年以上的歷史。最精彩的山鉾巡迴於17～24日舉辦。

平安王朝的時尚秀

葵祭
5月15日

上賀茂神社與下鴨神社的定期祭祀。約500人列隊巡迴。

前往下鴨神社時，別忘了品嘗門前名產「加茂御手洗糰子」。

女性專用能量景點

尋求保佑就到這裡！

京都可是能量景點的寶庫。這裡將介紹能祈求結緣、變美等各種保佑的神社。
只要虔誠參拜，很快就能達成心願！

除厄　方位除厄　開運　八方除厄　避雷

世界遺產

上賀茂神社

かみがもじんじゃ

又稱作帶路之神的八咫烏御神籤￥500

在京都歷史最悠久的神社之一。擁有眾多能量景點，像是神聖的場所「岩上」、樹齡超過300年的「睦之木」、能實現願望的「願石」等。光是在被清澈空氣包圍的境內步行，心情也變得神清氣爽。

上賀茂·下鴨 ▶ MAP 附錄 P.3 C-1

075-781-0011　休 無休　5:30～17:00（鳥居內），特別參拜10:00～16:00（週六日及假日為～16:15）　京都市北区上賀茂本山339　市巴士上賀茂神社前下車即到　¥ 境內免費，特別參拜500円　P 有

仿造神明降臨的神山堆砌而成的「立砂」，用作憑依物，頂端上插有松葉

四周環繞大自然
能量自然湧出的古社

有「楢之小川」流經境內。看著河水潺流，彷彿心靈也受到了淨化

check!

結緣景點！片山御子神社（片岡社）

位於境內的第一攝社。自平安時代以來就以結緣之神聞名，紫式部曾多次來此參拜的軼事也相當有名。

保佑
結緣、戀愛達成、居家安全、得子、順產

外型仿照雙葉葵的心型片岡繪馬￥500

東天王 岡崎神社

ひがしてんのうおかざきじんじゃ

仿效多產的兔子

許多人前來求子及順產。境內所到之處都有求子兔、招財兔等。參拜紀念品也很可愛。

平安神宮 ▶ MAP 附錄 P.11 A-3

075-771-1963 休無休 9:00～17:00 京都市左京区岡崎東天王町51 市巴士岡崎神社前下車即到 ¥免費 P無

兔子御神籤 ¥500有白色及粉色

本殿前的狛兔。據說撫摸就能得到保佑

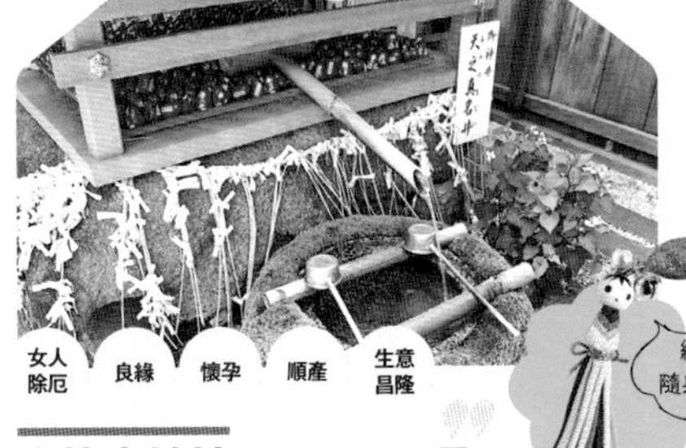

市比賣神社

いちひめじんじゃ

只能達成一個心願

五柱祭神全都是女神。據傳喝下洛陽七名水之一「天之真名井」的水後，再雙手合十，就能實現一個心願。

京都站 ▶ MAP 附錄 P.5 C-1

075-361-2775 休無休 9:00～16:30 京都市下京区河原町五条下ル一筋目西入 京阪清水五條站步行5分 ¥免費 P無

以7色繩驅邪的替身護身符 ¥900

放在水井等狹窄地方的姬御神籤 ¥900

河合神社

かわいじんじゃ

幫繪馬化妝變美人

鏡繪馬是將正面畫的臉當作自己，默念心願幫臉上妝。在背面寫下心願後，拿去奉納。

上賀茂·下鴨 ▶ MAP 附錄 P.9 D-3

075-781-0010(下鴨神社) 休無休 9:00～17:00 京都市左京区下鴨泉川町59 市巴士下鴨神社前下車即到 ¥免費 P有(使用下鴨神社停車場)

手鏡造型鏡繪馬 ¥800

祭祀女性的守護神玉依姬命

斬孽緣 良緣 海上安全 交通安全

安井金比羅宮

やすいこんぴらぐう

孽緣斷捨離讓人痛快不已

先到本殿參拜，然後前往位於境內的「斷緣結緣碑」。據說從正面穿過去能斬斷孽緣，從背面穿過來則可以結良緣。

祇園 ▶ MAP 附錄 P.13 C-3

075-561-5127 休無休 自由參觀 京都市東山区東大路松原上ル下弁天町70 市巴士東山安井下車即到 ¥免費 P有

藍紅成套的斷緣、結緣護身符 ¥800

位於於東山區，又名「安井金比羅大人」

河合神社到下鴨神社境內的糺之森，也是充滿清澈空氣的能量景點。

接觸傳統與藝術

建築也值得一看的博物館

誠如河井寬次郎的名言所說：「生活即工作，工作即生活。」一起來欣賞、接觸與感受持續追求生活美感的土與火的詩人 ── 河井寬次郎的工作與人生哲學。

讓人彷彿生活般度過時光的博物館

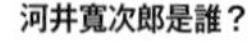

河井寬次郎是誰？

大正～昭和期活躍在京都的陶匠。亦投注心力在無名工匠所發動的「民藝運動」，致力於發現日常用具之美

tips

1. 不論從上還是從下，都能看到兩邊的景色，通風良好　2. 採格子拉門及防狗竹籠來設計的京町家，散發一股閑靜氛圍，版畫家棟方志功所寫的招牌，也帶有威嚴莊重之感　3. 娃娃頭女孩的木雕，其正面與背面的表情截然不同，相當滑稽

河井寬次郎紀念館

かわいかんじろうきねんかん

從結實的民家建築外觀，以大型挑高空間為特徵的屋內，到獨特的曲線讓人印象深刻的家具及日用品，都能讓人就近感受河井寬次郎傾其人生所打造的住處兼工作場所。此外，使人感受到寬次郎細膩與大方、才氣與人情味並存氣息的眾多作品，與緬懷當時附近一帶曾是京燒街道風景的大型登窯遺跡，也不容錯過。

清水寺 ▶MAP 附錄 P.5 D-1

075-561-3585　休 週一（逢假日則翌日休，夏季冬季有休館）　10:00～16:30　京都市東山区五条坂鐘鋳町569　市巴士馬町下車即到　¥ 900円　P 無

館員 鷺珠江小姐的話

雖然由身為孫女的我來說這番話，不過若用一句話來形容祖父，那就是相當出色。每天都有人聚集在家中，祖母則做出好吃的料理招待客人，好不熱鬧。祖父卻沒有露出一臉忙碌，仍經常寫信，認真過生活。他在旺盛的創作活動中仍傾注所有力量的態度，成了我人生的指引。

goro goro

店貓EKI

時而伸懶腰，時而午睡，隨心所欲的模樣相當療癒

1樓大廳的玻璃裝飾「蒐核」吸引了眾人的眼光。
到大廳為止可免費入場

1. 充滿浮雕及窗框等看點的外觀
2. 不僅館內，連庭院也有展示椅子等堂本作品

從建築到庭院全都是作品的印象世界

京都府立 堂本印象美術館

きょうとふりつどうもといんしょうびじゅつかん

活躍於大正到昭和年間的日本畫家，由堂本印象親自設計的美術館。從外牆到扶手，甚至放置在庭院的椅子，全都是印象的作品。亦有舉辦日本近現代美術的特展。

金閣寺 ▶MAP 附錄 P.10 B-1

075-463-0007 休週一（逢假日則開館，翌日平日休）9:30～16:30
京都市北区平野上柳町26-3
市巴士立命館大學前下車步行即到
¥510円 P無

& MORE
附設的美術館商店

售有以堂本印象的作品為主題之原創周邊與羊羹，歡迎順路參觀。

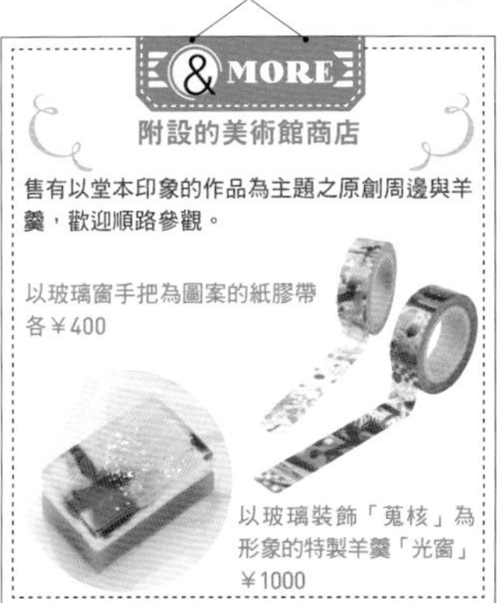

以玻璃窗手把為圖案的紙膠帶
各￥400

以玻璃裝飾「蒐核」為形象的特製羊羹「光窗」
￥1000

客間. 2樓的上段之間。河井寬次郎似乎也喜歡使用亞洲民藝品等 中庭. 寬次郎相當中意坐鎮中庭的丸石。據說是作為新居賀禮從故鄉島根送來的 地爐. 以前地爐被當成一家團員的場所。將石磨挖空製成的椅子坐起來相當舒服！ 登窯. 曾是周遭工匠共同使用的巨大登窯。幾乎所有作品都是用這個窯燒製而成的

河井寬次郎記念館

偏好製作手部、動物及人物主題。以兔子為主題的作品是65歲時製作

60～70歲時投入精力製作的木雕作品將近100件

座落在地爐內部的是寬次郎自身作品當中規模最大的陶器

除了融入生活的陶器外，也留下以獨特筆跡所寫，令人印象深刻的眾多名句

Experience

博物館

據說堂本印象是參考他在歐洲所參觀的美術館，使用了宮殿及宅邸概念，以其設計出獨特的美術館空間。

Temple in Nagaokakyo

出發到郊外的寺院尋找色彩繽紛的限定御朱印！

從京都市再往郊外走遠一點，前往柳谷觀音，將四季不同的御朱印帶回家。

想專程到柳谷觀音的3個原因

來此欣賞美麗的花卉並接受療癒，重振身心！

CHECK

01 壓花朱印

在境內盛開的**四季花草壓花限定御朱印**各¥1000。除了繡球花外，還有櫻花、梅花、青楓等充滿季節感且色彩繽紛的御朱印，最適合作為參拜紀念。

在體驗活動中可以動手創作壓花朱印。詳細日程請上官網確認

CHECK

02 四季更迭的景色

淨土苑是京都府指定文化財，建築樣式利用了山的斜坡，為可眺望景色的鑑賞式庭園。亦可從書院2樓（僅於17日特別開放）眺望，可**就近欣賞新綠及紅葉**。

花手水御神籤
¥300

當作伴手禮

使用天然芳香製成的保佑良緣護身符

愛力香¥1000。可聞到芳療師所調配的天然芳香

CHECK

03 美心眼療法

只有在相傳能治癒眼疾的寺院才有的體驗。內容是融合芳香護理與美容溫針灸的全套美心眼療法，及眼睛疲勞護理方案組。施術後，可到書院2樓享用下午茶。

預約（☎050-7100-0111）

MENU

美心眼療法

- Bijingan Therapy -

適合初次嘗試者的體驗方案，包括雙腳足底反射區＆眼睛疲勞護理40分¥7500

柳谷觀音

やなぎだにかんのん

長岡京 ▶ MAP 附錄 P.19 A-3

☎075-956-0017 休無休 9:00～16:50

長岡京市浄土谷堂ノ谷2 JR長岡京站、阪急長岡天神站搭計程車15分（每月17日有接駁巴士）

¥500円（繡球花週期間700円） P有

慈眼飴是有益「眼睛」的藍莓口味糖果，1袋¥400

讓您重啟心靈

Healing

不妨好好欣賞庭院，或是嘗試住在京町家，來趟非日常的短期旅行，度過一段讓心靈滋潤放鬆的時光。

Have a relaxing time!

京旅籠 むげん ≫P.128

壓倒性的存在感!

歡迎光臨佛像世界

雖然用佛像一詞來概括，從大小到表情卻是形形色色。從豐滿穩重的佛像、怒髮衝冠的佛像，到絕世美佛，現在就一起來窺探這充滿魅力的世界。

雲中供養菩薩·南1號

雲中供養菩薩·南20號

雲中供養菩薩·北25號

《雲中供養菩薩像》

優雅地乘坐雲上，每一尊都展現獨特表情的雲中供養菩薩。總計52尊菩薩當中，大多都有演奏樂器

1. 以端正的表情扭腰跳舞 2. 雙手拿的樂器是中國的傳統打擊樂器「拍板」 3. 以膝蓋碰雲跪坐，擁有蓮花狀的臺座「蓮台」

充滿溫柔的穩重佛像

《阿彌陀佛坐像》

以平安時代的佛像大師定朝的最佳傑作聞名。包含背後如同光環般的光背與臺座在內，高度竟超過4m以上

Dancing!

雲中書籤
各¥600

平等院 世界遺產

びょうどういん

源自平安時代的貴族藤原道長之子賴通，將其別墅改建成寺院。常見於10円硬幣上的鳳凰堂，則代表平安名流一直夢想的極樂淨土。另外，可就近欣賞眾多寶物的鳳翔館也值得一看。

宇治 ▶MAP 附錄 P.21 A-4

☎0774-21-2861 休無休 ⏰8:30～17:15，鳳翔館9:00～16:45 📍宇治市宇治蓮華116 🚶JR宇治站、京阪宇治站步行10分 ¥庭園·鳳翔館600円，鳳凰堂內部另付300円 P無

由於外觀看似傳說中的鳳凰展翅飛翔的模樣，故稱作鳳凰堂

尊佛像中有型男也有凶神惡煞

推薦晨間散步，可看到五重塔聳立的美麗光景

提供：便利堂

《立體曼荼羅》

從元祖型男帝釋天到一臉凶相怒目瞪人的眾明王，透過21尊佛像來表現密宗的教義

世界遺產

東寺(教王護國寺)

とうじ(きょうおうごこくじ)

平安京遷都之際，桓武天皇為了鎮護國家所創建的寺院，已列為世界遺產。擁有以安置立體曼荼羅的講堂為首，還有安置藥師佛像的金堂及大師堂等眾多國寶及重要文化財，可以感覺到境內整體充滿莊嚴的空氣。

京都站 ▶MAP 附錄 P.4 B-2

☎075-691-3325 休無休 🕒8:00～16:30，寶物館特別公開20日～5月25日、9月20日～11月25日9:00～16:30 📍京都市南区九条町1 👣近鐵東寺站步行10分 ¥自由參觀，金堂、講堂500円，寶物館500円（視公開期間等而異） P有

可輕鬆入手的佛像週邊商品

以胎藏界曼荼羅為圖案的資料夾￥300

Cool!

以帥氣表情騎著大象的帝釋天磁鐵￥1000

Healing

披戴華麗裝飾的絕世美佛

泉涌寺

せんにゅうじ

由於以前歷代天皇及皇族的祭祀均在此舉行，因而被稱作御寺。列為重要文化財的楊貴妃觀音像，成為祈求變美與良緣的景點，受到女性歡迎。

京都站 ▶MAP 附錄 P.5 D-3

☎075-561-1551 休無休

🕒9:00～16:30（12月～2月底為～16:00）

📍京都市東山区泉涌寺山内町27 👣JR、京阪東福寺站步行20分 ¥500円（特別參觀需另付300円） P有

《楊貴妃觀音像》

據傳唐玄宗為緬懷楊貴妃所製作的美佛。身上披戴著寶冠等美麗的裝飾品

1. 以和服女性為主題的美人祈願護身符￥500
2. 印有楊貴妃觀音像的美人祈願護身符各￥500

從御座望去的庭院景致。秋有紅葉，冬有白雪覆蓋的燈籠等，可欣賞四季不同的景色

平等院是國寶的寶庫。從阿彌陀佛坐像、雲中供養菩薩像到鳳凰堂都不妨仔細鑑賞吧。

深呼吸，讓身心都淨化

在寺院度過療癒時光

在閑靜的寺院打坐，眺望庭園或是享用一杯抹茶。
將手機關機，度過一段讓心靈逐漸洗滌的時光吧。

"豐富多樣的體驗讓人想一來再來"

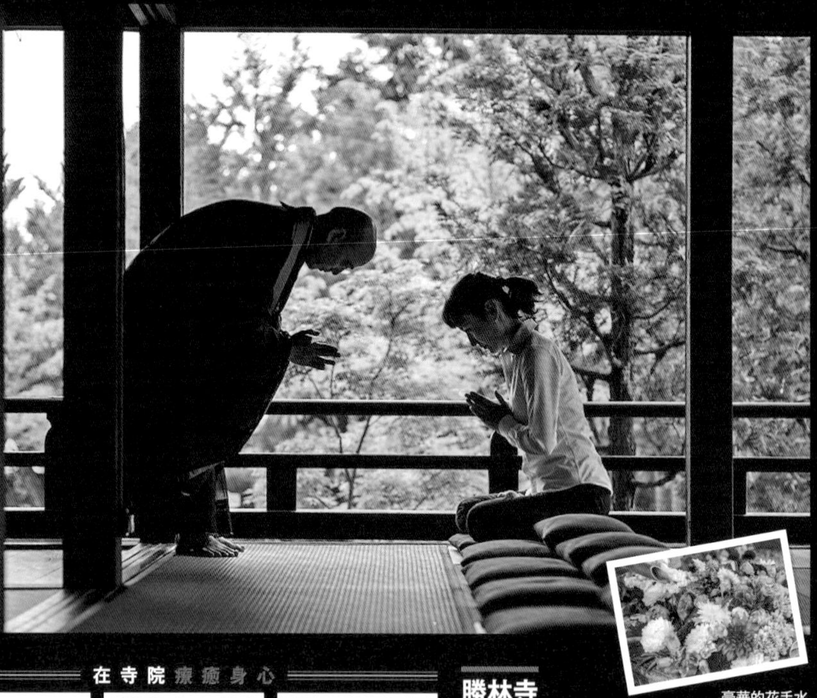

在寺院療癒身心

限定御朱印

有秋季剪紙御朱印¥1200、秋季花手水御朱印¥500，及本尊御朱印¥500等，種類豐富

描佛

用筆沿著打好草稿的佛畫描線，度過平靜的時光。初學者¥1500（中級者為¥2500），所需時間30～120分

打坐

聽完寺院介紹及打坐說明後，就會進行打坐15分共2組，最後一邊喝茶一邊聽法話。所需時間約60分

豪華的花手水也很療癒

勝林寺
しょうりんじ

為東福寺的塔頭寺院，1550年創建，由於祭祀毘沙門天，又名「東福寺的毘沙門天」。提供打坐、瑜伽、抄經及描佛等各種寺院體驗，此外期間限定的體驗項目及御朱印也值得注目。

京都站 ▶ MAP 附錄 P.5 D-2

☎075-561-4311 休無休 ⏱10:00～16:00 📍京都市東山区本町15-795 JR、京阪東福寺站步行8分 ¥800円、打坐1000円、抄經1500円、描佛1500円～（描佛與抄經均附抹茶及點心） P無
※預約請來電或上官網（http://shourin-ji.org/）

在非公開的禪寺度過靜謐時光

在寺院療癒身心

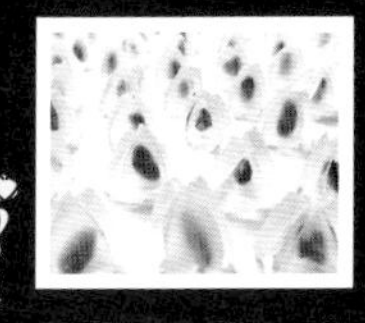

半夏寶珠

配合庭園特別公開時期，販售仿照半夏所特製的美麗點心，價格為￥1200

半夏庭園

環繞在水池邊生長茂盛的半夏，宣告夏天的來臨。每年6月初旬～7月初旬特別公開（11:00～16:00，￥1000）

打坐體驗

打坐在苔庭前進行，結束後便可以欣賞庭園，令人開心。包括法話等在內，所需時間90分

兩足院

りょうそくいん

為建仁寺的塔頭寺院，平時非公開。由於佛祖智慧與慈悲雙全，被稱為「兩足尊」，據說這也是「兩足院」名稱的由來。由於以前舞妓常來此參拜祈求良緣，因此本院也以「祇園的結緣寺」聞名。

祇園 ▶ MAP 附錄 P.12 B-3

075-561-3216　休 不定休　10:00～16:00(電話受理)　京都市東山区大和大路通四条下ル4丁目小松町591 建仁寺山内　京阪祇園四條站步行5分　¥ 打坐體驗2000円　P 無

※請上官網預約(https://ryosokuin.com/)

PICK UP

悠閒派可啜飲抹茶療癒身心

佐庭園

佐靜謐

茶人金森宗和所修築的池泉鑑賞式庭園「聚碧園」，及生長青苔的「有清園」

杉村孝 作

佐點心

茶會￥500。從栃木訂購的三山羊羹甜味恰到好處

三千院

さんぜんいん

三千院以紅葉勝地聞名，境內有2座庭園，在面向池泉鑑賞式「聚碧園」的客殿可一邊眺望庭園，悠閒啜飲抹茶。

大原 ▶ MAP 附錄 P.20 B-1

075-744-2531　休 無休　9:00～17:00（11月為8:30～、12月～2月為～16:30）　京都市左京区大原来迎院町540　京都巴士大原下車步行15分　¥ 700円　P 無

寺院是能度過悠閒時光的地方。境內也有提供可享用素食料理及咖啡的場所（» P.132）。

旅行計畫的強力盟友

人氣觀光地的鄰近旅館

鄰近觀光地的住宿都有共通點，不僅交通便利，而且充滿個性。
試著投宿各式各樣的旅館，也是旅行的一大樂趣。

飯店

RAKURO 京都 by THE SHARE HOTELS

ラクロきょうとバイザシェアホテルズ

位於京都御所附近，早晨傍晚可享受御苑散步。這間時尚設計的旅館，備有休息室、廚房等充實的共享空間。也有4人房，最適合團體旅行。也可租自行車。

京都御所 ▶ MAP 附錄 P.7 C-2
075-221-0960 休無休
IN15:00、OUT10:00 房間數56
¥雙床房2名15000円～ 京都市中京区常真横町186 地鐵丸太町站出站即到 P無

離這裡很近！

京都御苑 P.50

擁有東西長700m，南北長1300m廣大面積的御苑，不妨來此悠閒散步

1・2. 堅持使用京都產食材的早餐，2種任選　3. 運用傳統工藝及地區素材，採用巧妙技術製成的材料所打造的空間　4. 有獨立的雙床房、客廳，以及開放式陽台的精緻套房（48㎡）

感受和風舒適的當代設計

從市區可步行前往的良好立地

片泊旅館

お宿吉水

おやどよしみず

從圓山公園往綠意環繞的山頂走，這間改建自屋齡110年建築物的旅館，位於步行即可走到祇園及清水寺，有白頰鼯鼠滑行、自然景觀豐富的位置。在清澈的空氣當中享用的早餐格外美味，讓人忘卻日常生活好好放鬆。

祇園 ▶ MAP 附錄 P.13 D-2
075-551-3995 休無休
IN15:00～21:00、OUT10:00
房間數9 ¥1泊附早餐8450円～（單人房） 京都市東山区円山公園弁天堂上 市巴士祇園下車步行10分 P有(需預約)

1. 在大自然的包圍下感受季節遷移　2. 充滿開放感的大廳以及8間風格各異的房間　3. 早餐為自助式（8:00～9:00），麵包使用天然酵母製成

離這裡很近！

八坂神社 P.43

以暱稱「祇園大人」廣為周知。在旅館以東的圓山公園悠閒散步也不錯

飯店

京都甘樂酒店

ホテルカンラきょうと

以「町家形式」為概念的設計飯店。室內的每個設計細節，都有採用京都傳統技法。館內設施也相當充實，像是以披薩為名產的薪窯料理餐廳、新型態鐵板料理，以及和風摩登SPA。

京都站 ▶ MAP附錄 P.5 C-1

075-344-3815 休無休

IN15:00、OUT11:00

房間數68 ¥1泊附早餐18000円～ 京都市下京区烏丸通六条下る北町190 地鐵五條站即到 P無

1. 寬敞的高級雙床房。格子風的陳設是一大重點 2. 跳脫國產和牛為主的鐵板燒刻板印象，提供新型態鐵板燒料理 3. 花六全餐￥16000建議事先預約（17:30～20:30）

離這裡很近！

KYOTO TOWER SANDO » P.65

位於京都的地標內，可享用美食、購物及作坊

Healing

鄰近旅館

飯店

OMO3京都東寺

おもすりーきょうとうじ

以「心靈的時空之旅」為概念，到寺院療癒身心的都市飯店。以世界遺產「東寺」為中心，提供親近寺院的旅居時光。亦舉辦由「當地導遊OMO Ranger」導覽的散步之旅。

京都站 ▶ MAP附錄 P.4 B-2

0570-073-099（OMO預約中心） 休不定休

IN15:00、OUT11:00

房間數120 ¥10000円～

京都市南区西九条蔵王町11-6

近鐵東寺站即到 P無

離這裡很近！

東寺（教王護國寺） » P.123

世界遺產東寺亦以春季賞櫻，秋季觀紅葉的名勝聞名。佛像群也是必看景點

1. 以立體曼荼羅為中心巡遊世界遺產東寺的「曼荼羅散步」（需預約） 2. 充斥著愉快漫步街道裝置的「OMO base」 3. 裝飾在入口處的2件工藝品

 片泊是指一泊附早餐的住宿形式。晚餐則需事先跟店家確認。

來場生活般的旅行

讓心情平靜的町家Stay

在不論炎夏或寒冬，為了住得舒適而煞費苦心的京町家投宿，
可以接觸到京都的風土及前人的智慧。讓人度過一段關心古老美好事物的時光。

" 度過靜謐舒適的極致時光 "

釜鍋炊飯
早餐

加購￥700即可享用現煮白飯及大量使用京都當地食材所做的早餐

京旅籠 むげん

きょうはたごむげん

由曾在國內外體驗豐富多樣旅行，加深與人緣分的店主夫婦所經營的旅館，老闆娘溫柔包圍旅客的笑容與慷慨關懷，也是旅館的魅力之一。融入西陣街道上，屋齡160年建築物的傳統與到處出色的摩登，恰到好處地交會，舒適度絕佳。

西陣 ▶ MAP 附錄 P.6 B-1

080-9759-7235
IN15:00~20:00、OUT8:00~10:30 房間數5 ￥13800円～（純住宿） 京都市上京區黒門通上長者町下ル北小大門町548-1 市巴士堀川中立売下車步行3分 P 有（1天1000円）

Point 2

各具風格的5間客房

活用町家的特徵「蟲籠窗」等傳統建築形式，融合摩登元素。柔和的光線從窗外照進屋內，迎接清爽的早晨

102

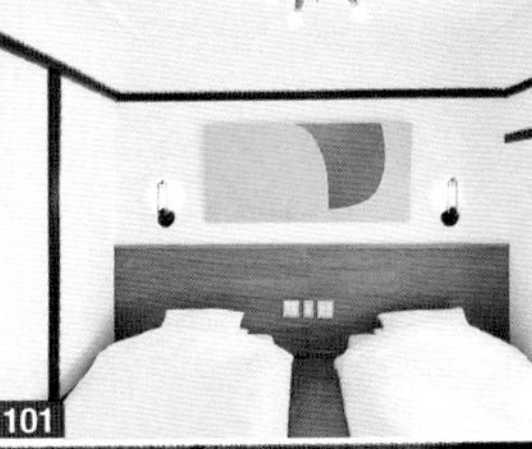
101

203

202

201

Point 4

住宿旅客專用的藏BAR

彷彿遨遊深邃的大海中似的鯨魚燈具相當夢幻。酒類以長期熟成的威士忌為主

Point 3

彷彿畫作般的亮點

隨處可見植物藝術、隱約發亮的的牆，及隔扇的唐紙等由作家設計的美麗陳設，讓人心跳不已！

PICK UP

推薦的町家旅館

在整棟包租的町家享受私人空間

新道あやめ庵

しんみちあやめあん

從磚瓦的土間、和室到可眺望坪庭的長廊，無不充滿講究。室內備有古董家具及五右衛門浴池，舒適度絕佳。

清水寺 ▶ MAP 附錄 P.12 A-4

075-574-7267（京都片泊客服中心9:00～17:30） IN16:00、OUT10:00 房間數1棟 ¥1棟（最多5名）25000円～ 京都市東山区宮川筋8-414-1 京阪清水五條站出站即到 P無

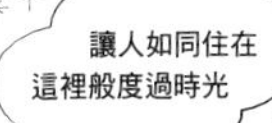

1天限定2組！絕品早餐旅館

小宿 布屋

おやどぬのや

町家旅館的先驅。大量使用京都蔬菜及當令素材烹調的早餐頗受好評，檜木浴池也能讓人悠閒放鬆。

二條城 ▶ MAP 附錄 P.6 B-2

075-211-8109 IN16:00～21:30、OUT10:00（22:00以後禁止出入旅館） 房間數2 ¥1泊附早餐9200円（2名以上起受理） 京都市上京区油小路丸太町上ル米屋町281 地鐵丸太町站步行12分 P無

1天限定2組旅客。用土鍋煮的白飯讓人食欲大開

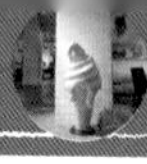

住宿＋意外的新體驗正等著你！

藝術時尚的個性派飯店

將老建築重新裝修賦予新生命，打造出獨一無二極富個性的旅館。
只要在藝術的包圍下住一晚，相信一定能拓展你的世界觀！

CE HOTEL KYOTO

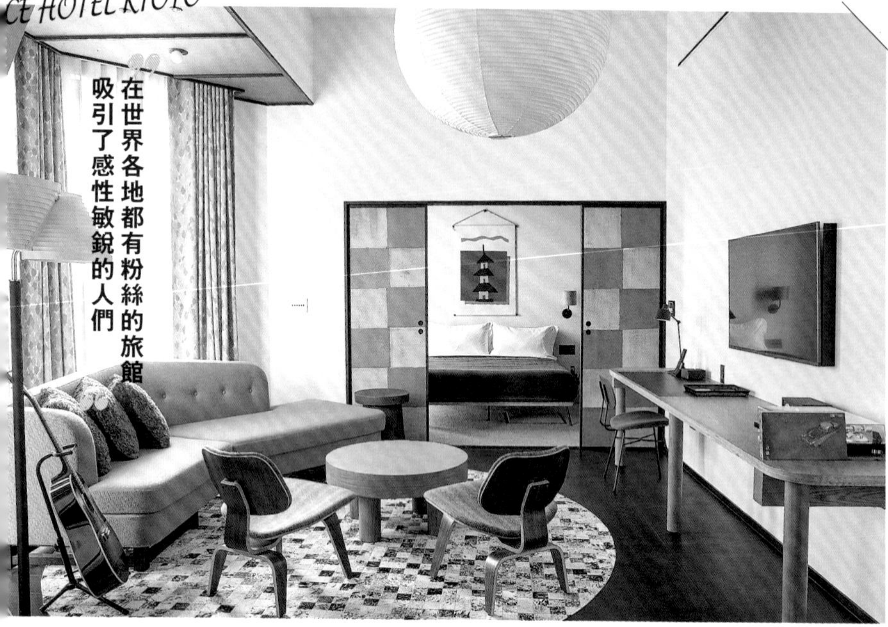

在世界各地都有粉絲的旅館 吸引了感性敏銳的人們

將歷史性建築物改建成現代模樣

Welcome!

大廳空間

對非房客也有開放，24小時均可利用。

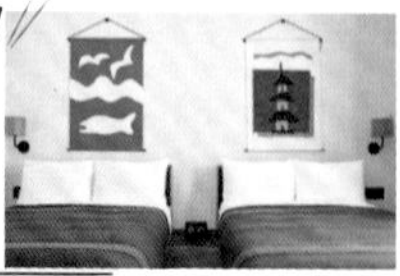

客房

所有客房都有擺設國內外創作者的藝術作品。

餐廳

可享受美國風義式料理、酒吧及Taco Lounge 。

京都艾斯酒店

エースホテルキョウト

深受全世界喜歡旅行與藝術者歡迎的艾斯酒店，運用歷史性建築物所打造的複合設施「新風館」開幕。由日本代表性建築師隈研吾先生與以洛杉磯為據點的Commune Design攜手操刀，掀起一波話題。

烏丸御池 ▶ MAP 附錄 16 B-1

075-229-9000

IN15:00～24:00、OUT12:00 房間數213

¥ 37290円～（1間2名，含稅，住宿稅另計）

京都市中京区姉小路通東洞院西入車屋町245-2 直通地鐵烏丸御池站 P 無

ANTEROOM

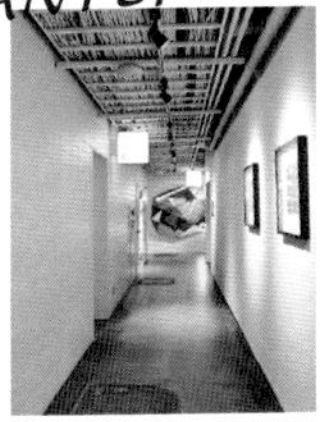

持續進化
與藝術&文化的現今對峙

京都安迪魯酒店

ホテルアンテルームきょうと

保留裸露的配管及配線、房間構造等前學生宿舍的風貌，加以進行藝術性改建。在創作者的協助下帶著期待所打造的空間，到處漂浮著刺激感性的藝術。

京都站 ▶MAP 附錄 P.5 C-3

075-681-5656 IN15:00、OUT10:00 房間數 128 ¥單人房6000円～視季節而異（早餐需+1320円） 京都市南区東九条明田町7番 地鐵九條站步行8分 P無

以365天都是藝術博覽會為概念

早餐

除了主餐可任選外，還有配合季節調製的自家製穀麥及洋溢香草香的排毒水等，不僅健康而且分量十足。

客房

懷舊與嶄新融合得恰到好處。由名和晃平及蜷川實花等藝術家親手打造，給人極大衝擊的概念客房也值得注目。

藝術

在入口處，有名和晃平製作的鹿擺飾迎接旅客。入口處旁的商店也有販售書及雜貨等藝術週邊。

C'mon C'mon!

Healing

個性派飯店

PICK UP

實際體驗京都文化的住宿設施

1天僅限1組的私房旅館

最多可住5人。20時以後為包租狀態，可以悠閒放鬆。也可以在1樓的廚房自己做飯。

Special!

將屋齡超過百年的前牛奶店改建成空間型雜誌

MAGASINN KYOTO

マガザンキョウト

以「空間型雜誌」為概念。這間京町家重生後的空間如同季刊一樣，每3個月會根據主題改變設計樣式。

二條城 ▶MAP 附錄 P.6 B-1

075-202-7477 IN16:00～（週日為14:00～）、OUT11:00 房間數1 ¥單人房5000円～ 京都市上京区中書町685-1 地鐵二條城前站步行10分 P無

在「京都安迪魯酒店」內，有設計師、庭師及花藝師攜手打造的摩登枯山水庭園。

STANDARD × FOOD & DRINK

去社寺也想享受美味時光

Ⓐ 體會禪心

被指定為國家史跡特別名勝的曹源池庭園以矗立背後的嵐山為借景，可欣賞嵐山的雄壯景色。在天龍寺直營的「篩月」可品嘗精進料理，讓身心都健康。雪（一湯五菜）為￥3300～。

天龍寺（てんりゅうじ）× 精進料理（しょうじんりょうり）

世界遺產

Ⓑ 寺院境內的時尚咖啡廳

真宗佛光寺派的本山。境內有D&DEPARTMENT推出的咖啡廳及商店，以生麩為配料的鮮奶油餡蜜￥950及京都定食￥1600相當有人氣。

佛光寺（ぶっこうじ）× D&DEPARTMENT KYOTO（ディアンドデパートメントキョウト）

Ⓒ 搭配櫻花美景與咖啡小歇一下

以豐臣秀吉所舉辦的醍醐賞花聞名。店名在法文中意指「櫻花樹下」，使用的是IKEA家具。時尚色彩融入和式建築，一點也不突兀。歐蕾咖啡￥660。

醍醐寺（だいごじ）× café sous le cerisier（カフェスゥルスリジエ）

世界遺產

Ⓓ 孕育伏見美酒，口感圓潤的名水

以前曾作為伏見城鬼門除災之用的保佑順產神社。裝飾割拜殿的色彩鮮艷雕刻代表魚躍龍門，值得一看。也有不少訪客來此飲用境內湧出的名水「御香水」。

御香宮神社（ごこうのみやじんじゃ）× 御香水

酒鄉伏見是優質地下水的寶庫

A.天龍寺 嵐山·嵯峨野▶MAP附錄 P.18 A-3 ☎075-881-1235 休無休（諸堂視法要等有停止參拜日） 🕒8:30～17:00關門 📍京都市右京区嵯峨天龍寺芒ノ馬場町68 🚶嵐電嵐山站即到 ¥庭園500円（諸堂需加300円） P有 A.天龍寺篩月 ☎075-882-9725 休無休 🕒11:00～14:00 P無 B.佛光寺 四條烏丸▶MAP附錄 P.17 C-4 ☎075-341-3321 休無休 🕒9:00～16:00 📍京都市下京区新開町397 🚶地鐵四條站·阪急烏丸站步行6分 ¥免費 P無 B.D&DEPARTMENT KYOTO ☎075-343-3215 休週二、三（逢假日則翌日休） 🕒11:00～17:00 P無 C.醍醐寺 醍醐▶MAP附錄 P.20 B-4 ☎075-571-0002 休無休 🕒9:00～17:00（12月第1週日的翌日～2月為～16:30）受理至30分前 📍京都市伏見区醍醐東大路町22 🚶地鐵醍醐站步行10分 ¥參觀費 平時（春季以外）1000円，春季（3月20日～5月黃金週最終日）1500円，上醍醐600円 P有 C.café sous le cerisier ☎075-571-1321 休週一 🕒11:00～15:30（視季節而異） P無 D.御香宮神社 伏見▶MAP附錄 P.21 B-1 ☎075-611-0559 休無休（僅庭園有臨時休館） 🕒9:00～15:45 📍京都市伏見区御香宮門前町174 🚶京阪伏見桃山站·近鐵桃山御陵前站步行5分 ¥境內免費，庭園200円 P有

STANDARD × SEASON

想去欣賞春夏秋冬的特別景色

A 令人喜愛不已盛開花朵就在眼前

明治維新以前由皇族擔任住持，歷史悠久的寺院。以國寶金堂為首的眾多建築，都是從御所移建而來。晚開的御室櫻相當有名，以五重塔為背景的櫻花美景非看不可。

仁和寺(にんなじ) 世界遺產 × 櫻花

B 異國情調的賞蓮名勝

由將四季豆傳入日本的的隱元禪師所開創。境內建有中國建築樣式的伽藍，洋溢著異國風情。夏季在放生池及水缸內可看到開得相當嬌嫩的蓮花。7月～8月正是賞花的好時期。※開花狀況視當年情況而異。

萬福寺(まんぷくじ) × 蓮花

一大早去看出淤泥而不染的花♪

C 被深紅包圍的洛北古剎

位於高雄山的半山腰，由於寒暖溫差大，被染成一片血紅的紅葉相當壯觀，早市區一步在11月上旬迎接最佳賞紅葉時節。彷彿將延續到樓門的石階包圍的壯觀紅葉，請務必前來欣賞。

神護寺(じんごじ) × 紅葉

D 一生必看的那幅動人絕景

將室町幕府第3代將軍足利義滿的別墅改建為寺院。在天氣晴朗的日子，可以看見鏡湖池中映照出被池水環繞的金閣寺，即「金閣倒影」。白雪覆蓋的金閣寺相當罕見，若下雪了一定要前往欣賞。

金閣寺(きんかくじ)（鹿苑寺(ろくおんじ)）世界遺產 × 白雪覆蓋

A.仁和寺 金閣寺 ▶MAP附錄 P.10 A-2 ☎075-461-1155 休無休 ⌚境內自由參觀（花祭期間為收費8:30～17:00），御殿9:00～16:30（12～2月為～16:00），靈寶館9:00～16:30 ⚲京都市右京区御室大内33 🚶嵐電御室仁和寺站即到 ¥御所庭園800円，靈寶館500円，花祭500円 P有 B.萬福寺 宇治 ▶MAP附錄 P.19 B-3 ☎0774-32-3900 休無休 ⌚9:00～16:30 ⚲宇治市五ケ庄三番割34 🚶JR·京阪黃檗站步行5分 ¥500円 P有 C.神護寺 高雄 ▶MAP附錄 P.2 A-1 ☎075-861-1769 休無休 ⌚9:00～16:00，多寶塔特別參觀5月13～15日、包括10月第2週一（假日）之3天連假的10:00～15:00 ⚲京都市右京区梅ケ畑高雄町5 🚶JR巴士山城高雄下車步行20分 ¥600円 P無 D.金閣寺（鹿苑寺） 金閣寺 ▶MAP附錄 P.10 B-1 ☎075-461-0013 休無休 ⌚9:00～17:00 ⚲京都市北区金閣寺町1 🚶市巴士金閣寺道下車步行3分 ¥400円 P有

在萬福寺可享用中國風的精進料理及普茶料理。與日本的料理不同，屬於合菜形式（需預約）。

STANDARD × NICE VIEW

在絕佳景點測試攝影技術

Ⓒ 讓人想一直欣賞的華麗雕刻

以親鸞聖人為開山祖師，淨土真宗本願寺派的大本山。壯觀的御影堂等相當有看頭。國寶唐門又名「日暮門」，據說是源自這座門太美，讓人不禁沉醉至夕陽日落。

西本願寺（にしほんがんじ）× 唐門

世界遺產

拍下秋季時金黃閃耀的銀杏！

Ⓐ 五彩燈光照亮夜晚的城池

作為將軍來京都時的住處而建。幕府末期時成了發表大政奉還的舞台。櫻花季時，列為重要文化財的唐門、歷史建築與櫻花夜間點燈都值得特別注意。

元離宮 二條城（もとりきゅう にじょうじょう）× 活動

世界遺產

照片為2021年夜間點燈

Ⓓ 宛如藝術作品般的瓦牆

保存與千利休相關的金毛閣，以及位於豐臣秀吉聚樂第的唐門。境內以擁有眾多塔頭及茶室聞名。在通往今宮神社的參道等上，可以看到瓦土牆。

大德寺（だいとくじ）× 瓦土牆

Ⓑ 宛如一幅畫的復古紅磚

京都的代表性禪寺。琵琶湖的疏水道流經的水路閣，是明治以後所興建的。在三門，可以欣賞到歌舞伎演目中石川五右衛門大讚絕景的景色，請務必登上三門欣賞。

南禪寺（なんぜんじ）× 水路閣

A.元離宮 二條城　二條城▶MAP附錄 P.16 A-1　075-841-0096　休需洽詢　8:45～16:00　京都市中京区二条通堀川西入二条城町541　地鐵二條城前站步行即到　¥1300円（含二之丸御殿參觀費）　P有　B.南禪寺　銀閣寺▶MAP附錄 P.11 B-4　075-771-0365　休無休　8:40～16:40（12～2月為～16:10）　京都市左京区南禅寺福地町　地鐵蹴上站步行10分　¥境內免費，方丈庭園600円，三門600円　P有　C.西本願寺　京都站▶MAP附錄 P.4 B-1　075-371-5181　休無休　5:30～17:00　京都市下京区堀川通花屋町下ル　市巴士西本願寺前下車即到　¥免費　P有　D.大德寺　紫竹▶MAP附錄 P.8 B-2　075-491-0019　休無休　境內自由參觀（視公開塔頭而異）　京都市北区紫野大徳寺町53　市巴士大德寺前下車即到　¥境內免費　P有

STANDARD × EVENT

探訪迷人的個性派寺社活動

A 一整排寺院才能入手的商品

「百萬遍」地名的由來，是源自為求疾病退散而唸佛100萬遍。境內於每月15日會舉辦手作市集。從老手到新手擺出約350間攤位，聚集不少人潮，熱鬧萬分。

百萬遍知恩寺（ひゃくまんべんちおんじ）× 百萬遍手作市集

B 在森林中尋找二手書

平安遷都以前就已經存在，歷史悠久的古社。建有保佑結緣的相生社及祈求變美的河合神社，糺之森一帶是京都市民的休息場所。每年的8月11～16日會舉辦二手書市集。

下鴨神社（しもがもじんじゃ）世界遺產 × 古手書市集

C 每月25日為天神市集

祭祀學問之神菅原道真。梅花的賞花期為2月中旬～3月中旬。在御土居遺址也能欣賞青楓及紅葉。每月25日的廟會，早上9點起就有古董及雜貨等的攤販開始擺攤。

北野天滿宮（きたのてんまんぐう）× 天神市集

D 京都的師走吃白蘿蔔湯暖暖身

本堂是洛中最古老的木造建築，也是國寶。寺內建有一座阿龜塚，是為了緬懷興建本堂之際，木工棟樑之妻從旁建議。12月7、8日可享用白蘿蔔湯，需支付奉獻費。

千本釋迦堂（せんぼんしゃかどう）（大報恩寺（だいほうおんじ））× 大蘿蔔湯

祈求身體健康 吃白蘿蔔吧

A.百萬遍知恩寺 百萬遍▶MAP附錄 P.9 D-4 ☎075-781-9171、☎075-771-1631（百萬遍「手作市集」事務局／10:00～15:00） 休無休 營9:00～16:30 ⚲京都市左京区田中門前町103 市巴士百萬遍下車即到 ¥境內免費 P有 B.下鴨神社 上賀茂·下鴨▶MAP附錄 P.9 D-3 ☎075-781-0010 休無休 營6:30～17:00（視季節而異） ⚲京都市左京区下鴨泉川町59 市巴士下鴨神社前下車步行5分 ¥境內免費 P有 C.北野天滿宮 西陣▶MAP附錄 P.8 A-4 ☎075-461-0005 休無休 營6:30～17:00 ⚲京都市上京区馬喰町 市巴士北野天滿宮前下車即到 ¥境內免費，梅苑「花之庭」1000円 P有（每月25日不可使用） D.千本釋迦堂（大報恩寺） 西陣▶MAP附錄 P.8 A-4 ☎075-461-5973 休無休 營9:00～16:30（17:00閉門） ⚲京都市上京区七本松通今出川上ル 市巴士上七軒下車即到 ¥境內免費 P有

東寺（⊛P.123）每月21日都會舉辦弘法市集。在京都的廟會中，與北野天滿宮的天神市集並列為大規模市集。

STANDARD × ORIGINAL ITEM

在此發現別處找不到的獨特商品

C 繪有插圖的束口袋

原是富商三井家的別墅，興建於明治～大正時代。是將近代和風建築流傳至今的珍貴建築物。到了秋季，面向主屋的庭園，紅葉染成一片紅。原創束口袋¥500。

舊三井家下鴨別邸（きゅうみついけしもがもべってい）× 原創束口袋

A 將禪意庭園帶回家

這裡擺放了15顆石頭，不管從哪個方向看都無法一次看見所有的石頭。簡樸卻蘊含禪之精神的石庭，相當神祕。據說已故英國伊莉莎白女王訪日時，也曾前來，並對此讚不絕口。石庭手拭巾為¥450。

龍安寺（りょうあんじ）世界遺產 × 石庭手拭巾

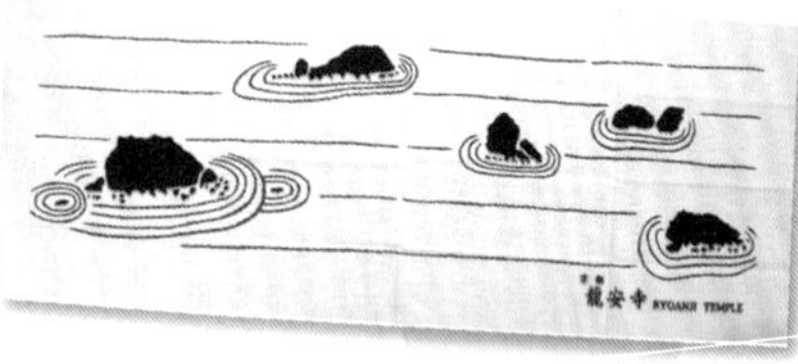

D 想隨時被隊員守護著

此地為新選組的成立之地，留下諸多軼事。有近藤勇的胸像及遺髮塔，也有隊士的墓碑，幕末史跡巡禮絕不能錯過。亦有豐富的原創週邊，羽織圖案繪馬¥800、手印¥500、紙膠帶（2捲）¥800。

壬生寺（みぶでら）× 新選組週邊

B 黑谷的五彩伴手禮

源自法然上人開設的念佛道場，又名「黑谷大人」。封面繪有埋首於修行的五劫思惟阿彌陀佛且色彩時尚的御朱印帳，含該寺的御朱印¥2300。

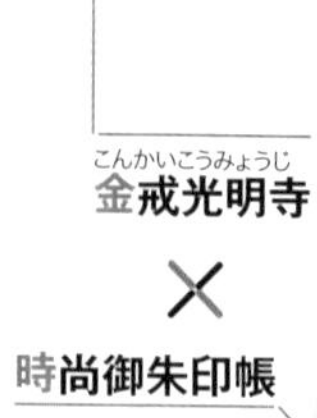

金戒光明寺（こんかいこうみょうじ）× 時尚御朱印帳

A.龍安寺 金閣寺 ▶ MAP 附錄 P.10 A-1 ☎075-463-2216 休 無休 ⏱8:00～17:00（12～2月為8:30～16:30） 📍京都市右京区龍安寺御陵ノ下町13 👣市巴士竜安寺前下車即到 ¥ 500円 P 有 B.金戒光明寺 平安神宮 ▶ MAP 附錄 P.11 A-2 ☎075-771-2204 休 無休 ⏱境內自由參觀，本堂9:00～16:00 📍京都市左京区黒谷町121 👣市巴士岡崎道下車步行10分 ¥ 境內免費，庭園特別參觀收費（視春、秋及該年而有變動） P 有 C.舊三井家下鴨別邸 上賀茂・下鴨 ▶ MAP 附錄 P.9 C-4 ☎075-366-4321 休 週三 ⏱9:00～16:30 📍京都市左京区下鴨宮河町58-2 👣京阪出柳町站步行5分 ¥ 500円 P 無 D.壬生寺 四條大宮 ▶ MAP 附錄 P.6 A-4 ☎075-841-3381 休 無休 ⏱9:00～16:00 📍京都市中京区坊城通仏光寺入ル 👣阪急大宮站步行10分 ¥ 境內免費，阿彌陀堂參拜300円 P 有

KYOTO STANDARD SPOT

STANDARD × ART

想探訪分佈各處的藝術景點

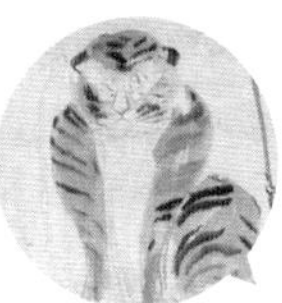

Ⓐ 從繪畫跳出的人氣角色

平成知新館從約14000件以上的收藏當中，挑選出定期展示的作品，以此介紹京都的寺社及東亞美術品與文化財。以尾形光琳的《竹虎圖》為主題的官方吉祥物「虎琳」相當可愛。

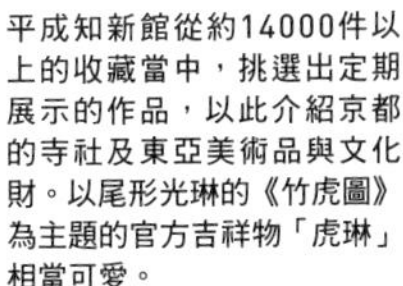

きょうとこくりつはくぶつかん
京都國立博物館 × 虎琳

也有各式各樣的虎琳週邊喔！

Ⓑ 睥睨八方的龍在天花板飛舞

臨濟宗妙心寺派的大本山。描繪在法堂天花板上的龍，是狩野探幽55歲時的作品，據說費時8年才大功告成。稱作「睥睨八方」，因為不論從哪裡看，都能和龍眼神交會。

みょうしんじ
妙心寺 × 雲龍圖

Ⓒ 日本頂級迴遊式庭園

江戶初期由八條宮智仁親王及智忠親王父子兩代所興建。在迴遊式的庭園內，設有松琴亭等的茶室。連德國知名建築師也稱讚不已的日本最出色的建築及庭園絕不能錯過。

かつらりきゅう
桂離宮 × 庭園

Ⓓ 日本美術收藏家自豪的收藏

酒井抱一《櫻花小禽圖》

ほそみびじゅつかん
細見美術館 × 琳派

舉辦以日本美術收藏家細見家三代以來的收藏為中心的特展。以擁有豐富的琳派及伊藤若冲的收藏聞名。地下一樓到三樓的挑高中庭及咖啡廳也相當獨特。

A.京都國立博物館 三十三間堂 ▶ MAP附錄 P.5 D-1 ☎075-525-2473（客服中心） 休週一（逢假日則開館，翌日休） 🕘9:30～17:00（特展時有變動） 📍京都市東山区茶屋町527 🚶市巴士博物館三十三間堂前下車即到 ¥700円（特別展費用另計） P有 B.妙心寺 金閣寺 ▶ MAP附錄 P.10 B-3 ☎075-461-5226 休無休 🕘9:00～12:00、13:00～15:30（16:00閉門） 📍京都市右京区花園妙心寺町1 🚶JR花園站步行5分 ¥500円 P有 C.桂離宮 桂 ▶ MAP附錄 P.2 B-4 ☎075-211-1215（宮內廳京都事務所參觀課） 休週一（逢假日則翌日休） 🕘申請制（可當天申請，名額有限，詳細上官網確認） 📍京都市西京区桂御園 🚶京阪京都交通巴士·市巴士桂離宮前下車，步行15分 ¥1000円 P有 D.細見美術館 平安神宮 ▶ MAP附錄 P.15 C-2 ☎075-752-5555 休週一（逢假日則翌日休） 🕘10:00～16:30 📍京都市左京区岡崎最勝寺町6-3 🚶地鐵東山站步行10分 ¥視展覽而異 P無

古都的寺院是匯集美的寶庫。當今的繪師們也在隔扇這面巨大的畫布上作畫，較勁畫技（➲P.18）。

在叡電上發現

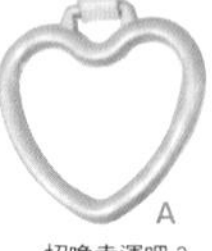

心型電車吊環！

A

招喚幸運吧？

A

B

架設在白川上的行者橋

街角PHOTOS

漫步街頭
到處可見令人印象深刻的最佳場景

A. 出町柳往貴船方向的叡山電車，只有一個心型吊環，找到就會覺得很幸運♡ B. 行者橋寬約60cm，只能勉強讓一人通過。其下流有可供休息的親水露台 C. 可在陳列著樸素豆菓子的店內悠閒度過，被貓店長SHIRO家族療癒。五色豆¥430～ D. 高湯玉子燒、可樂餅及糰子等，簡直是邊走邊吃菜單的寶庫。這裡擠滿了超過120間以上的店面

A.叡山電車 ☎075-702-8111(平日9:00~17:00) 京都市左京区田中上柳町32-1 京阪出町柳站搭車
P無(上賀茂・下鴨 ▶ MAP附錄 P.9 D-4)

B.行者橋(白川一本橋) 京都市東山区石橋町 市巴士東山三条下車步行3分
P無(東山 ▶ MAP附錄 P.13 C-1)

C.船はしや總本店 ☎075-231-4127 休週日、假日 10:00~18:00 京都市中京区寺町通二条上ル 地鐵京都市役所前站步行6分 P無(京都市役所前 ▶ MAP附錄 P.14 A-2)

D.錦市場 ☎075-211-3882(京都錦市場商店街振興組合) 京都市中京区錦小路通(寺町通～高倉通間) 阪急河原町站步行4分
P無(四條河原町 ▶ MAP附錄 P.17 C-3)

在京都的廚房

B

及有野鳥的風景

D

錦市場邊走邊吃

C

樸素的福氣來了嗎？

D

C

船はしや總本店的貓店長

C

Uji Oyamazaki Kibune

稍微走遠一點

宇治 大山崎 貴船

Kyoto Suburbs

在郊外度過與街上與眾不同的時光。這個章節也介紹許多讓人想特地前往的上鏡景觀！

正壽院 ➋P.141

Go to Suburb 01

再遠，也有想看的景色！

正壽院呼喚幸運的愛心

前往歷史與可愛兼具的寺院。
造訪位於宇治東南方的宇治田原，即便多花點時間也想去看看。

彷彿幸福從天而降！豔麗的天花版畫

據說能招福的水引豬目
護身符各￥800

豬目窗

心型形狀為日本自古以來的傳統紋樣「豬目」，據說能夠消災還能招福。

御朱印「季節畫」及「御本尊」

天花板畫

客殿的天花板畫也可躺著欣賞。有4幅舞妓圖，可試著找找看

繩結

每月逢8日的廟會可以拿到繩結。可以綁在境內的地藏堂

正壽院

しょうじゅいん

祭祀本尊祕傳十一面觀音及造佛大師快慶所雕塑的不動明王像，為擁有長達800歷史的寺院。由花鳥風月及傳統紋樣等160幅所構成色彩鮮艷的天花板畫，以及映照出四季變遷的心型豬目窗備受好評，前來參拜者絡繹不絕。清澈的空氣及清脆的鳥鳴也能療癒心靈。

宇治田原 ▶ MAP 附錄 P.19 B-4

☎0774-88-3601 休8月17日 🕒9:00～16:30（12～3月為10:00～16:00） 📍宇治田原町奧山田川上149 🚶京阪·JR宇治站轉搭京都京阪巴士，正寿院口下車步行10分 ¥600円 P有

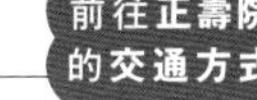

前往正壽院的交通方式

訣竅 1

宇治茶巴士相當便利

週六日及假日時，有從京阪·JR宇治站出發、飾有豬目窗的宇治茶巴士運行。可直達正壽院口，相當便利。（京阪宇治站出發670円，JR宇治站出發650円）

訣竅 2

從京都站搭MK計程車前往

從京都站或是京阪·JR宇治站出發，MK計程車有提供接駁服務，採預約制。由於為來回接送，可以放心多加利用

在本堂拿到繩結，參拜完後，可眺望庭園讓心平靜下來

CHECK

開車再走遠一點 前往宇治茶茶田

宇治茶素以高品質自豪，其約4成的產量來自宇治以南的和束町。整片翠綠的茶田出現在眼前的景色，可說是日本的原始風景。光是眺望茶田，就能讓心靈平靜。

孕育宇治茶的滿山茶田

→石寺茶田

從宇治開車約30分可到正壽院，再繼續往西南方開車30分左右，就會到達滿是茶田的和束町。被指定為京都府景觀資產第一號的和束町代表性風景，就是石寺的茶田。不禁讓人領悟原來凜然清澈的空氣，就是種出好喝宇治茶的祕密。

和束 ▶

MAP 附錄 P.19 B-4

正壽院所在的宇治田原町的輪廓也是心型！不妨在地圖找找看。

季也有
茶芭菲！
四季芭菲
winter
autumn
summer
spring

Go to Suburb 02

芭菲、蛋糕、冰淇淋，你想吃哪個？

到茶產地宇治來趟抹茶之旅

抹茶不僅能飲用，也能食用，和風西式都合適，變化無限大。好想到抹茶聖地享受其深邃滋味。

A. 宇治玉露（冷茶）￥850。以鳳凰為主題的平等院原創菓子也值得注目！　B. 餅皮也添加抹茶，煎出柔軟有嚼勁的抹茶可麗餅￥990
C. 形容身材姣好的美女，宇治抹茶芭菲（宇治榮耀）￥1760

C

辻利兵衛本店

つじりへえほんてん

將屋齡百年的製茶場改建成摩登空間。讓人有種懷舊之感的大梁柱，是當時遺留下來的痕跡。以季節為形象，美得讓人入迷的限定芭菲也不能錯過。搭配庭院的美景，芭菲吃起來更加美味。

宇治 ▶ MAP 附錄 P.21 A-4　52席

0774-29-9021　休 週二
10:00～17:00　宇治市宇治若森41
JR宇治站步行5分　P 有

B

GOCHIO cafe

ゴチョウカフェ

由江戶時代延續至今的茶農家「茶園清水屋」所直營的咖啡廳。店內使用自家茶園製的手採一番茶選項，種類範圍寬廣，像是芭菲、可麗餅及法式吐司都有。

宇治 ▶ MAP 附錄 P.21 A-4　24席

0774-25-3335　休 不定休
11:30～16:00　宇治市宇治壱番63　JR宇治站步行3分　P 無

A

茶房藤花

さぼうとうか

在平等院境內可品茶的景點。除了抹茶外，由日本茶師細心沖泡的煎茶及玉露冷茶，讓人好想點來喝看看。請如同品紅酒般細細品茶。

宇治 ▶ MAP 附錄 P.21 A-4　19席

0774-21-2861（平等院）休 週一、二、三（逢假日則營業）10:00～16:00　宇治市宇治蓮華116　JR宇治站・京阪宇治站步行10分　P 無

&MORE

可將宇治川一覽無遺的新空間

長達400年歷史的窯元所經營的時尚商店兼藝廊。在這與流經旁邊的宇治川情景融合的空間，陳列著第十六世豐齋所做的茶湯容器及工房的工匠所製作的日常使用的器皿。一有舉辦活動及作坊，可充分體驗茶的樂趣。

朝日焼 shop & gallery
あさひやきショップアンドギャラリー
宇治 ▶ MAP 附錄 P.21 B-4

☎0774-23-2511 休週一（逢假日則翌日休）、每月最後週二 🕒10:00～17:00 📍宇治市宇治又振67 🚶京阪宇治站步行7分 P有

河濱清器套組（寶瓶、涼杯及碗2個）

充滿風趣的通道也相當有魅力

柔軟晃動 入喉口感滑順

D. 溫和的甜味與微苦相當搭配的生茶果凍（抹茶）￥1180　E. 茶與點心套餐為￥990，飲料及甜點可視個人喜好任選　F. 宇治抹茶卡士達馬芬￥367，含大量紅豆粒餡及宇治抹茶卡士達醬

F ホホエミカ

本店是店主えみこ小姐滿懷著「希望顧客能由衷露出笑容」的心願，使用有益健康的素材製作馬芬及烘焙點心的專賣店。除了招牌商品外，季節限定馬芬也相當有人氣。

宇治 ▶ MAP 附錄 P.21 A-4　4席

☎0774-25-6333 休週二、三 🕒11:00～17:30 📍宇治市妙楽17-8 中宇治yorin 1F 🚶JR宇治站步行4分 P無

E 伊藤久右衛門本店茶房

いとうきゅうえもんほんてんさぼう

之所以使用石磨研磨的抹茶，是為了展現江戶時代延續至今的茶屋特有氣魄。點芭菲或餡蜜，就可隨意將抹茶粉當作配料，奢侈地灑上現磨抹茶粉。

宇治 ▶ MAP 附錄 P.21 A-3　62席

☎0774-23-3955 休無休 🕒10:00～17:00 📍宇治市莵道荒槙19-3 🚶京阪宇治站步行5分 P有

D 中村藤吉平等院店

なかむらとうきちびょうどういんてん

眾所皆知的老鋪茶商。其暱稱「MARUTO」說明了該店深受當地民眾的保證。平等院店改建自前料亭旅館，非常推薦坐在可眺望宇治川的露台席享用。

宇治 ▶ MAP 附錄 P.21 A-4　46席

☎0774-22-9500 休不定休 🕒10:00～17:00(視季節而異) 📍宇治市宇治蓮華5-1 🚶京阪宇治站步行5分 P無

 在「中村藤吉本店」（➲P.110）可在別具風情的茶室裡體驗抹茶。

Go to Suburb 03

在綠意盎然的大山崎來趟悠閒的成人漫步

探訪昭和的摩登建築

被天王山的大自然環繞，洋溢悠然自得氛圍的大山崎。
不妨來此探訪高度審美觀下所興建的建築，度過一段奢侈時光。

A 與大自然共鳴的英國風山莊

朝日啤酒 大山崎山莊美術館

大山崎山莊美術館的遊玩方式

京都麗嘉皇家酒店特製企劃展，每次都有不同的原創蛋糕，別忘了確認

喫茶室

欣賞完展覽後享受下午茶時光。天氣晴朗時可到景觀良好的露台席

展覽&收藏

每年舉辦3～4次企劃展。館內隨處所裝飾的藝術作品、四季變化不同表情的庭園以及常設的莫內《睡蓮》，都很值得一看

繪有蘭花插圖的藝術資料夾（A4）¥420

flower

睡蓮週邊也相當豐富。迷你小盒各¥290

安藤忠雄設計

連接本館的新館「地中寶石箱」為圓形的獨特空間。「夢之箱」則為箱形

館內的意趣

本館由實業家加賀正太郎所設計，連細節部分都充滿了講究與玩心。走上嵌有彩色玻璃的階梯後，就會看到天花板的水晶吊燈！

建築家藤井厚二為追求適合日本人生活形式所興建的自宅

不僅設計，隨處所下的功夫也是一大看點

請務必親身體驗採光佳又通風空間的舒適感

原創餅乾原味￥864，咖啡￥918。亦有販售作家製作的器皿

店內能感受木質的溫暖，寬敞且具開放感

本日午餐￥950

D Relish　C tabitabi　B 聽竹居　A 朝日啤酒大山崎山莊美術館

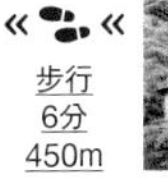

GOAL ← Relish ← 步行3分 100m ← tabitabi ← 步行6分 450m ← 聽竹居 ← 步行11分 550m ← 朝日啤酒大山崎山莊美術館 ← START

A.朝日啤酒大山崎山莊美術館 ☎075-957-3123（綜合客服中心） 休週一（逢假日則翌週二休） 10:00～16:30（17:00閉館） 大山崎町銭原5-3 JR山崎站・阪急大山崎站步行10分 ¥900円 P無 B.聽竹居 ☎075-956-0030 休週一～六（工程日休息） 9:00～16:00（需上官網預約）※參觀時間約75分 大山崎町大山崎谷田31 JR山崎站・阪急大山崎站步行7分 ¥1000円 P無 C.tabitabi ☎075-957-9180 休週一（逢假日則翌平日休） 7:00～19:00（週日、假日8:00～18:00） 大山崎町大山崎西谷4-6 Hotel Dew大山崎1Ｆ JR山崎站即到 P無 D.Relish ☎075-953-1292 休週一（逢假日、10日則營業，翌週二休） 10:30～17:00 大山崎町大山崎竜光49 JR山崎站・阪急大山崎站步行3分 P無 大山崎 MAP附錄 P.20

 「聽竹居」為日本近代建築20選之一。2017年被指定為國家重要文化財。

Go to Suburb 04

盛夏也清涼的京都後花園

在貴船祈求戀情實現♥

生命泉源水神所在的貴船。
一片寂靜當中，在彷彿滲透全身的神聖空氣中端正姿勢。

A 向水與結緣之神傳達心願！

水占卜籤紙浮在水面上，就會顯現出文字。將心願寄託在水神身上

沁涼清澈的御神水，連心靈也立即受到淨化

連青楓葉片摩娑的聲音也備感清涼

彷彿被朱色燈籠引導似地往石階參道前進

參拜重點

Point 1 到本宮參拜

祭祀水神的本宮構造為流造形式。素雅卻帥氣的屋頂彎曲弧度也令人注目

Point 2 充滿氣的奧宮

為貴船神社的創建之地，作為航海安全之神也深受崇敬

Point 3 到結社求良緣

據傳能保佑結緣。源自和泉式部在此祈求與丈夫復合成功

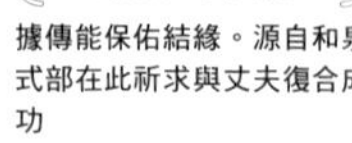

結文

據說寫下心願後打結，願望就會實現

B 川床是絕不能錯過的夏日風情畫

1. 潺潺流水更加增添風情。在天然冷氣中用餐 2. 以別具風情的燈籠為標誌。川床是夏季特有的樂趣 3. 川床料理為￥9680～（需預約）。在夏季的貴船一定要品嘗香魚料理 4. 流水麵線￥1500（雨天中止）。紅色麵線為梅子風味

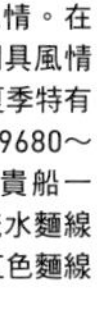

CHECK

主要在七夕舉辦的竹枝裝飾燈光秀，為夏日風情畫

使用御神水製成，喝了有保佑的御神水汽水￥500

C 在老鋪料亭咖啡廳享受旅行的餘韻

散步後休息一下♪

在清爽的空氣中品嘗的特選和風抹茶芭菲￥1200，真是超級好吃

古董風內部裝潢。從巨大的窗戶可眺望大自然

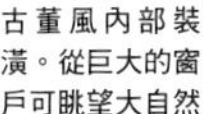

C 貴船俱樂部 **B 京都貴船 料理旅館 ひろ文** **A 貴船神社**

« 步行2分 170m «

« 步行6分 450m «

START

A.貴船神社 ☎075-741-2016 休無休 ⏱授予所9:00～17:00 📍京都市左京区鞍馬貴船町180 🚶叡山電車貴船口站轉乘京都巴士，貴船下車步行5分 ￥免費 P有 B.京都貴船 料理旅館 ひろ文 ☎075-741-2147 休不定休（川床料理為5月1日～9月25日） ⏱11:00～19:00 📍京都市左京区鞍馬貴船町87 🚶叡山電車貴船口站轉乘京都巴士，貴船下車步行10分 P有 C.貴船俱樂部 ☎075-741-3039 休不定休 ⏱11:00～16:30（17:00閉店） 📍京都市左京区鞍馬貴船町74 🚶叡山電車貴船口站轉乘京都巴士，貴船下車步行10分 P無 貴船 MAP附錄 P.20

前往貴船方向搭叡山電車最便利。可邊在車上尋找心型吊環（P.138），邊前往貴船。

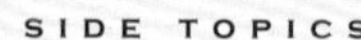

尋找能感受京都的日常，每天都想吃的麵包……

了解京都的「麵包情事」！

認識京都的人氣麵包 Q&A

京都向來給人強烈的和食印象，其實麵包也相當受歡迎。請務必品嘗長年受到在地人喜愛的美味麵包。

「まるき製パン所」店長
Hiroshi Kimoto

Q 京都人有多喜歡麵包？

A 都道府縣別麵包消費額以京都居冠

據日本總務省近年的調查結果，京都府的麵包消費額為3335円（／月），以都道府縣別來看位居日本之冠（根據「家計調查　家計收支篇2021年」）。至於每10萬人口的麵包販售店數量，以縣別來看京都也名列前茅，由此可知京都人有著熱愛麵包的地區特性。原因雖無定論，諸說紛紜，像是歷史上京都人偏好新食物、也受到喜歡咖啡的影響（京都的咖啡消費量全國首屈一指）等。

まるき製パン所角食麵包¥270，山食麵包¥260，葡萄吐司¥250（各為一山的價格）

Q 說到京都，最受歡迎的當地麵包是？

A 懷舊滋味的「火腿麵包捲」及「New Bird麵包」

在吐司、點心麵包等種類豐富的麵包當中，在京都人氣根深蒂固的是傳統熟食麵包。其中又以在熱狗麵包內夾火腿、高麗菜及美乃滋等簡單配料的「火腿麵包捲（以前也稱作海洋麵包捲）」，和以咖哩口味麵團內包厚切火腿，再下油鍋炸得酥脆的「New Bird麵包」這類有些大眾化且樸素的滋味，至今仍深受男女老少的好評。由於常態販售的麵包店有限，是來到京都一定要品嘗、推薦的當地麵包。

まるき製パン所
火腿麵包捲190円

まるき製パン所
New Bird麵包190円

好想去這家店

まるきせいパンじょ
まるき製パン所

1947年創業，作為京都之味一直受到大眾喜愛的名店。以口感鬆軟、溫和香甜的熱狗麵包為名產，最有人氣的則是火腿麵包捲。員工手腳俐落地將現炸可樂餅及炸蝦、細心蒸煮的紅豆餡夾在麵包裡。店內時常陳列現做的麵包，令人開心不已。

河原町・烏丸 ▶ MAP 附錄 P.16 A-4
075-821-9683　休 不定休
6:30～20:00（週日、假日為7:00～14:00）　京都市下京区松原通堀川西入ル北門前町740　阪急大宮站步行7分　P 有（2輛）

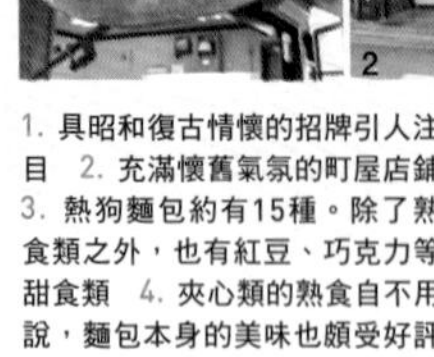

1. 具昭和復古情懷的招牌引人注目　2. 充滿懷舊氣氛的町屋店鋪　3. 熱狗麵包約有15種。除了熟食類之外，也有紅豆、巧克力等甜食類　4. 夾心類的熟食自不用說，麵包本身的美味也頗受好評　5. 沒有陳列在店內，只要點餐就會幫你做

20多歲年輕的希望之星繼承老鋪錢湯！

復古時尚的「サウナの梅湯」魅力

サウナのうめゆ

サウナの梅湯

梅湯於2015年曾即將歇業，而接手經營的湊三次郎先生，當時僅25歲。現在已成了不僅在地客人，連觀光客及年輕世代也經常光顧的人氣景點。

京都站 MAP附錄 P.5 C-1
080-2523-0626 休週四 14:00～翌2:00（週六日6:00～12:00亦有營業） 京都市下京區岩滝町175 京阪清水五條站步行5分 ¥450円 P無

梅湯是錢湯文化的發信基地。在接觸錢湯的魅力之後，不妨去其他的錢湯瞧瞧吧。

自由工作者·錢湯愛好家
Hiroki Hayashi

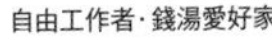

魅力1

感受錢湯活動家店主湊三次郎的熱心！

由年輕工作人員負責櫃台，也會爽快地提供推薦錢湯及觀光資訊。活用舊物有品味的大廳也相當有魅力。

與猴子一起安心放鬆的空間

魅力2

六日早上也可以泡湯！將原創週邊當作旅行的回憶

週末搭夜間巴士抵達京都站後，直接奔向サウナの梅湯是正確選擇。亦有販售原創毛巾¥480及T恤¥3800，最適合當作旅行紀念。

如獲至寶

早上先泡個澡吧♪

店長
湊三次郎先生

魅力3

用柴火燒天然地下水！浴池滿意度也相當高!

觸感柔和的地下水浴池格外特別。三溫暖備有藥浴及電熱式浴池，不需額外加錢。另有免費提供吹風機，女湯也有提供化妝水服務等，相當貼心。

歡迎光臨 サウナの梅湯

洗完三溫暖後泡冷水浴最棒了

用木柴與熱情燒熱水！

oto×Gourmet 前在地雜誌總編輯私下超推薦

讓人想光顧的「後巷」店家

想一個人好好放鬆時，我常會偷偷到這裡喝酒。樽八及あさきぬ是我的私藏王牌。

基本是個寫手

Satoshi Takenaka

私底下常去的是有充滿理念的店

我常去光顧的大多都很有理念，或是被店主人品吸引的店。我跟木屋町的「Brasserie Café ONZE」店主山崎智彥有交情，每次光顧都有回到家的感覺，也很美味。店主是11月11日出生，店面則是在1月11日開幕。儘管開店已經15週年了，還是一樣難以捉摸。由於15時就開店了，很適合等人或約會，也相當受女性顧客歡迎。胡蘿蔔絲很棒。個人的固定搭配是淋上蜂蜜的藍紋起司配紅酒。想喝日本酒時，最常去的是**「魚の匠 あさきぬ」**。店主左藤誓哉是個日本酒宅，他曾說過一句名言:「即使只有一條魚乾，『白飯和魚』仍是日本飲食的基礎。而由於日本酒是種『米湯』，魚跟日本酒豈有不搭的道理。」店內提供加熱好喝的日本酒，挑選漁獲的眼光也相當精確。在京都拉麵的一大聖地，左京區的**「樽八」**，以自上一代傳承下來的中華麵為招牌料理。該店於京都大學的勢力範圍，百萬遍也有店面，學生及教授也常前來光顧。在夜晚的居酒屋，則以背脂醬油類超直球的京都拉麵作為收尾料理，全身都會變得相當溫暖。

在居酒屋受喜愛的中華麵

たるはち

樽八

提供以季節海鮮料理及和牛料理為主，範圍廣泛的菜單。自上一代傳承下來的中華麵相當受歡迎，創業40年不變的菜單依然健在。

百萬遍 ▶MAP附錄 P.9 D-4 ⓒⓡ

075-721-8080 休週一（逢假日則翌日休） 17:00~22:00 京都市左京区田中門前町67 市巴士飛鳥井町下車步行3分 P無

中華麵（中）¥770

來杯加熱清酒連心也暖呼呼的

さかなのたくみあさきぬ

魚の匠 あさきぬ

備有30～40種日本酒，視料理的搭配度與顧客偏好上酒。白天時可享用店主推薦的菜單，午餐「あさきぬ御膳」¥890有生魚片、炸物及京都家常菜等種類，相當有人氣。

烏丸御池 ▶MAP附錄 P.16 B-1 ⓒⓡ

075-231-4222 休週日 11:30~14:00（售完打烊）、18:00~22:00 京都市中京区両替町通御池下ル龍池町424-1 キョウトホーム御池ビル1F 地鐵烏丸御池站即到 P無

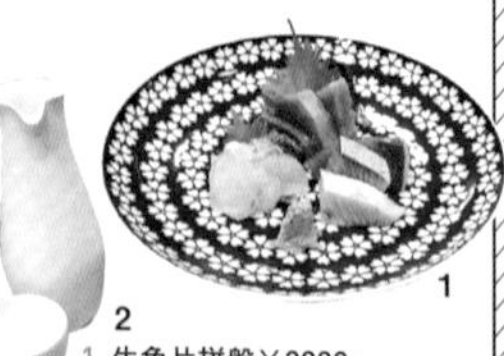

1. 生魚片拼盤¥2000～
2. 日本酒半合¥500

想經常吃到的午餐

ブラッスリーカフェオンズ

Brasserie Café ONZE

不論是想吃正餐、續攤或是甜點，都能全盤接收。Brasserie不僅味道掛保證，店內舒適度也很棒。甜點也別錯過喔！

木屋町·先斗町 ▶MAP附錄 P.17 D-3

075-351-0733 休無休 15:00~24:00 京都市下京区木屋町通四条下ル斎藤町125 阪急京都河原町站即到 P無

1. 胡蘿蔔絲¥770
2. 油封法國鴨腿肉¥1870

Kyoto×Music 連音樂也是京都Style！

在京都「想聽音樂」就到這裡♪

MUSIC CAFE

店主
村田弘先生

1. 每年有不少知名音樂人回來這裡 2. 大量加入當地早晨現採蔬菜的義大利麵午餐¥850。村田先生原是麵包師傅！

小場地的距離感魅力無法擋

ソーレカフェ

SOLE CAFE

以使用天然酵母的自家製麵包等午餐，及晚上舉辦的演唱會受到好評的音樂咖啡廳。由於場地小，與歌手的距離也很近，讓無限接近原音演奏的音色滲透心靈。

紫竹 ▶MAP 附錄 P.8 A-2
075-493-7011 休不定休
咖啡廳11:00～14:30，演唱會不定期舉辦（詳情請參照官網） 京都市北区紫野東蓮台野町10-16 市巴士佛教大学前下車即到 P無

LIVE HOUSE!!

店主
水島"Jr"浩司先生

1. 活用大燈籠與啤酒桶的桌子很有存在感 2. 牆上掛著有藝人簽名的工作人員手繪招牌

支撐京都的音樂場面，屋齡超過百年的Live House

たくたく

磔磔

改建自酒藏的老鋪Live House，起源於黑膠咖啡廳。在這個受到京都出身樂團為首等全國歌手喜愛的舞台，可以親身體驗木造建築特有的柔和音色。

四條河原町 ▶MAP 附錄 P.17 C-4
075-351-1321 休不定休
開場時間視活動而異（到21:00為止停止音樂） 京都市下京区富小路仏光寺下ル 阪急河原町站步行8分 P無
※活動內容及購票請上官網確認

也想enjoy美食♪與在地緊密結合的Live House

乳酪蛋糕
¥450

セカンドルームス

Second Rooms

擁有咖啡廳空間及Live House2種空間。也有提供原創咖哩及蛋糕，可用作咖啡廳。

向日市 ▶MAP 附錄 P.19 A-2
070-5666-1081 休不定休
16:30～22:30（視活動而異） 向日市寺戸町西田中瀬3-4 FORUM東向日1 3F 阪急冬向日站即到 P無

鬆軟半熟蛋包飯
¥500

モダンタイムス

Modern Times

可一邊聆聽不插電、老搖滾等貼近生活的音樂，一邊享用豐富多樣的餐點。

木屋町·先斗町 ▶MAP 附錄 P.17 D-1
075-212-8385 休不定休
18:00～翌1:00（視活動而異） 京都市中京区木屋町三条上ル エンパイヤビルB1 地鐵京都市役所前站步行3分 P無

炒熱秋天氣氛的一大節日
京都音樂博覽會2023in梅小路公園

暱稱「音博」，由搖滾樂團團團轉樂團所主辦的戶外音樂節。每年秋天舉行，有許多嘉賓登場。

洽詢 京都客服中心
0570-200-888
(11:00～18:00/週日及假日休息)

讓我來告訴你！

京都的Live House場地狹小，所以與歌手距離很近。能自由享受音樂的形式也讓人相當舒服。

音樂人
Shogo Shirata

HOW TO GO TO KYOTO

ACCESS GUIDE 交通指南

DEPARTURE

[準備出發前往京都]

這點一定要知道！ Key Point

◆從各地前往京都的移動方式有飛機（經由大阪）、鐵路及巴士3種。
◆幾乎所有觀光客都搭乘新幹線，到達作為觀光據點也很便利的京都站。
◆春秋兩季可能不好預約，所以一旦敲定旅行日程後最好馬上預約。

RECOMMENDED ACCESS 從各地前往京都的推薦交通方式

Origin 出發地	Transportation 交通方式 AIR	Operation 交通公司	Time to Destination 所需時間 TIME
桃　園	桃園國際機場－大阪關西國際機場	中華航空／台灣虎航／長榮航空／星宇航空／國泰航空／馬印航空／樂桃航空等	約2小時45分
高　雄	高雄國際機場－大阪關西國際機場	中華航空／台灣虎航／長榮航空／JAL／國泰航空／馬印航空／樂桃航空等	約3小時5分

京都其他有趣的慶典&活動

祇園祭

日期：2023年7月1日～7月31日
地點：八坂神社
費用：收費觀賞席最前排5100日圓、第二排以後4100日圓
官網：https://www.yasaka-jinja.or.jp/

時代祭

日期：2023年10月22日
地點：平安神宮
費用：免費
官網：http://1022.kyoto/

大文字五山送火 京都五山送り火

日期：2023年8月16日
地點：松崎西山、東山、西加茂船山、大北山文字山、嵯峨曼陀羅山
費用：免費
官網：無

葵祭

日期：5月中
地點：茂賀別雷神社
費用：免費
官網 www.kamigamojinja.jp

梅花祭

日期：2023年2月1日～3月下旬
地點：北野天滿宮
費用：1200日圓
官網：https://kitanotenmangu.or.jp/

御手洗祭 みたらし祭

日期：2023年7月丑日左右
地點：下鴨神社
費用：300日圓
官網：https://www.shimogamo-jinja.or.jp/

★TRAVEL TIPS★
FOR DEPARTURE

《JR的優惠票券》
ABOUT BUDGET TICKETS

有些優惠方案只需加入會員或是得花點功夫，就能以較便宜的價格購票。下面介紹3種好用的代表性優惠票。

回聲號周遊券

JR東海旅遊企劃的旅行票券。限定搭乘「回聲號」，可用便宜的票價乘車。從東京出發所需時間為3小時48分，車程比「希望號」長1個半小時，附1杯飲料。

票價：（例如東京出發）普通車廂￥10600（便宜￥3570），綠色車廂￥12100（便宜￥6940）
販售：JR東海旅遊（https://www.jrtours.co.jp/）、JTB各分店
販售期間：出發前一天以前

希望號早特家族來回票

EXPRESS預約網站會員限定服務。2人以上搭乘，可以優惠票價搭乘週六及假日的「希望號」普通車廂指定席及綠色車廂。亦可與朋友或情侶一起搭乘。

票價：（例如東京出發） ￥12020（便宜￥2150）
※需另付年會費￥1100
販售：EX PRESS（https://www.expy.jp/top.php?）
販售期間：出發前3天以前

青春18旅遊周遊券

一天內可不限次數搭乘JR的快速或普通列車。在悠閒搭乘電車緩慢旅行的途中，可隨心所欲地下車。從東京到京都車程約近9小時。

票價：￥12050（單人使用5天或5人集體使用）
販售：全國主要JR車站及主要旅行社
販售期間：每年發售3次，於春、夏、冬季發售。詳情需洽詢

旅行社的自由行方案較優惠

含飛機或新幹線等交通票券及住宿的自由行方案，是個人旅行的強力盟友。根據選擇方式而定，來回交通費會比較便宜或附特典，請務必善加利用。

票價：視交通方式而異，搭乘JR的話需在出發前一天以前，搭飛機的話則需在出發前10天之前預約。
取消：含交通票券的方案，在出發前20天取消需收手續費。
預約：除了在旅行社的窗口外，亦可線上預約。

BUDGET ACCESS
想省點交通費

【活用JR優惠票券】

JR各公司都有發售折扣及特典的方案。從東京・靜岡・名古屋出發者可購買「ぷらっとこだま」，線上預約可購買「希望號早特家族來回票」、價格公道的「青春18旅遊周遊券」等，種類多樣。

【徹底利用廉價航空】

以關西國際機場為中心，從各地均可搭廉航前往。運費視時期而定，也有單程票價低於￥5000以下。要注意的是，需考慮從機場到京都的移動時間與費用（P.154），從結果評估是否划算。

【早晨觀光也OK！搭乘高速巴士】

價格便宜且不需轉乘的輕便性為其魅力。從首都圈也可搭乘票價低於￥5,000以下的班次。夜行巴士則是早晨抵達目的地，可充分運用一整天時間，但相反地，也會因為交通狀況而延遲抵達時間。

從各地到京都站的費用是？

出發場所	車次名	運費	所需時間
東京站	GRANDREAM（JR巴士關東等）	￥6,000～	約7小時30分
名古屋站	名神HIGHWAY巴士（JR東海巴士等）	￥2,600	約2小時25分
金澤站	北陸道Gran日間特急大阪號（西日本JR巴士等）	￥2,800～	約4小時15分
高松站	高松EXPRESS京都號（JR四國巴士等）	￥5,050	約3小時40分

【CHECK!需要事先知道的事項】

京都站不僅是新幹線、來自北陸・山陰方面的在來線、機場巴士及來自各地的長途巴士之起訖總站，此外，也能順暢接續通往各觀光景點的巴士及地鐵。

從奈良・三重出發者搭近鐵，從滋賀・神戶出發者搭JR新快速，從大阪出發者可選搭JR・京阪・阪急。

ACCESS GUIDE 交通指南

ARRIVAL

[抵達京都後要怎麼走？]

不可不知！
Key Point

- ◆機場到京都站及主要觀光地之間可搭乘鐵路及巴士移動。
- ◆前往宇治、嵐山及貴船等郊外地區時，搭電車較快速。
- ◆若想開車自駕要有遇到塞車的覺悟。市中心道路大多是狹窄的單行道。

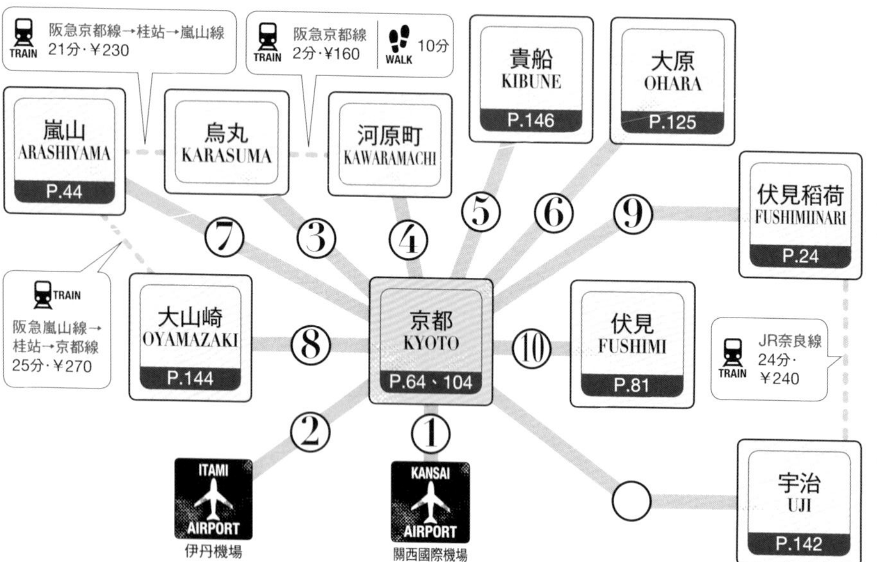

前往京都站

② 伊丹機場→京都站 ITAMI→KYOTO

TRAIN 電車(單軌電車＋阪急) **1小時・¥760**
- ▶大阪機場站 →〈單軌電車〉→南茨木站→〈阪急京都線〉→京都河原町站
- ▶白天1小時6班

BUS 巴士(機場接駁巴士) **50分・¥1,340**
- ▶伊丹機場→(阪急觀光巴士等)→京都站
- ▶白天1小時2～3班

CAR 搭車(共乘計程車) **約1小時30分・¥3,800**
- ▶伊丹機場→(機場接送車MK Skygate Shuttle)→京都站

※所需時間以抵達京都站的情況為基準(視經過地而異)
※下車地點為京都市、向日市、長岡京市、城陽市、宇治市的指定場所(部分區域除外)

① 關西國際機場→京都站 KANSAI→KYOTO

TRAIN 電車(特急HARUKA) **1小時20分・¥2,900**
- ▶關西機場站→〈JR特急「HARUKA」〉→京都站
- ▶白天1小時2班

※指定席需加¥530

BUS 巴士(機場接駁巴士) **1小時25分・¥2,600**
- ▶關西國際機場→(阪急觀光巴士等)→京都站
- ▶白天1小時1～2班

CAR 搭車(共乘計程車) **約2小時15分・¥4,300**
- ▶關西國際機場→(機場接送車MK Skygate Shuttle)→京都站

※所需時間以抵達京都站的情況為基準(視經過地而異)
※下車地點為京都市、向日市、長岡京市、城陽市、宇治市的指定場所(部分區域除外)

★TRAVEL TIPS★ FOR ARRIVAL

《便利優惠的乘車券》 ONE-DAY (TWO-DAY) PASS

可使用的區域年年擴大，更加好用的自由乘車券，可考慮目的地後再買票。可在服務處及地鐵車站索取的巴士系統圖是必備好物。

京都觀光一日乘車券

可不限次數搭乘市巴士全線、地鐵全線、京都巴士（部分除外）及京阪巴士（山科・醍醐地區）路線。亦可前往大原、清瀧及醍醐寺。推薦給1天安排4～5處景點的讀者使用。

費用：1日¥1,100

販售處：地鐵各站、市巴士及地鐵服務處

地鐵・嵐電1day票券

可1日無限次搭乘京都市營地鐵全線、嵐電（京福電車）全線的好用票券。可暢遊京都，又能前往觀光名勝。

費用：¥1300

販售處：地下鐵各站、市巴士・地鐵服務處、定期券發售處、嵐電各站

市營地鐵1day自由乘車券

地鐵全線都是自由乘車區域。想快速巡遊二條城、御所、南禪寺及醍醐寺等景點就買這張。

費用：¥800

販售處：地鐵各站、市巴士・地鐵服務處

巴士及叡電 鞍馬・貴船當天往返票

從JR京都站移動到貴船、大原時相當便利。京阪電車的東福寺～出町柳站區間、市巴士及叡山電車全線、京都巴士的均一區間（包括大原、鞍馬及貴船）均可不限次數搭乘。

費用：¥1,900　販售處：地鐵各站、市巴士・地鐵服務處

RESERVATION & CONTACT 交通洽詢專線

●鐵路　Ⓡ ESERVATION…預約　Ⓒ ONTACT…洽詢處

Ⓒ	JR西日本客服中心	0570-00-2486
Ⓒ	JR東海客服中心	050-3772-3910
Ⓒ	JR九州客服中心	0570-04-1717
Ⓒ	京都市交通局（地鐵）	075-863-5200
Ⓒ	京阪電氣鐵道	06-6945-4560
Ⓒ	阪急電鐵	0570-089-500
Ⓒ	嵐電（京福電氣鐵道）	075-801-2511
Ⓒ	叡山電車	075-781-5121

●巴士

Ⓒ	JR巴士關東	0570-04-8905
Ⓒ	JR東海巴士	0570-048939
ⓇⒸ	西日本JR巴士	0570-00-2424
ⓇⒸ	JR四國巴士（高松）	087-825-1657
Ⓒ	京都市交通局（地鐵）	075-863-5200
Ⓒ	京都巴士	075-871-7521

●計程車

ⓇⒸ	京都MK計程車	075-778-4141

前往市區

③ 京都站→烏丸 KYOTO→KARASUMA

TRAIN 電車（地鐵） 4分・¥220
▶京都站→（地鐵烏丸線）→四條站
▶白天1小時8～12班

④ 京都站→河原町 KYOTO→KAWARAMACHI

BUS 巴士（市巴士） 18分・¥230
▶京都站→（市巴士4・5・17・205）→四条河原町
▶白天1小時20班以上

前往北方

⑤ 京都站→貴船 KYOTO→KIBUNE

TRAIN 電車（地鐵）+巴士（京都巴士） 1小時10分・¥740
▶京都站→（地鐵烏丸線）→國際會館站→（京都巴士52）→貴船口→（京都巴士33）→貴船
▶白天1小時2班

⑥ 京都站→大原 KYOTO→OHARA

TRAIN 電車（地鐵）+巴士（京都巴士） 50分・¥650
▶京都站→（地鐵烏丸線）→國際會館站→（京都巴士19）→大原
▶白天1小時2班

BUS 巴士（京都巴士） 1小時15分・¥560
▶京都站→（京都巴士17）→大原
▶白天1小時2班

前往西方

⑦ 京都站→嵐山 KYOTO→ARASHIYAMA

TRAIN 電車（JR） 16分・¥240
▶京都站→（JR嵯峨野線）→嵯峨嵐山駅
▶白天1小時4～6班

⑧ 京都站→大山崎 KYOTO→OYAMAZAKI

TRAIN 電車（JR） 14分・¥220
▶京都站→（JR京都線）→山崎站
▶白天1小時3～5班

前往南方

⑨ 京都站→伏見稻荷 KYOTO→FUSHIMIINARI

TRAIN 電車（JR） 5分・¥150
▶京都站→（JR奈良線）→稻荷站
▶白天1小時4班

⑩ 京都站→伏見 KYOTO→FUSHIMI

TRAIN 電車（近鐵） 10分・¥260
▶京都站→（近鐵京都線）→桃山御陵前站
▶白天1小時7班

⑪ 京都站→宇治 KYOTO→UJI

TRAIN 電車（JR） 30分・¥240
▶京都站→（JR奈良線）→宇治站
▶白天1小時6班

※刊載內容為2022年度實際情況。2023年度以後可能依時刻表改點或運費調整等而有變動，出發時請務必事先確認。

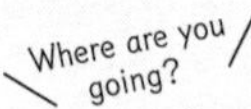

INDEX
京都

一~五畫

日文假名

數字及英文A-D

●景點 ●美食 ●購物 ●療癒 ●體驗

Special Thanks

十六畫以上

十一~十五畫

六~十畫

【繽紛日本 03】

京都

作者／昭文社媒體編輯部
翻譯／黃琳雅
編輯／林庭安
發行人／周元白
出版者／人人出版股份有限公司
地址／231028 新北市新店區寶橋路 235 巷 6 弄 6 號 7 樓
電話／(02)2918-3366（代表號）
傳真／(02)2914-0000
網址／www.jjp.com.tw
郵政劃撥帳號／16402311 人人出版股份有限公司
製版印刷／長城製版印刷股份有限公司
電話／(02)2918-3366（代表號）
香港經銷商／一代匯集
電話／（852）2783-8102
第一版第一刷／2023 年 09 月
定價／新台幣 380 元
港幣 127 元

國家圖書館出版品預行編目 (CIP) 資料

京都／昭文社媒體編輯部作；黃琳雅翻譯 .-- 第一版 . -- 新北市：人人出版股份有限公司，2023.09
面；　公分 . -- (繽紛日本；3)

ISBN 978-986-461-347-2 (平裝)

1.CST: 旅遊 2.CST: 日本京都市

731.75219　　112012704

■ 本書使用注意事項
●本書刊載的內容為2022年6～9月時的資訊，有可能已經變更，使用時請事先確認。各種費用也有因稅率調整而變更的可能性，因此有部分設施標示的費用為未稅金額。另外，各設施為因應新冠肺炎疫情，營業日、營業時間、開幕日期，以及大眾運輸系統的運行等預定皆有可能更改，出發前請務必在各活動或設施的官網，以及各地方單位的網站上確認最新消息。因本書刊載的內容而產生的各種糾紛或損失，敝公司無法做出補償，敬請諒察之後再利用本書。
●由於電話號碼是各設施洽詢用的號碼，有可能非當地號碼。在使用導航等搜尋位置時，有可能出現與實際不同的地點，敬請留意。
●公休日僅寫出固定的休息日，未包括臨時休業、盂蘭盆節及新年假期。
●開館時間及營業時間基本上為入館截止時間或最後點餐時間。
●在費用的標示上，入場費等基本上為大人的金額。
●交通方式為主要前往方式及估計的所需時間。使用IC卡時運費及費用有可能不同。
●停車場未區分免費或收費，有停車場時會以車位數表示。
●關於本書中的地圖
測量法に基づく国土地理院長承認（使用）R 4JHs 19-136305　R 4JHs 20-136305　R 4JHs 21-136305　R 4JHs 23-136305

※本書若有缺頁或裝訂錯誤可進行更換。未經許可禁止轉載、複製。

COLOR PLUS KYOTO

MAP & TRANSPORT

I'll take you anywhere you want!

icon

……美食 ……發現
……購物 ……療癒
……體驗
C……超商 R……餐廳 S……超市

■ 附錄小冊子所使用的地圖
測量法に基づく国土地理院長承認（使用）R 4JHs 19-136305 R 4JHs 20-136305 R 4JHs 21-136305 R 4JHs 23-136305

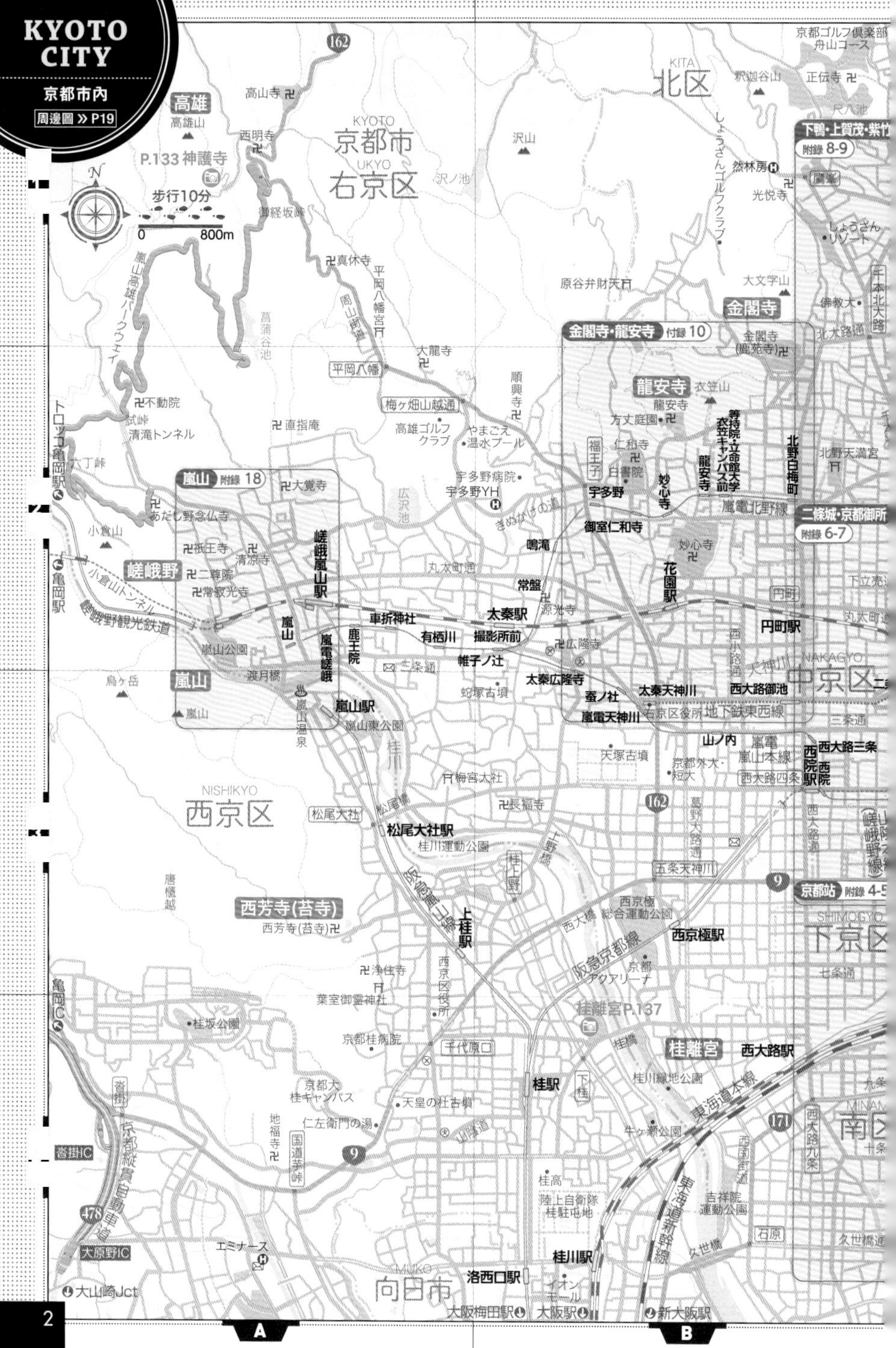

KYOTO CITY
京都市內
周邊圖 » P19
高雄
高雄山
高山寺
西明寺
P.133 神護寺
步行10分
0
800m
御経坂峠
嵐山高雄パークウェイ
真休寺
平岡八幡宮
周山街道
菖蒲谷池
平岡八幡
大龍寺
梅ヶ畑山越通
卍不動院
試峠
清滝トンネル
直指庵
高雄ゴルフクラブ
やまごえ温水プール
トロッコ亀岡駅
六丁峠
あだし野念仏寺
小倉山
嵐山 附錄 18
大覚寺
広沢池
宇多野病院
宇多野YH
嵯峨嵐山駅
祇王寺
清涼寺
嵯峨野
二尊院
常寂光寺
小倉山トンネル
嵯峨野観光鉄道
亀岡駅
嵐山公園
嵐山
嵐電嵯峨
鹿王院
車折神社
有栖川
撮影所前
帷子ノ辻
三条通
太秦駅
源光寺
広隆寺
太秦広隆寺
蚕ノ社
蛇塚古墳
渡月橋
烏ヶ岳
嵐山温泉
嵐山駅
嵐山東公園
桂川
丸太町通
鳴滝
常盤
御室仁和寺
宇多野
きぬかけの道
KYOTO
京都市
UKYO
右京区
沢ノ池
沢山
順興寺
原谷弁財天
KITA
北区
しょうざんゴルフクラブ
京都ゴルフ倶楽部舟山コース
釈迦谷山
正伝寺
然林房
光悦寺
下鴨・上賀茂・紫竹
附錄 8-9
しょうざんリゾート
大文字山
金閣寺
金閣寺(鹿苑寺)
仏教大
千本北大路
北大路通
金閣寺・龍安寺 付錄 10
龍安寺
衣笠山
方丈庭園
仁和寺
白書院
福王子
妙心寺
等持院・立命館大学衣笠キャンパス前
北野白梅町
北野天満宮
嵐電北野線
二條城・京都御所
附錄 6-7
妙心寺
花園駅
下立売
円町
円町駅
丸太町通
西小路通
天神川
NAKAGYO
中京区
太秦天神川
西大路御池
嵐電天神川
右京区役所
地下鉄東西線
三条通
山ノ内
嵐電嵐山本線
西大路三条
西院駅
西院
天塚古墳
京都外大・短大
西大路四条
NISHIKYO
西京区
梅宮大社
長福寺
松尾大社
松尾橋
松尾大社駅
桂川運動公園
阪急嵐山線
上野橋
桂上野
葛野大路通
五条天神川
西大路通
嵯峨野線
京都站 附錄 4-5
鷹ヶ峰越
西芳寺(苔寺)
上桂駅
西大橋
西京極総合運動公園
西京極駅
阪急京都線
SHIMOGYO
下京区
七条通
浄住寺
葉室御霊神社
西京区役所
京都アクアリーナ
桂離宮P.137
亀岡IC
桂坂公園
京都桂病院
千代原口
桂橋
桂離宮
西大路駅
沓掛
京都大桂キャンパス
天皇の杜古墳
桂駅
下桂
桂川緑地公園
東海道本線
九条
仁左衛門の湯
山陰道
牛ヶ瀬公園
西大路九条
南区
十条
地福寺
国道茅峠
京都縦貫自動車道
沓掛IC
西国街道
桂高
陸上自衛隊桂駐屯地
東海道新幹線
吉祥院運動公園
石原
久世橋
久世橋通
大原野IC
エミナース
MUKO
向日市
桂川駅
洛西口駅
イオンモール
大山崎Jct
大阪梅田駅
大阪駅
新大阪駅
A
B

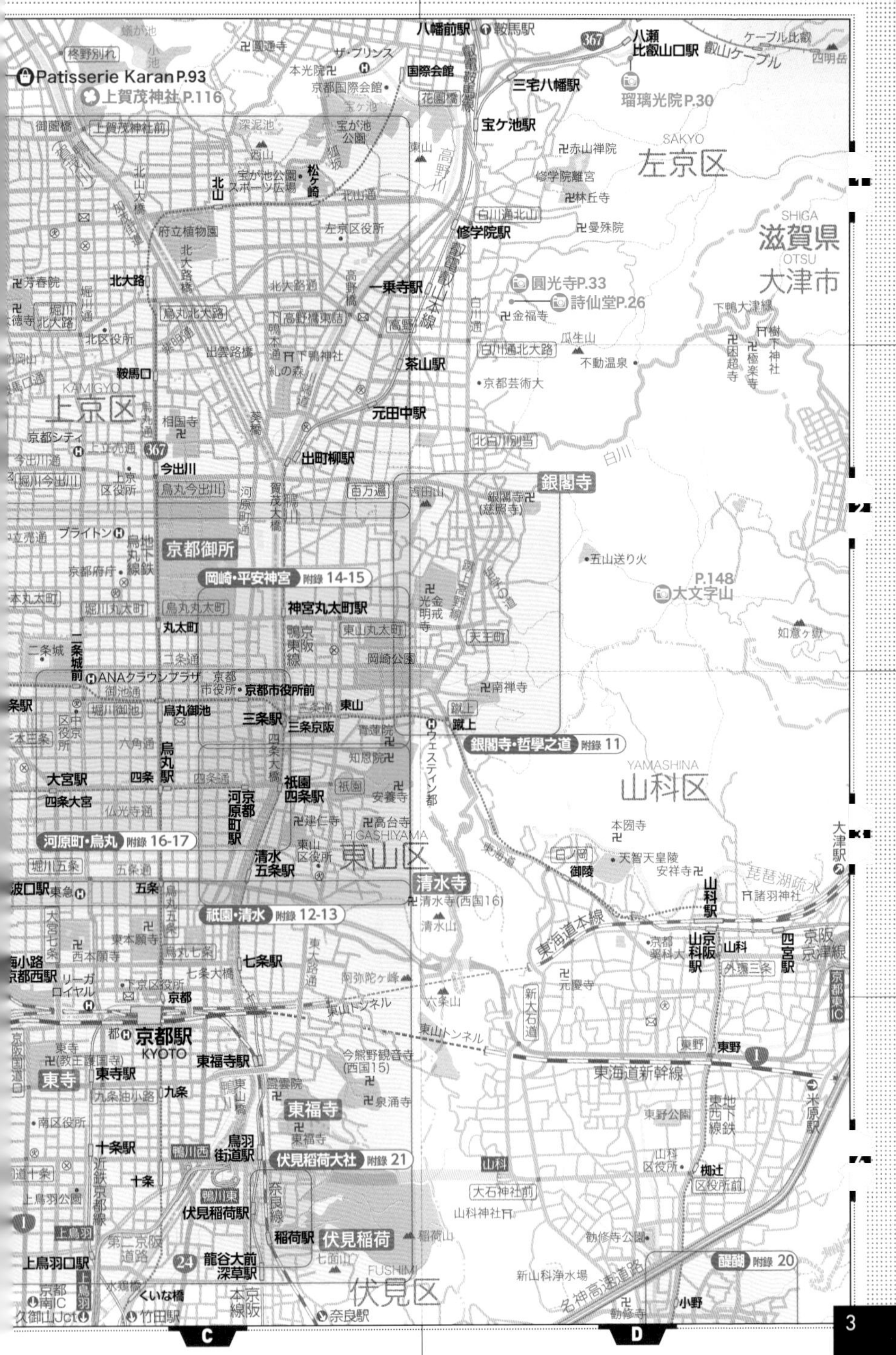

Patisserie Karan P.93
上賀茂神社 P.116
瑠璃光院 P.30
圓光寺 P.33
詩仙堂 P.26
P.148 大文字山
八幡前駅
鞍馬駅
八瀬比叡山口駅
叡山ケーブル
ケーブル比叡
四明岳
国際会館
三宅八幡駅
宝ケ池駅
左京区
SAKYO
滋賀県
SHIGA
大津市
OTSU
修学院駅
一乗寺駅
茶山駅
元田中駅
出町柳駅
銀閣寺
京都御所
岡崎・平安神宮 附録 14-15
神宮丸太町駅
銀閣寺・哲學之道 附録 11
山科区
YAMASHINA
上京区
KAMIGYO
東山区
HIGASHIYAMA
清水寺
祇園・清水 附録 12-13
河原町・烏丸 附録 16-17
伏見稲荷大社 附録 21
伏見稲荷
伏見区
FUSHIMI
醍醐 附録 20
京都駅
KYOTO
東寺
東福寺
三条駅
祇園四条駅
河原町駅
清水五条駅
七条駅
東福寺駅
烏丸駅
四条
五条
大宮駅
今出川
丸太町
烏丸御池
京都市役所前
三条京阪
東山
蹴上
山科駅
京阪山科駅
四宮駅
東野
椥辻
小野
鳥羽街道駅
伏見稲荷駅
稲荷駅
龍谷大前深草駅
くいな橋
十条駅
十条
九条
東寺駅
上鳥羽口駅
北大路
北山
松ケ崎
鞍馬口
東海道本線
東海道新幹線
名神高速道路
比叡山
琵琶湖疏水
C
D

KYOTO Sta.
京都站
周邊圖 » P2
1
2
3
4
A
B
步行4分
0
320m
SHIMOGYO
下京区
MINAMI
南区
周邊也有可品嘗鮮魚的餐館等
被列為國家特別天然紀念物的大山椒魚値得注目。水族麵包也很受歡迎
車輛展示數量為國內第一，可見蒸汽機關車、新幹線等貴重車輛
羅城門位於平安京的主要街道朱雀大門南方，現在於公園內立有石碑
九條通的陸橋是五重塔的觀景點。南大門與護城河的配置也相當絕妙
P.83 鹿の子
P.134 西本願寺
西本願寺
東本願寺
こりょうり P.65 たか屋
京都站前地下街Porta
附錄P.23
Kurasu Kyoto Stand P.65
P50・附錄P.27 Kyoto Cycling Tour Project
附錄P.23 JR京都伊勢丹 JR西口剪票口前Eat Paradise
東寺 P.33・123 (教王護國寺)
東寺
五重塔
附錄P.23 近鐵名店街MIYAKOMICHI
JR京都伊勢丹
P.105・附錄P.23 OMO3京都東 P.127
うね乃 本店 P.107
丹波口駅
梅小路京都西駅
西大路駅
東寺駅
十条駅
上鳥羽口駅
竹田駅
二条駅
山陰本線(嵯峨野線)
東海道本線(JR京都線)
東海道新幹線
近鉄京都線
京都リサーチパーク
しまばら病院
中央批發市場
京都南病院
新京都南病院
権現寺
梅小路公園
京都水族館
京都鉄道博物館
円光寺
西寺跡
羅城門跡
唐橋小
南大内小
洛南高
九条中
都ホテル
イオンモール
京都テルサ
九条塔南小
洛南中
吉祥院小
南区役所
南署
マクドナルド
上鳥羽公園
水環境保全センター
西教寺
塔南高
祥栄小
上鳥羽小
くら寿司
さと
CoCo壱番屋
京都高等技術専門
城南宮北出入口
西高瀬川
第二京阪道路
七条通
八条通
九条通
十条通
久世橋通
西大路通
大宮通
堀川通
千本通
油小路通

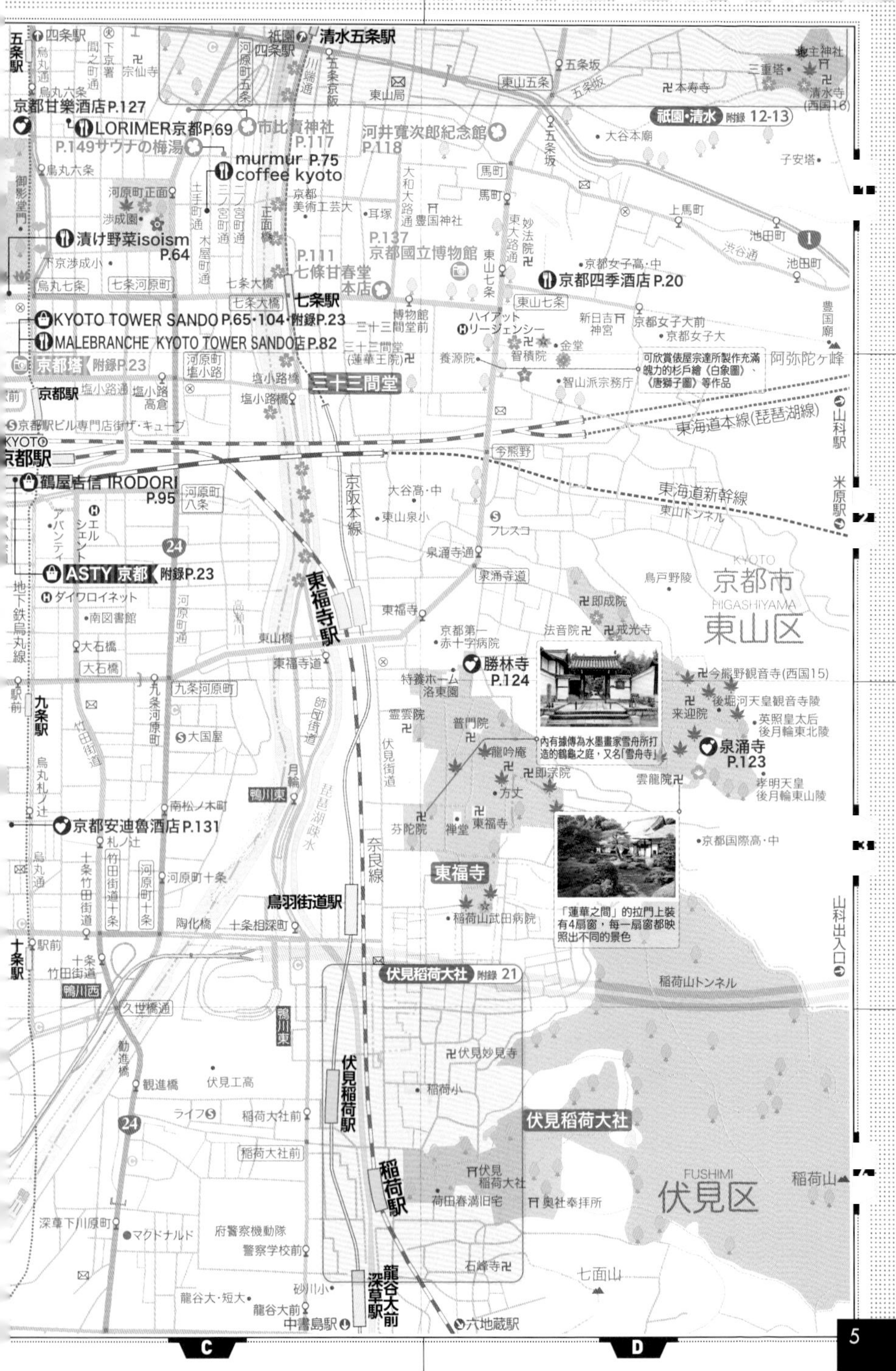

五条駅
四条駅
清水五条駅
祇園四条駅
河原町五条
五条京阪
東山局
五条坂
東山五条
本寿寺
三重塔
地主神社
清水寺(西国16)
祇園・清水 附錄 12-13
京都甘樂酒店 P.127
LORIMER京都 P.69
市比賣神社 P.117
河井寛次郎紀念館 P.118
P.149サウナの梅湯
murmur coffee kyoto P.75
大谷本廟
子安塔
烏丸六条
馬町
上馬町
池田町
河原町正面
渉成園
土手町通
ニノ宮町通
三ノ宮町通
木屋町通
正面通
京都美術工芸大
耳塚
大和大路通
豊国神社
P.137 京都國立博物館
妙法院
東大路通
東山七条
漬け野菜isoism P.64
P.111 七條甘春堂本店
京都女子高・中
京都四季酒店 P.20
下京渉成小
烏丸七条
七条河原町
七条大橋
七条駅
博物館三十三間堂前
ハイアットリージェンシー
新日吉神宮
京都女子大前
京都女子大
豊国廟
KYOTO TOWER SANDO P.65・104・附錄P.23
MALEBRANCHE KYOTO TOWER SANDO店 P.82
三十三間堂(蓮華王院)
養源院
金堂
智積院
京都塔 附錄P.23
河原町塩小路
三十三間堂
可欣賞俵屋宗達所製作充滿魄力的杉戶繪《白象圖》、《唐獅子圖》等作品
阿弥陀ヶ峰
智山派宗務庁
京都駅
塩小路通
塩小路高倉
塩小路橋
京都駅ビル専門店街ザ・キューブ
東海道本線(琵琶湖線)
山科駅
KYOTO
京都駅
今熊野
鶴屋吉信 IRODORI P.95
河原町八条
京阪本線
大谷高・中
東海道新幹線
東山トンネル
米原駅
アバンティ
エルシエント
東山泉小
フレスコ
泉涌寺通
京都市
ASTY 京都 附錄P.23
東涌寺道
鳥戸野陵
KYOTO
HIGASHIYAMA
東山区
ダイワロイネット
地下鉄烏丸線
南図書館
河原町通
高瀬川
東福寺駅
東福寺
即成院
法音院
戒光寺
大石橋
東山橋
京都第一赤十字病院
勝林寺 P.124
今熊野観音寺(西国15)
東福寺道
九条河原町
九条駅
九条河原町
特養ホーム洛東園
後堀河天皇観音寺陵
来迎院
英照皇太后後月輪東北陵
竹田街道
大国屋
師団街道
霊雲院
普門院
泉涌寺 P.123
伏見街道
龍吟庵
内有據傳為水墨畫家雪舟所打造的鶴龜之庭，又名「雪舟寺」
即宗院
雲龍院
孝明天皇後月輪東山陵
烏丸札ノ辻
月輪
鴨川東
南松ノ木町
方丈
琵琶湖疏水
芬陀院
禅堂
東福寺
京都安迪魯酒店 P.131
札ノ辻
京都国際高・中
烏丸通
十条竹田街道
竹田街道十条
河原町十条
奈良線
東福寺
鳥羽街道駅
稲荷山武田病院
「蓮華之間」的拉門上裝有4扇窗，每一扇窗都映照出不同的景色
山科出入口
陶化橋
十条相深町
十条駅
十条竹田街道
伏見稲荷大社 附錄 21
鴨川西
稲荷山トンネル
久世橋通
鴨川東
勧進橋
伏見妙見寺
伏見稲荷駅
観進橋
伏見工高
稲荷小
ライフ
稲荷大社前
伏見稲荷大社
稲荷大社前
稲荷駅
伏見稲荷大社
FUSHIMI
伏見区
稲荷山
荷田春満旧宅
奥社奉拝所
深草下川原町
マクドナルド
府警察機動隊
警察学校前
石峰寺
七面山
龍谷大・短大
砂川小
龍谷大前深草駅
龍谷大前
中書島駅
六地蔵駅
C
D

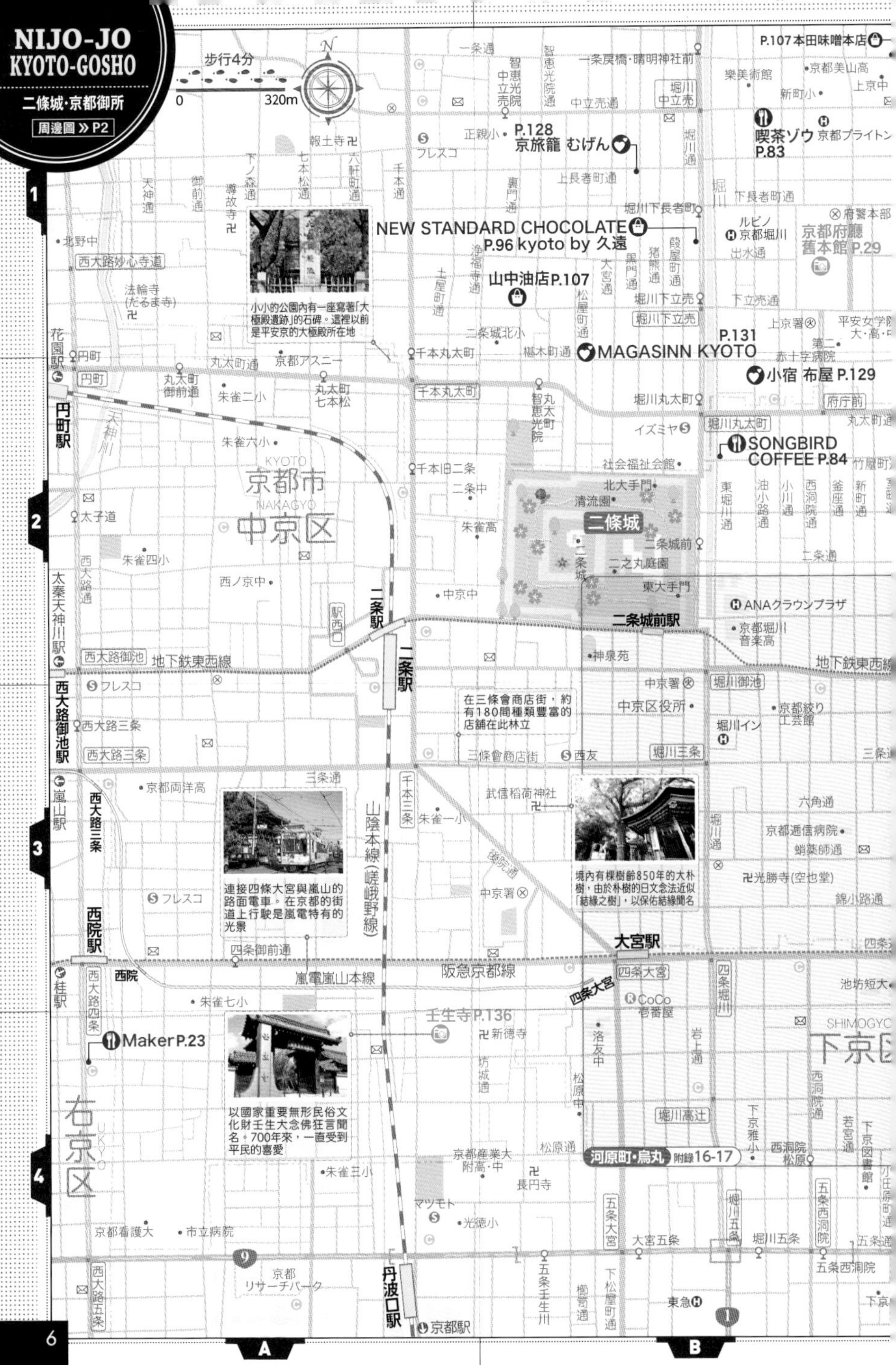
NIJO-JO
KYOTO-GOSHO
二條城·京都御所
周邊圖 » P2
步行4分
0
320m
P.107 本田味噌本店
樂美術館
京都美山高
上京中
新町小
喫茶ゾウ P.83
京都ブライトン
P.128 京旅籠 むげん
一条戻橋·晴明神社前
堀川中立売
中立売通
正親小
報土寺
フレスコ
NEW STANDARD CHOCOLATE P.96 kyoto by 久遠
山中油店 P.107
上長者町通
堀川下長者町
下長者町通
ルビノ京都堀川
府警本部
京都府廳舊本館 P.29
出水通
堀川下立売
下立売通
上京署
平安女学院大·高
P.131 MAGASINN KYOTO
椹木町通
第二赤十字病院
小宿 布屋 P.129
千本丸太町
丸太町通
京都アスニー
円町
花園駅
円町駅
丸太町御前通
朱雀二小
丸太町七本松
堀川丸太町
府庁前
イズミヤ
SONGBIRD COFFEE P.84
竹屋町通
社会福祉会館
北大手門
清流園
二條城
二条城前
二之丸庭園
東大手門
二条城前駅
ANAクラウンプラザ
京都堀川音楽高
京都市 中京区
KYOTO NAKAGYO
朱雀六小
千本旧二条
二条中
朱雀高
太子道
朱雀四小
西ノ京中
中京中
二条駅
地下鉄東西線
西大路御池
神泉苑
中京署
堀川御池
中京区役所
京都絞り工芸館
堀川イン
西大路三条
西大路御池駅
太秦天神川駅
在三條會商店街，約有180間種類豐富的店鋪在此林立
三條會商店街
西友
堀川三条
三条通
京都両洋高
嵐山駅
西大路三条
千本三条
朱雀一小
武信稲荷神社
六角通
京都逓信病院
蛸薬師通
光勝寺(空也堂)
錦小路通
山陰本線(嵯峨野線)
境內有棵樹齡850年的大朴樹，由於朴樹的日文念法近似「結緣之樹」，以保佑結緣聞名
連接四條大宮與嵐山的路面電車。在京都的街道上行駛是嵐電特有的光景
フレスコ
中京署
西院駅
四条御前通
大宮駅
四条大宮
四条通
嵐電嵐山本線
阪急京都線
西院
桂駅
朱雀七小
壬生寺 P.136
新徳寺
CoCo壱番屋
池坊短大
Maker P.23
洛友中
岩上通
SHIMOGYO 下京区
以國家重要無形民俗文化財壬生大念佛狂言聞名。700年來，一直受到平民的喜愛
坊城通
堀川高辻
松原通
右京区
UKYO
京都産業大附高·中
長円寺
河原町·烏丸 附錄16-17
西洞院松原
下京図書館
朱雀三小
マツモト
光徳小
京都看護大
市立病院
五条大宮
大宮五条
堀川五条
五条西洞院
五条通
京都リサーチパーク
丹波口駅
京都駅
五条壬生川
櫛笥通
下松屋町通
東急
小小的公園內有一座寫著「大極殿遺跡」的石碑。這裡以前是平安京的大極殿所在地
1
2
3
4
A
B

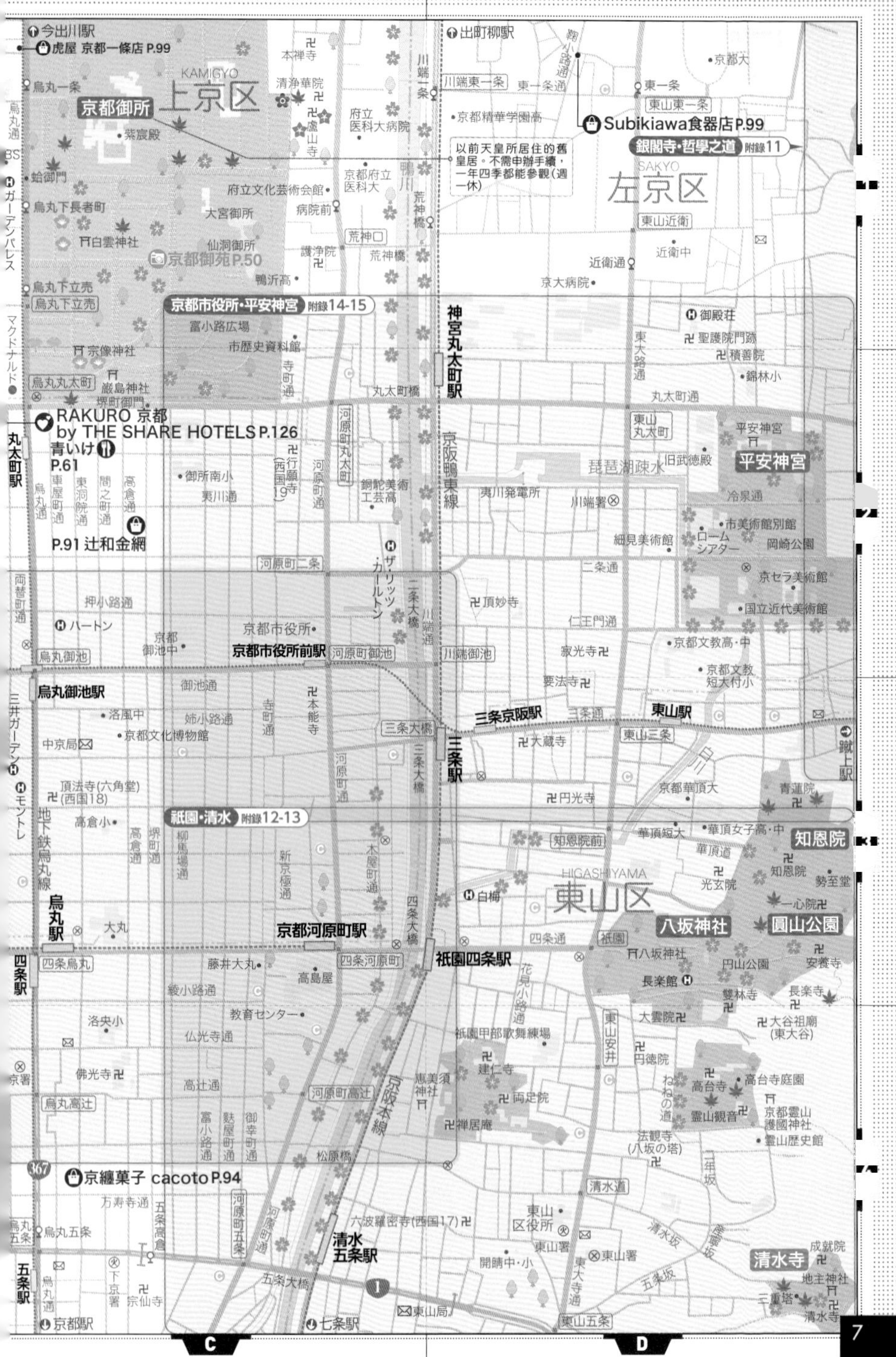
今出川駅
虎屋 京都一條店 P.99
出町柳駅
京都大
本禅寺
KAMIGYO
上京区
清浄華院
川端一条
川端東一条
東一条通
東一条
東山東一条
京都御所
廬山寺
府立醫科大病院
京都精華学園高
Subikiawa食器店 P.99
紫宸殿
以前天皇所居住的舊皇居。不需申辦手續，一年四季都能參觀（週一休）
銀閣寺·哲學之道 附錄11
蛤御門
京都府立醫科大
SAKYO
左京区
府立文化芸術会館
烏丸下長者町
大宮御所
病院前
荒神橋
東山近衛
白雲神社
仙洞御所
荒神口
護浄院
荒神橋
近衛中
京都御苑 P.50
近衛通
烏丸下立売
鴨沂高
京大病院
京都市役所·平安神宮 附錄14-15
神宮丸太町駅
御殿荘
富小路広場
聖護院門跡
市歴史資料館
東大路通
積善院
宗像神社
寺町通
錦林小
烏丸丸太町
厳島神社
丸太町橋
丸太町通
RAKURO 京都 by THE SHARE HOTELS P.126
河原町丸太町
東山丸太町
平安神宮
丸太町駅
青いけ P.61
行願寺（西国19）
京阪鴨東線
旧武徳殿
平安神宮
御所南小
河原町通
銅駝美術工芸高
琵琶湖疏水
夷川通
夷川発電所
川端署
冷泉通
市美術館別館
細見美術館
ロームシアター
岡崎公園
P.91 辻和金網
ザ·リッツ·カールトン
河原町二条
二条通
京セラ美術館
押小路通
二条大橋
頂妙寺
国立近代美術館
ハートン
京都市役所
仁王門通
京都御池中
京都市役所前駅
河原町御池
川端御池
寂光寺
京都文教高·中
烏丸御池
京都文教短大付小
烏丸御池駅
御池通
要法寺
洛風中
本能寺
三条京阪駅
三条通
東山駅
姉小路通
三条大橋
京都文化博物館
東山三条
大蔵寺
中京局
三条駅
蹴上駅
京都華頂大
頂法寺（六角堂）（西国18）
円光寺
青蓮院
祇園·清水 附錄12-13
高倉小
華頂短大
華頂女子高·中
知恩院
知恩院前
華頂道
知恩院
光玄院
勢至堂
HIGASHIYAMA
東山区
白梅
一心院
烏丸駅
大丸
京都河原町駅
八坂神社
圓山公園
四条通
祇園
祇園四条駅
八坂神社
四条烏丸
四条河原町
円山公園
安養寺
藤井大丸
四条駅
高島屋
長楽館
双林寺
長楽寺
綾小路通
教育センター
大雲院
洛央小
大谷祖廟（東大谷）
仏光寺通
祇園甲部歌舞練場
東山安井
円徳院
建仁寺
佛光寺
京都ゑびす神社
高台寺庭園
高台寺
両足院
京都霊山護國神社
高辻通
河原町高辻
京阪本線
烏丸高辻
霊山観音
禅居庵
法観寺（八坂の塔）
霊山歴史館
富小路通
麩屋町通
御幸町通
松原橋
367
京纏菓子 cacoto P.94
清水道
二年坂
万寿寺通
東山区役所
六波羅密寺（西国17）
烏丸五条
清水坂
産寧坂
清水五条駅
東山署
東山署
成就院
開睛中·小
清水寺
五条坂
地主神社
五条駅
下京署
宗仙寺
五条大橋
三重塔
東大路通
京都駅
七条駅
東山局
東山五条
清水寺
C
D

KAMIGAMO
SHIMOGAMO
SHICHIKU
上賀茂·下鴨·紫竹
周邊圖 » P2
步行4分
0
320m
N
上賀茂神社前
上賀茂神社前
橋
御薗橋
御薗橋西詰
賀茂川岸除了散步之外，也很推薦騎自行車
史跡御土居
加茂川中前
加茂川中
菖蒲園町
P.49 高麗美術館
北署
P.49 朧八瑞雲堂
加茂川中前
上賀茂橋
上賀茂橋西詰
紫竹小
堀川通
大宮交通公園
大宮大門町
下竹殿町
玄以通
玄琢下
玄琢
交通公園前
久我神社
下岸町
堀川玄以
上賀茂橋
玄琢下
交通公園前
みたて P.49
招善寺
グルメシティ
源光院
釈迦谷口
鷹峯
鷹峯源光庵前
ボルドー
土天井町
P.48 CIRCUS COFFEE
下緑町
北局
元町小
北山大
東急ハーヴェスト京都鷹峯&VIALA
KITA
北区
サイゼリヤ
牛若
常徳寺町
堀川北山
北山大橋西詰
東元
しょうざんリゾート
北山通
上堀川
大宮通
北署
金蓮寺
鷹峯上ノ町
ROKU
紫野泉堂町
旭丘中
北木ノ畑町
散發白味噌醬汁香的「炙餅」是門前名產（一文字屋和輔）
東高縄町
堀川今宮
P.151 SOLE CAFE
旭ヶ丘
今宮神社
西向寺
一心寺
専光寺
今宮通
今宮神社
鳳徳小
サカイ
イオンモール
大仙院
下鳥田町
佛教大前
大徳寺
唯明寺
立命館小
佛教大
大徳寺 P.134
紫野高
高桐院
紫明小
保留豐臣秀吉在京都周圍所興建的御土居遺跡
新町
千本北大路
千本北大路
船岡山
今宮門前
龍源院
北大堀路川
北区役所
大谷大
建勲神社前
北大路通
清明高
金閣寺道
府立盲高等部
船岡山公園
紫野小
大徳寺前
北大路堀川
今宮神社旅所
京都教育大附京都小中
紫明通
金閣寺
金閣寺前
金閣寺前
船岡山
建勲神社
上品蓮台寺
千本通
堀川紫明
P.83 ことばのはおと
柏野小
さらさ西陣
鞍馬口通
船岡温泉
妙覚寺
わら天神
千本鞍馬口
フレスコ
天神公園前
堀川通
上御霊前通
千本鞍馬口
KYOTO
廬山寺通
本法寺
京都市
わら天神前
乾隆校前
P.29 妙蓮寺
KAMIGYO
宝慈院
千本寺之内
寺之内通
上京区
國家登錄有形文化財的錢湯。有復古磁磚及浮雕磁磚等眾多看點
堀川寺之内
堀川寺ノ内
大宮通
FRUITS PARLOR CRICKET P.83
西陣病院
恵聖院
平野神社 P.108
千本釋迦堂
P.135（大報恩寺）
上立売通
雨宝院
千本上立売
堀川上立売
天神川
同志社大新町キャンパス
平野神社前
北野天滿宮 P.115・135
德園寺
千本今出川
五辻通
堀川病院
北野天滿宮
まつひろ商店上七軒店 P.86
嘉楽中
西陣中央小
室町通
西大路通
衣笠校前
上七軒
今出川通
上京区役所
上七軒
西陣局
今出川大宮
堀川今出川
聖ヨゼフ医療福祉センター
千本今出川
中筋通
三上家路地為至今仍保存工匠長屋的石板小路，是以前西陣織工匠的住處
總合庁舎前
北野天満宮前
今小路通
晴明神社
knot café P.67
堀川通
武者小路
北野白梅町
上京署
宥清寺
浄福寺
長栄寺
P.107 本田味噌本店
一条戻橋·晴明神社前
西大路一条
一条通
A
B

左京区
SAKYO
寶池
府立植物園
下鴨神社
相國寺
北山駅
松ヶ崎駅
北大路駅
出町柳駅
元田中駅
鞍馬口駅
今出川駅
茶山駅
宝ケ池駅
長約800m的散步道。可以邊走邊欣賞紅枝垂櫻隧道
教會林立的北山婚禮大道。耶誕節時彩燈相當耀眼燦爛
京都府立植物園正門前的櫸樹一到秋天就會變紅，紅葉相當美麗
一乘寺是激烈的拉麵戰區。東大路與北大路的十字路口以北一帶整排都是拉麵店
品嘗風味豐富的「御手洗糰子」小歇一下（加茂みたらし茶屋）
京都府立植物園 P.41
WIFE&HUSBAND P.41
P.93宝泉堂 本店
P.113恵文社一乗寺店
下鴨神社 P.108·115·135
P.102 materia forma
P.103 eight
河合神社P.117
La Part Dieu P.60
P.150 樽八
銀閣寺·哲學之道 附錄 11
P.135 百萬遍知恩寺
P.136 舊三井家下鴨別墅
P.40 出町雙葉
出町座 P.113
叡山電車P.138
P.40 Piadina屋
Subikiawa P.99食器店
虎屋 京都一條店 P.99
P.50 鴨川
叡山電車本線
四条駅
三条駅
C
D

周邊圖 » P2

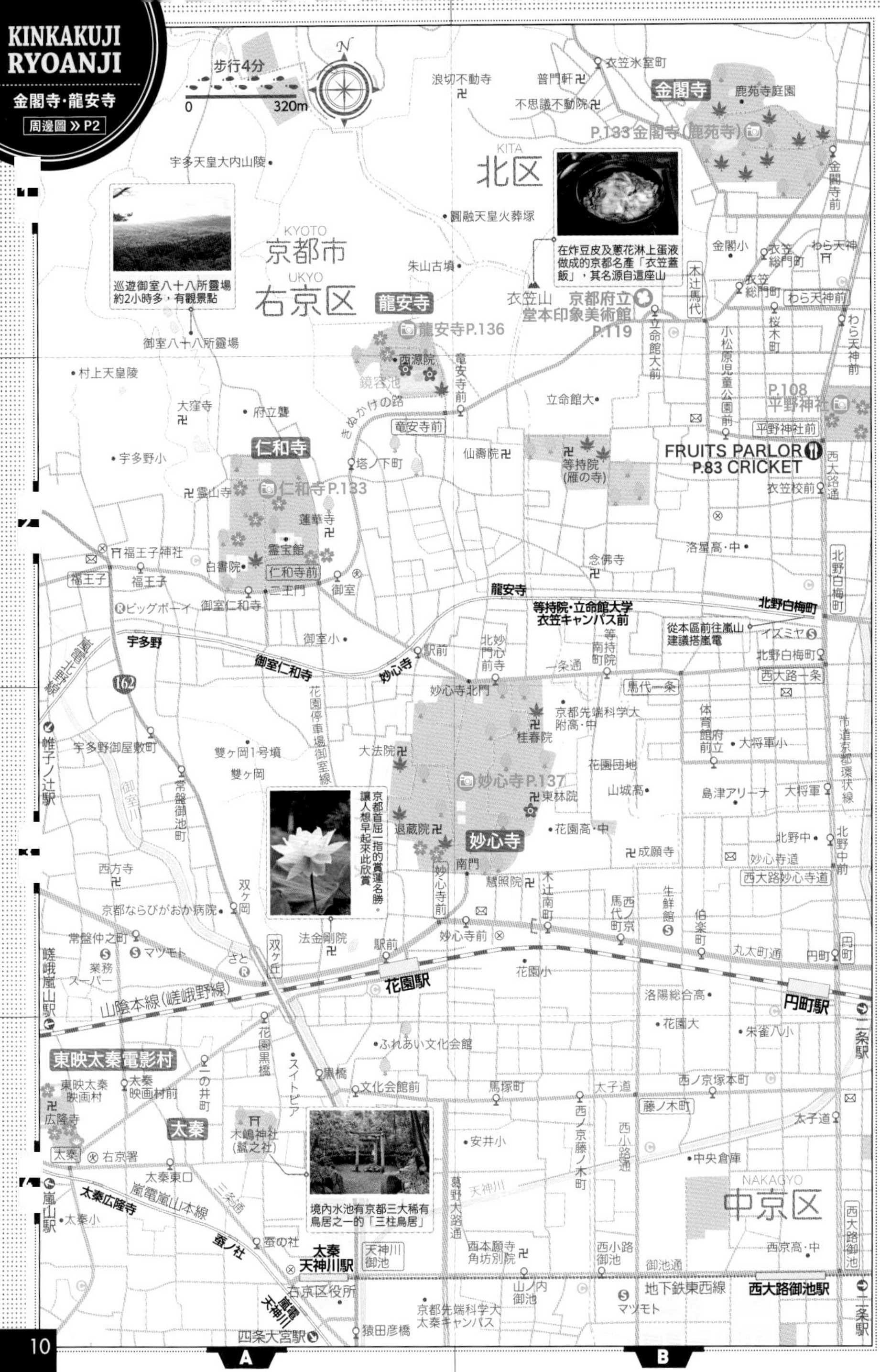
步行4分
0
320m
N
浪切不動寺
普門軒
衣笠氷室町
不思議不動院
金閣寺
鹿苑寺庭園
P.133 金閣寺(鹿苑寺)
宇多天皇大内山陵
KITA
北区
金閣寺前
圓融天皇火葬塚
KYOTO
京都市
UKYO
右京区
金閣小
衣笠総門町
わら天神
朱山古墳
巡遊御室八十八所靈場約2小時多，有觀景點
在炸豆皮及蔥花淋上蛋液做成的京都名產「衣笠蓋飯」，其名源自這座山
木辻馬代
衣笠山
京都府立堂本印象美術館 P.119
わら天神前
龍安寺
龍安寺P.136
立命館大前
小松原児童公園前
桜木町
わら天神前
御室八十八所靈場
村上天皇陵
西源院
竜安寺前
鏡容池
きぬかけの路
P.108 平野神社
大窪寺
府立聾
立命館大
竜安寺前
平野神社前
仁和寺
宇多野小
塔ノ下町
仙壽院
等持院(雁の寺)
FRUITS PARLOR P.83 CRICKET
霊山寺
仁和寺P.133
西大路通
衣笠校前
蓮華寺
霊宝館
洛星高·中
福王子神社
白書院
念佛寺
福王子
福王子
仁和寺前
御室
二王門
龍安寺
北野白梅町
ビッグボーイ
御室仁和寺
等持院·立命館大学衣笠キャンパス前
北野白梅町
宇多野
御室小
從本區前往嵐山建議搭嵐電
イズミヤ
北妙心門前
等持院南町
北野白梅町
御室仁和寺
駅前
妙心寺
一条通
西大路一条
162
妙心寺北門
馬代一条
高雄北嵯峨線
花園停車場御室線
京都先端科学大附高·中
帷子ノ辻駅
桂春院
体育館府前
大将軍小
宇多野御屋敷町
雙ヶ岡1号墳
大法院
市道京都環状線
雙ヶ岡
常盤御池町
妙心寺P.137
花園団地
御室川
東林院
山城高
島津アリーナ
大将軍
京都屈一指的賞蓮名勝。讓人想早起來此欣賞
退蔵院
妙心寺
花園高·中
西方寺
北野中
北野中前
成願寺
妙心寺道
南門
西大路妙心寺道
慧照院
双ヶ岡
妙心寺前
木辻南町
西ノ京馬代町
生鮮館
京都ならびがおか病院
伯楽町
常盤仲之町
法金剛院
駅前
妙心寺前
マツモト
双ヶ丘
丸太町通
円町
円町
業務スーパー
嵯峨嵐山駅
さと
花園小
花園駅
山陰本線(嵯峨野線)
洛陽総合高
円町駅
二条駅
花園大
花園黒橋
ふれあい文化会館
朱雀八小
東映太秦電影村
スイトピア
黒橋
一ノ井町
太子道
東映太秦映画村
太秦映画村前
文化会館前
馬塚町
西ノ京塚本町
広隆寺
木嶋神社(蠶之社)
藤ノ木町
太子道
太秦
西ノ京藤ノ木町
安井小
西小路通
太秦
右京署
中央倉庫
太秦東口
三条通
天神川
葛野大路通
NAKAGYO
中京区
嵐山駅
嵐電嵐山本線
太秦広隆寺
境內水池有京都三大稀有鳥居之一的「三柱鳥居」
西大路御池
太秦小
蚕ノ社
蚕の社
太秦天神川駅
天神川御池
西本願寺角坊別院
西小路御池
御池通
西京高·中
右京区役所
山ノ内御池
地下鉄東西線
西大路御池駅
嵐電天神川
マツモト
京都先端科学大太秦キャンパス
四条大宮駅
猿田彦橋
二条駅
A
B

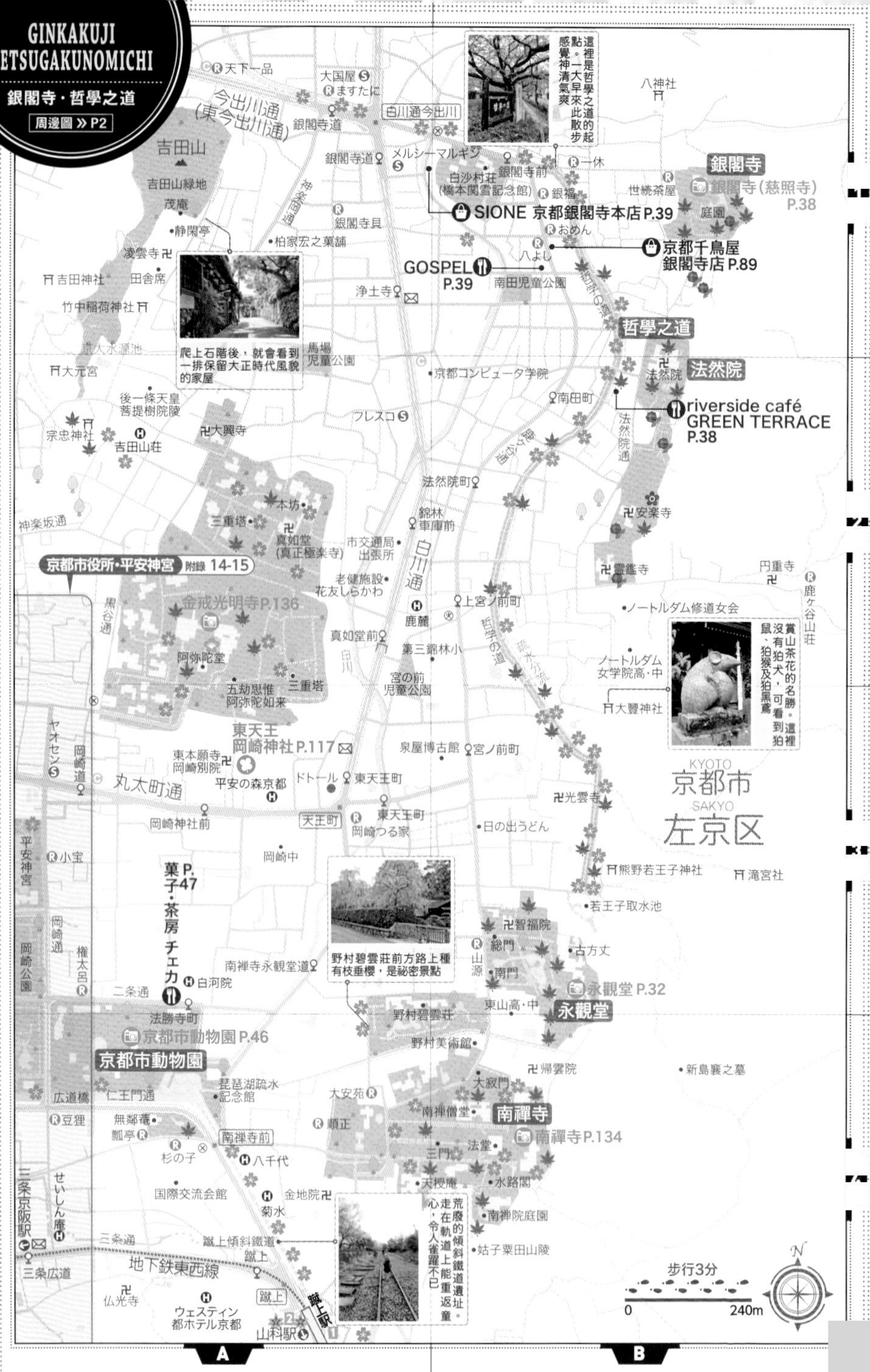

GINKAKUJI
TETSUGAKUNOMICHI
銀閣寺・哲學之道
周邊圖 » P2
這裡是哲學之道的起點。一大早來此散步感覺神清氣爽
爬上石階後，就會看到一排保留大正時代風貌的家屋
賞山茶花的名勝。這裡沒有狛犬，可看到狛鼠、狛猴及狛黑鳶
野村碧雲莊前方路上種有枝垂櫻，是祕密景點
荒廢的傾斜鐵道遺址。走在軌道上能重返童心，令人雀躍不已
銀閣寺
銀閣寺(慈照寺) P.38
SIONE 京都銀閣寺本店 P.39
京都千鳥屋 銀閣寺店 P.89
GOSPEL P.39
哲學之道
法然院
riverside café GREEN TERRACE P.38
京都市役所・平安神宮 附錄 14-15
金戒光明寺 P.136
東天王 岡崎神社 P.117
菓子・茶房 チェカ P.47
京都市動物園 P.46
京都市動物園
永観堂 P.32
永観堂
南禪寺
南禪寺 P.134
吉田山
今出川通(東今出川通)
白川通
丸太町通
地下鉄東西線
京都市 左京区
KYOTO SAKYO
步行3分
0 240m
A
B

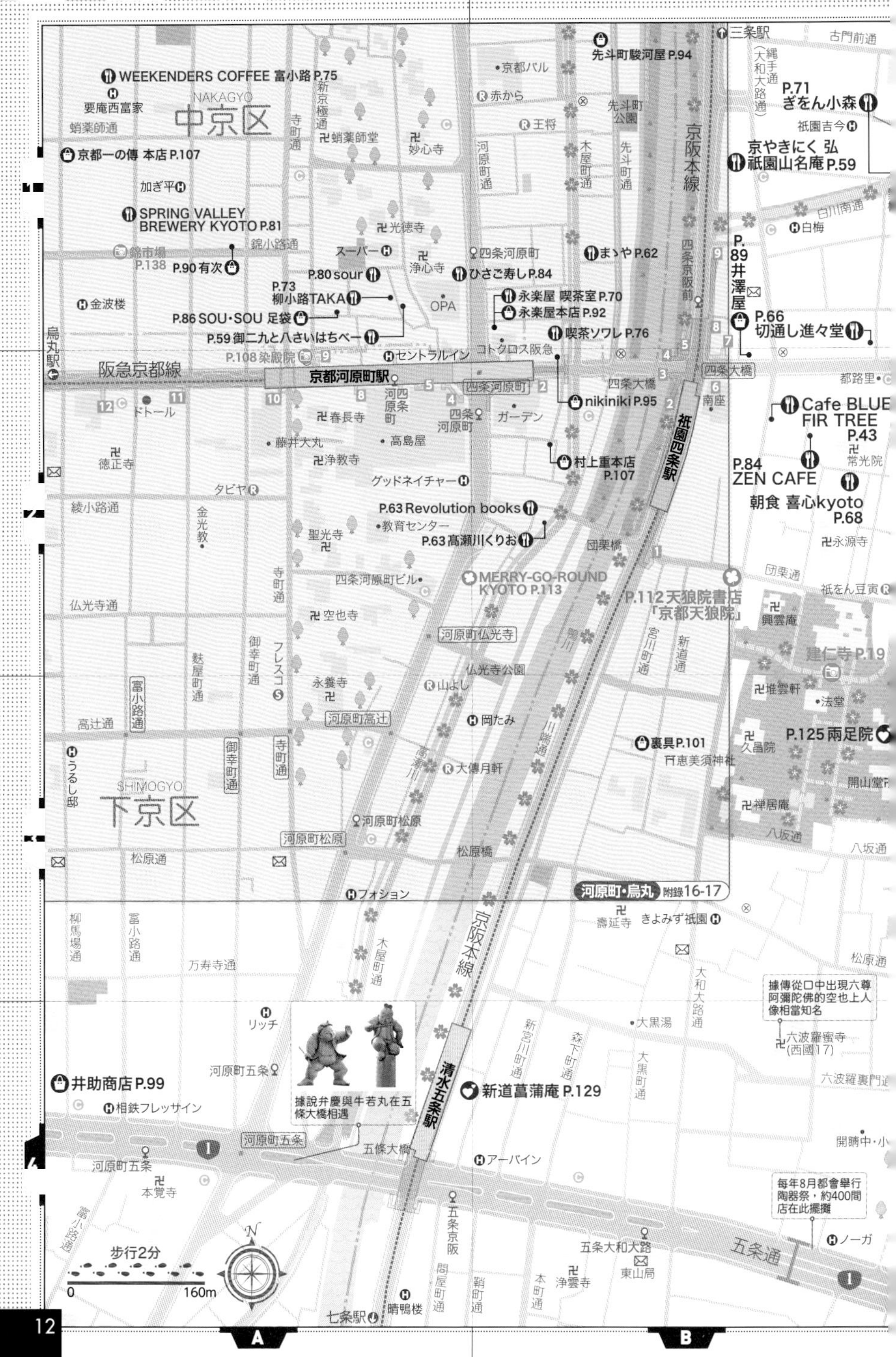

WEEKENDERS COFFEE 富小路 P.75
要庵西富家
NAKAGYO
中京区
蛸薬師通
京都一の傳 本店 P.107
加ぎ平
SPRING VALLEY BREWERY KYOTO P.81
錦市場 P.138
錦小路通
P.90 有次
金波楼
P.73 柳小路TAKA
P.86 SOU・SOU 足袋
P.59 御二九と八さいはちべー
P.80 sour
スーパー
光徳寺
浄心寺
OPA
新京極通
寺町通
蛸薬師堂
妙心寺
先斗町駿河屋 P.94
京都バル
赤から
王将
先斗町公園
河原町通
木屋町通
先斗町通
京阪本線
四条河原町
ひさご寿し P.84
まゝや P.62
永楽屋 喫茶室 P.70
永楽屋本店 P.92
喫茶ソワレ P.76
コトクロス阪急
セントラルイン
P.108 染殿院
烏丸駅
阪急京都線
京都河原町駅
四条河原町
四条大橋
祇園四条駅
四条京阪前
nikiniki P.95
ドトール
徳正寺
春長寺
河原町四条
四条河原町
ガーデン
藤井大丸
高島屋
浄教寺
村上重本店 P.107
グッドネイチャー
タビヤ
綾小路通
金光教
P.63 Revolution books
教育センター
P.63 高瀬川くりお
聖光寺
団栗橋
四条河原町ビル
MERRY-GO-ROUND KYOTO P.113
P.112 天狼院書店「京都天狼院」
仏光寺通
空也寺
河原町仏光寺
仏光寺公園
鴨川
宮川町通
新道通
麩屋町通
御幸町通
フレスコ
永養寺
山よし
富小路通
高辻通
河原町高辻
岡たみ
寺町通
御幸町通
うるし邸
SHIMOGYO
下京区
高瀬川
大傳月軒
川端通
裏具 P.101
恵美須神社
河原町松原
松原通
松原橋
フォション
河原町・烏丸 附錄16-17
三条駅
古門前通
縄手通（大和大路通）
P.71 ぎをん小森
祇園吉今
京やきにく 弘 祇園山名庵 P.59
白川南通
白梅
P.89 井澤屋
P.66 切通し進々堂
四条大橋
都路里
南座
Cafe BLUE FIR TREE P.43
常光院
P.84 ZEN CAFE
朝食 喜心kyoto P.68
永源寺
団栗通
祇をん豆寅
興雲庵
建仁寺 P.19
堆雲軒
法堂
P.125 両足院
久昌院
開山堂
禅居庵
八坂通
壽延寺
きよみず祇園
松原通
柳馬場通
富小路通
万寿寺通
木屋町通
京阪本線
大和大路通
據傳從口中出現六尊阿彌陀佛的空也上人像相當知名
六波羅蜜寺 (西國17)
六波羅裏門通
リッチ
河原町五条
井助商店 P.99
相鉄フレッサイン
據說弁慶與牛若丸在五條大橋相遇
河原町五条
五條大橋
清水五条駅
新宮川町通
森下町通
大黒湯
大黒町通
新道菖蒲庵 P.129
開睛中・小
アーバイン
河原町五条
本覚寺
富小路通
毎年8月都會舉行陶器祭，約400間店在此擺攤
五条京阪
五条大和大路
東山局
浄雲寺
五条通
ノーガ
歩行2分
0
160m
問屋町通
鞘町通
本町通
晴鴨楼
七条駅
A
B

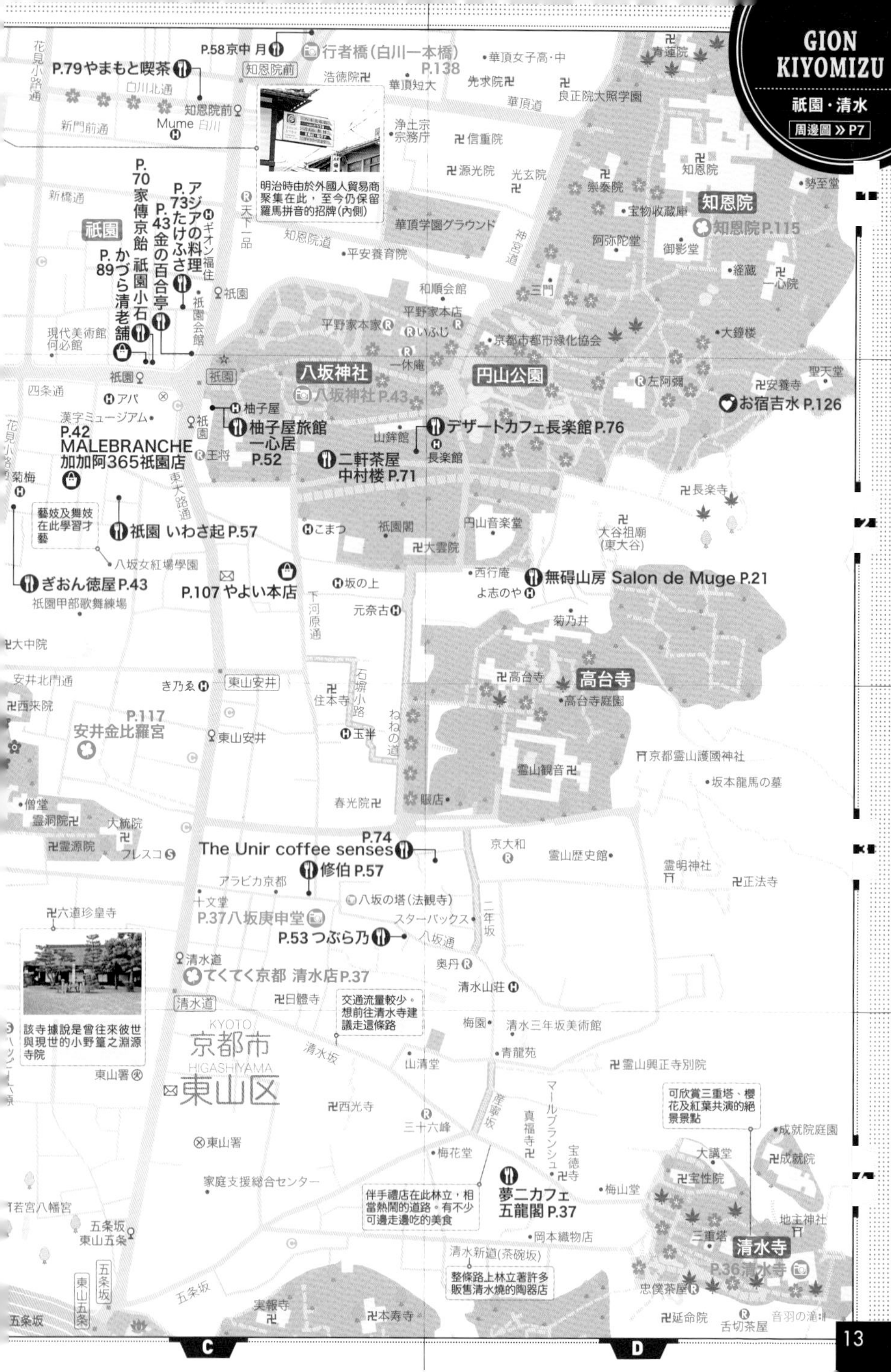
P.58京中 月
行者橋(白川一本橋)
P.79やまもと喫茶
知恩院前
白川北通
知恩院前
Mume 白川
新門前通
P.138
華頂女子高・中
浩徳院
華頂短大
先求院
良正院大照学園
華頂道
青蓮院
明治時由於外國人貿易商聚集在此，至今仍保留羅馬拼音的招牌(內側)
浄土宗宗務庁
信重院
源光院
光玄院
知恩院
崇泰院
宝物収蔵庫
知恩院
知恩院 P.115
勢至堂
阿弥陀堂
御影堂
経蔵
一心院
新橋通
華頂学園グラウンド
神宮道
天下一品
知恩院道
平安養育院
祇園
P.70 家傳京飴 祇園小石
P.73 アジアの料理 たけふさ
P.43 金の百合亭
P.89 かづら清老舗
ギオン福住
祇園
祇園会館
和順会館
三門
平野家本店
平野家本家
いふじ
京都市都市緑化協会
大鐘楼
現代美術館 何必館
一休庵
八坂神社
円山公園
聖天堂
祇園
四条通
祇園
八坂神社 P.43
左阿彌
安養寺
アパ
お宿吉水 P.126
漢字ミュージアム
P.42 MALEBRANCHE 加加阿365祇園店
柚子屋
祇園
柚子屋旅館 一心居 P.52
山鉾館
デザートカフェ長楽館 P.76
長楽館
王将
二軒茶屋 中村楼 P.71
花見小路通
菊梅
東大路通
長楽寺
藝妓及舞妓在此學習才藝
祇園 いわさ起 P.57
こまつ
祇園閣
円山音楽堂
大谷祖廟(東大谷)
大雲院
八坂女紅場學園
ぎおん徳屋 P.43
P.107 やよい本店
坂の上
西行庵
無碍山房 Salon de Muge P.21
よ志のや
祇園甲部歌舞練場
下河原通
元奈古
菊乃井
大中院
安井北門通
き乃ゑ
東山安井
石塀小路
住本寺
高台寺
高台寺
高台寺庭園
西来院
P.117 安井金比羅宮
東山安井
玉半
ねねの道
京都霊山護國神社
霊山観音
坂本龍馬の墓
春光院
賑店
僧堂
霊洞院
大統院
霊源院
フレスコ
P.74 The Unir coffee senses
京大和
霊山歴史館
修伯 P.57
霊明神社
アラビカ京都
正法寺
十文堂
P.37 八坂庚申堂
八坂の塔(法観寺)
スターバックス
二年坂
六道珍皇寺
P.53 つぶら乃
八坂通
清水道
てくてく京都 清水店 P.37
奥丹
清水山荘
日體寺
交通流量較少。想前往清水寺建議走這條路
清水道
梅園
清水三年坂美術館
KYOTO 京都市
HIGASHIYAMA 東山区
青龍苑
清水坂
山清堂
霊山興正寺別院
該寺據說是曾往來彼世與現世的小野篁之淵源寺院
東山署
西光寺
産寧坂
マールブランシュ
真福寺
宝徳寺
三十六峰
可欣賞三重塔、櫻花及紅葉共演的絕景景點
成就院庭園
大講堂
成就院
東山署
梅花堂
宝性院
家庭支援総合センター
梅山堂
夢二カフェ 五龍閣 P.37
伴手禮店在此林立，相當熱鬧的道路，有不少可邊走邊吃的美食
地主神社
若宮八幡宮
三重塔
五条坂 東山五条
岡本織物店
清水寺
清水新道(茶碗坂)
P.36 清水寺
整條路上林立著許多販售清水燒的陶器店
忠僕茶屋
五条坂
東山五条
五条坂
実報寺
本寿寺
延命院
舌切茶屋
音羽の滝
五条坂
C
D

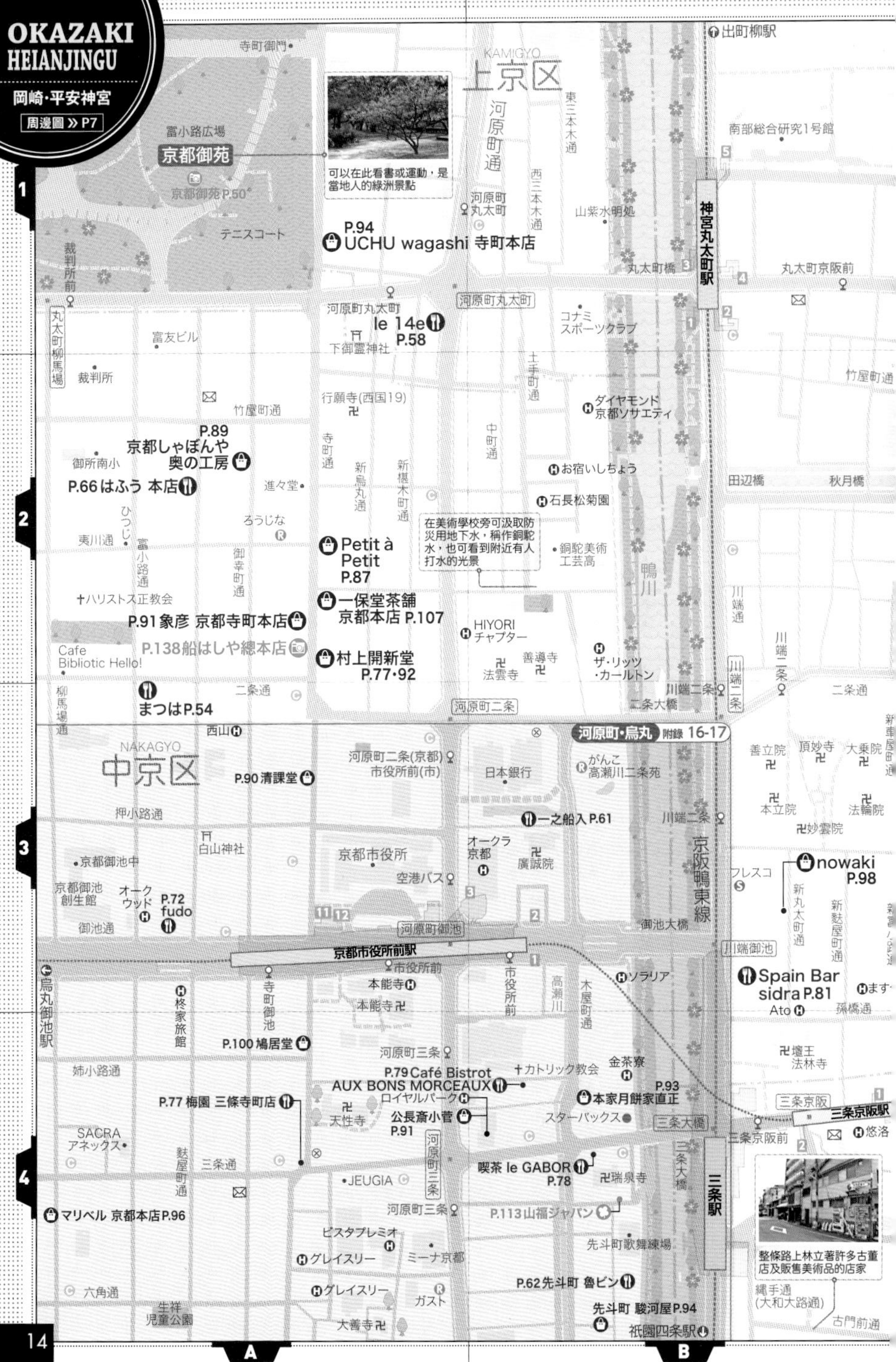
1
2
3
4
A
B
寺町御門
KAMIGYO
上京区
河原町通
東三本木通
西三本木通
出町柳駅
富小路広場
京都御苑
京都御苑 P.50
可以在此看書或運動，是當地人的綠洲景點
河原町丸太町
山紫水明処
南部総合研究1号館
テニスコート
P.94
UCHU wagashi 寺町本店
神宮丸太町駅
裁判所前
丸太町橋
丸太町京阪前
河原町丸太町
河原町丸太町
丸太町柳馬場
富友ビル
le 14e
P.58
下御霊神社
コナミスポーツクラブ
裁判所
上手町通
竹屋町通
竹屋町通
行願寺(西国19)
ダイヤモンド京都ソサエティ
P.89
京都しゃぼんや奥の工房
御所南小
寺町通
中町通
新烏丸通
新椹木町通
お宿いしちょう
田辺橋
秋月橋
P.66 はふう 本店
進々堂
石長松菊園
ひつじ
ろうじな
在美術學校旁可汲取防災用地下水，稱作銅駝水，也可看到附近有人打水的光景
夷川通
富小路通
御幸町通
Petit à Petit
P.87
銅駝美術工芸高
鴨川
川端通
ハリストス正教会
一保堂茶舗京都本店 P.107
P.91 象彦 京都寺町本店
HIYORI チャプター
川端二条
P.138 船はしや總本店
村上開新堂
P.77·92
善導寺
法雲寺
ザ・リッツ・カールトン
Cafe Bibliotic Hello!
柳馬場通
まつは P.54
二条通
川端二条
二条大橋
二条通
河原町二条
西山
NAKAGYO
中京区
河原町二条(京都)市役所前(市)
日本銀行
河原町·烏丸 附錄 16-17
がんこ高瀬川二条苑
善立院
頂妙寺
大乗院
P.90 清課堂
押小路通
一之船入 P.61
川端二条
本立院
法輪院
白山神社
妙雲院
京都御池中
京都市役所
オークラ京都
廣誠院
京阪鴨東線
nowaki
P.98
京都御池創生館
オークウッド
P.72 fudo
空港バス
フレスコ
新丸太町通
新麩屋町通
御池通
御池大橋
河原町御池
川端御池
京都市役所前駅
市役所前
烏丸御池駅
寺町御池
本能寺
市役所前
高瀬川
木屋町通
ソラリア
Spain Bar sidra P.81
柊家旅館
本能寺
Ato
P.100 鳩居堂
河原町三条
壇王法林寺
姉小路通
P.79 Café Bistrot AUX BONS MORCEAUX
カトリック教会
金茶寮
P.77 梅園 三條寺町店
ロイヤルパーク
P.93
本家月餅家直正
三条京阪
三条京阪駅
天性寺
公長斎小菅
P.91
スターバックス
三条大橋
三条京阪前
SACRA アネックス
麩屋町通
三条通
河原町三条
三条大橋
三条駅
喫茶 le GABOR
P.78
瑞泉寺
JEUGIA
マリベル 京都本店 P.96
河原町三条
P.113 山福ジャパン
ビスタプレミオ
先斗町歌舞練場
整條路上林立著許多古董店及販售美術品的店家
グレイスリー
ミーナ京都
六角通
P.62 先斗町 魯ビン
グレイスリー
ガスト
縄手通(大和大路通)
生祥児童公園
大善寺
先斗町 駿河屋 P.94
祇園四条駅
古門前通

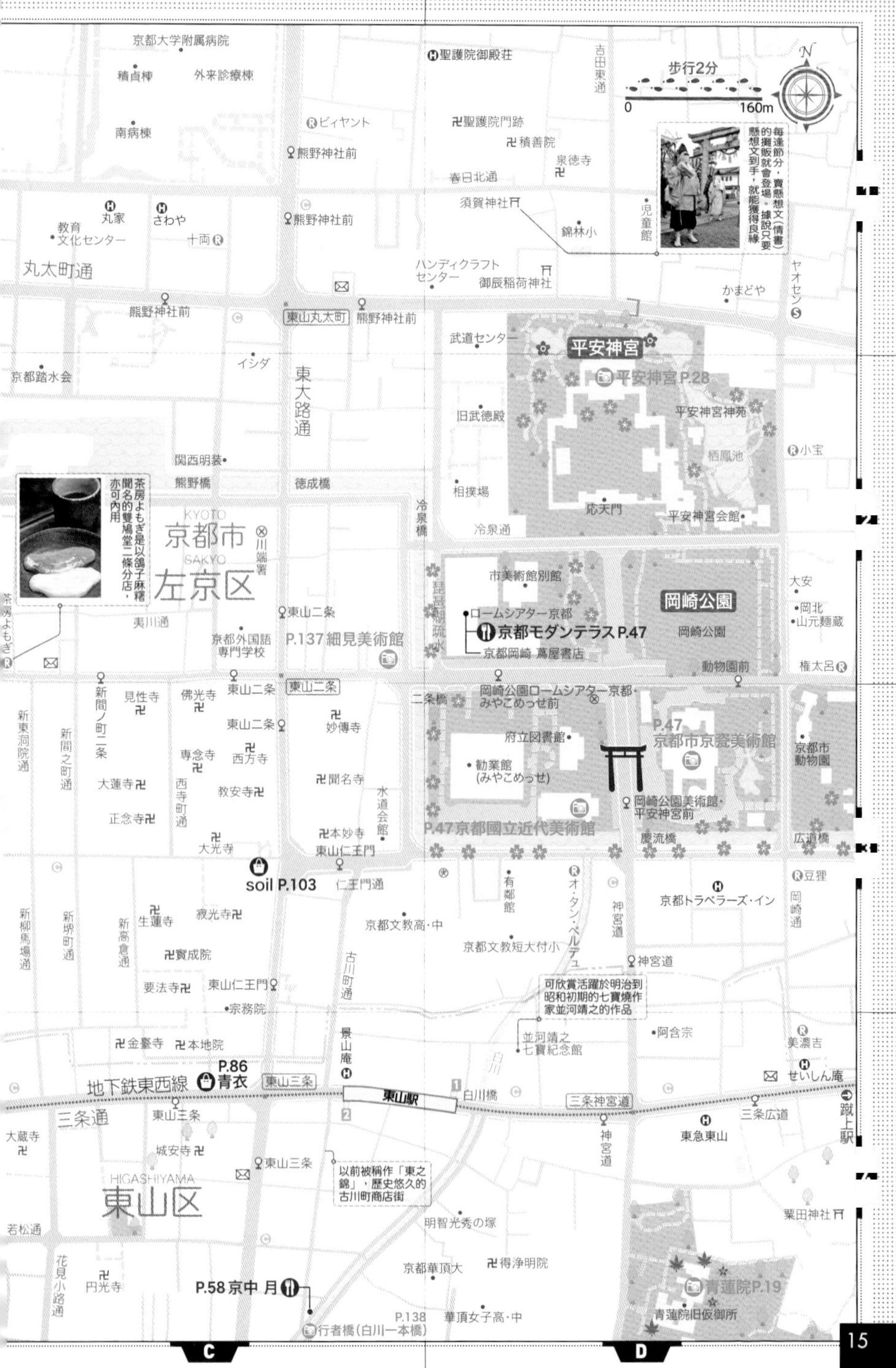

京都大学附属病院
積貞棟
外来診療棟
南病棟
聖護院御殿荘
ビィヤント
聖護院門跡
積善院
泉徳寺
春日北通
吉田東通
步行2分
0
160m
每逢節分，賣懸想文（情書）的攤販就會登場。據說只要懸想文到手，就能獲得良緣
熊野神社前
須賀神社
児童館
錦林小
丸家
さわや
教育文化センター
十両
丸太町通
ハンディクラフトセンター
御辰稲荷神社
かまどや
ヤオセン
東山丸太町
熊野神社前
武道センター
平安神宮
平安神宮 P.28
京都踏水会
イシダ
東大路通
旧武徳殿
平安神宮神苑
小宝
栖鳳池
関西明装
熊野橋
徳成橋
相撲場
応天門
平安神宮会館
冷泉通
冷泉橋
茶房よもぎ是以鴿子麻糬聞名的雙鳩堂二條分店，亦可內用
KYOTO
京都市
SAKYO
左京区
川端署
市美術館別館
岡崎公園
大安
岡北
山元麺蔵
琵琶湖疏水
東山二条
ロームシアター京都
京都モダンテラス P.47
京都岡崎 蔦屋書店
岡崎公園
茶房よもぎ
夷川通
京都外国語専門学校
P.137 細見美術館
権太呂
動物園前
新間ノ町二条
見性寺
佛光寺
東山二条
東山二条
二条橋
岡崎公園ロームシアター京都・みやこめっせ前
新東洞院通
新間之町通
東山二条
妙傳寺
府立図書館
P.47
京都市京瓷美術館
京都市動物園
専念寺
西方寺
大蓮寺
西寺町通
教安寺
聞名寺
勧業館（みやこめっせ）
水道会館
正念寺
本妙寺
岡崎公園美術館・平安神宮前
P.47 京都國立近代美術館
大光寺
東山仁王門
慶流橋
広道橋
soil P.103
仁王門通
有鄰館
オ・タン・ペルデュ
豆狸
京都トラベラーズ・イン
岡崎通
新柳馬場通
新堺町通
新高倉通
生蓮寺
寂光寺
京都文教高・中
神宮道
寶成院
京都文教短大付小
古川町通
神宮道
要法寺
東山仁王門
可欣賞活躍於明治到昭和初期的七寶燒作家並河靖之的作品
宗務院
阿含宗
美濃吉
金臺寺
本地院
並河靖之七寶紀念館
景山庵
せいしん庵
P.86
青衣
地下鉄東西線
東山三条
東山駅
白川橋
白川
三条神宮道
蹴上駅
三条通
東山三条
三条広道
大蔵寺
城安寺
神宮道
東急東山
東山三条
HIGASHIYAMA
東山区
以前被稱作「東之錦」，歷史悠久的古川町商店街
若松通
粟田神社
明智光秀の塚
得浄明院
京都華頂大
花見小路通
円光寺
P.58 京中 月
青蓮院 P.19
P.138
華頂女子高・中
青蓮院旧仮御所
行者橋（白川一本橋）
C
D

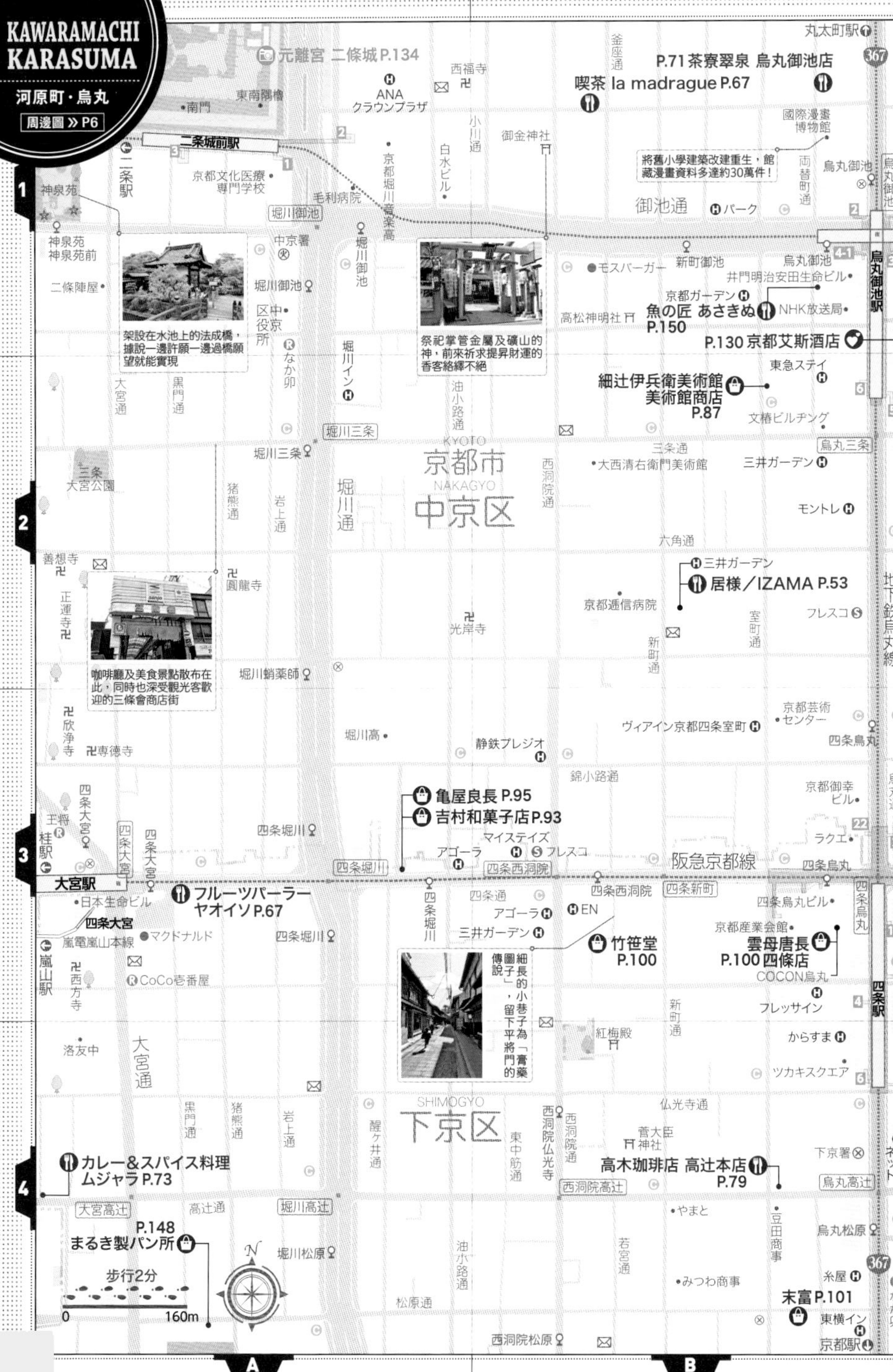
元離宮 二條城 P.134
P.71 茶寮翠泉 烏丸御池店
喫茶 la madrague P.67
魚の匠 あさきぬ P.150
P.130 京都艾斯酒店
細辻伊兵衛美術館 美術館商店 P.87
居様／IZAMA P.53
亀屋良長 P.95
吉村和菓子店 P.93
フルーツパーラー ヤオイソ P.67
竹笹堂 P.100
雲母唐長 P.100 四條店
高木珈琲店 高辻本店 P.79
カレー&スパイス料理 ムジャラ P.73
P.148 まるき製パン所
末富 P.101
將舊小學建築改建重生，館藏漫畫資料多達約30萬件！
國際漫畫博物館
架設在水池上的法成橋，據說一邊許願一邊過橋願望就能實現
祭祀掌管金屬及礦山的神，前來祈求提昇財運的香客絡繹不絕
咖啡廳及美食景點散布在此，同時也深受觀光客歡迎的三條會商店街
細長的小巷子為「膏藥圖子」，留下平將門的傳說
京都市 中京区
下京区
二条城前駅
烏丸御池駅
四条駅
大宮駅
阪急京都線
地下鉄烏丸線
御池通
三条通
六角通
錦小路通
四条通
仏光寺通
高辻通
松原通
堀川通
大宮通
烏丸通
西洞院通
室町通
新町通
油小路通
丸太町駅
御金神社
神泉苑
二条駅
嵐山駅
四条大宮
嵐電嵐山本線
京都駅
步行2分
0 160m

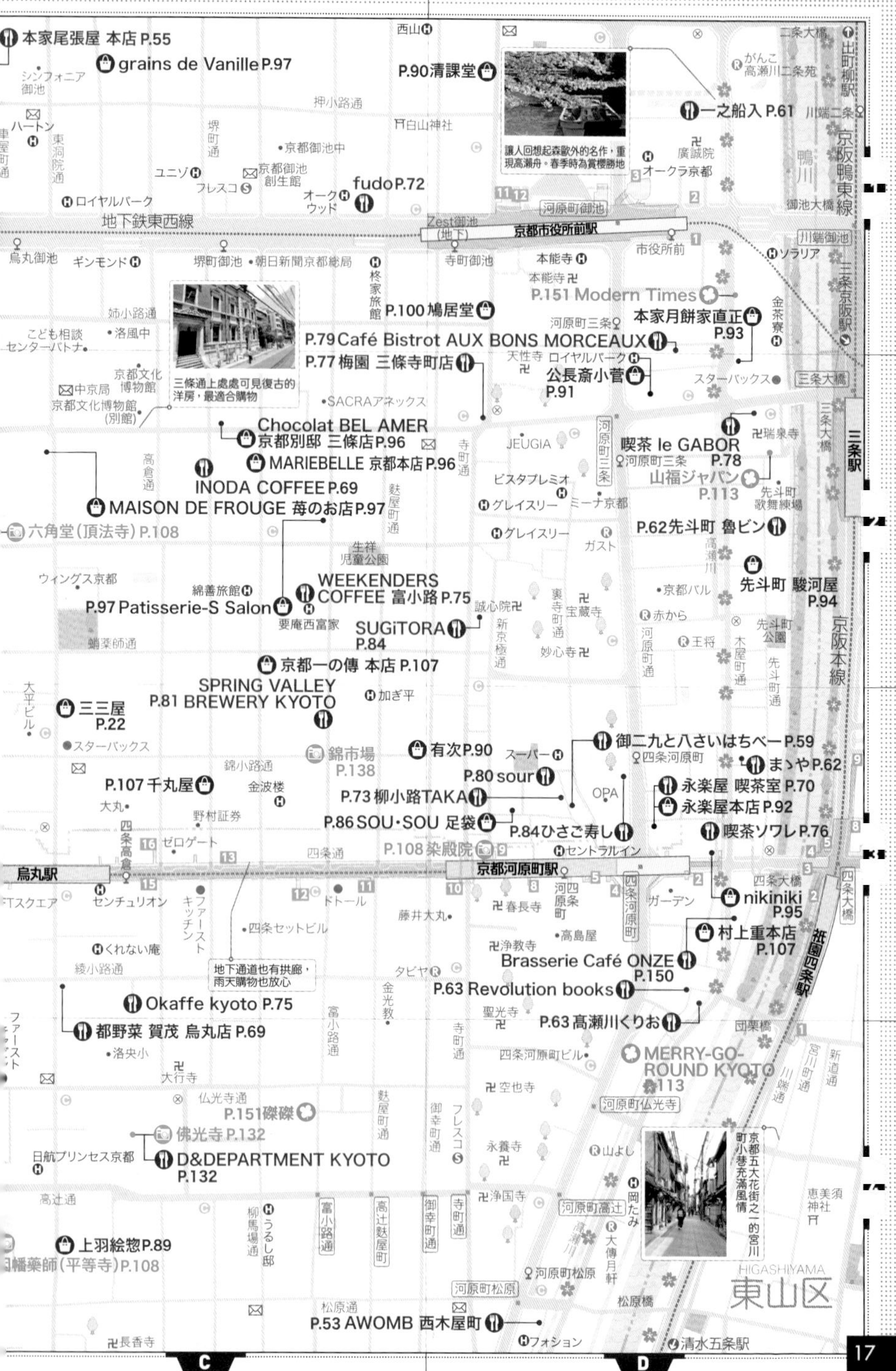

本家尾張屋 本店 P.55
grains de Vanille P.97
西山
P.90 清課堂
一之船入 P.61
二条大橋
出町柳駅
がんこ高瀬川二条苑
川端二条
京阪鴨東線
鴨川
廣誠院
オークラ京都
押小路通
白山神社
京都御池中
ハートン
車屋町通
東洞院通
堺町通
ユニゾ
フレスコ
京都御池創生館
fudo P.72
オークウッド
ロイヤルパーク
地下鉄東西線
Zest御池(地下)
京都市役所前駅
河原町御池
市役所前
御池大橋
川端御池
ソラリア
烏丸御池
ギンモンド
堺町御池
朝日新聞京都総局
柊家旅館
寺町御池
本能寺
本能寺
P.151 Modern Times
三条京阪駅
P.100 鳩居堂
姉小路通
こども相談センターパトナ
洛風中
京都文化博物館
中京局
京都文化博物館(別館)
三條通上處處可見復古的洋房，最適合購物
河原町三条
本家月餅家直正 P.93
金茶寮
P.79 Café Bistrot AUX BONS MORCEAUX
P.77 梅園 三條寺町店
天性寺
ロイヤルパーク
公長斎小菅 P.91
スターバックス
三条大橋
SACRAアネックス
Chocolat BEL AMER 京都別邸 三條店 P.96
MARIEBELLE 京都本店 P.96
高倉通
INODA COFFEE P.69
MAISON DE FROUGE 苺のお店 P.97
寺町通
JEUGIA
河原町三条
喫茶 le GABOR P.78
瑞泉寺
三条大橋
三条駅
山福ジャパン P.113
ビスタプレミオ
グレイスリー
ミーナ京都
先斗町歌舞練場
六角堂(頂法寺) P.108
麩屋町通
グレイスリー
ガスト
P.62 先斗町 魯ビン
生祥児童公園
高瀬川
先斗町 駿河屋 P.94
ウィングス京都
綿善旅館
WEEKENDERS COFFEE 富小路 P.75
P.97 Patisserie-S Salon
要庵西富家
誠心院
裏寺町通
宝蔵寺
京都バル
赤から
SUGiTORA P.84
新京極通
河原町通
王将
木屋町通
先斗町公園
京阪本線
蛸薬師通
妙心寺
京都一の傳 本店 P.107
SPRING VALLEY P.81 BREWERY KYOTO
加ぎ平
先斗町通
大平ビル
三三屋 P.22
スターバックス
錦市場 P.138
有次 P.90
スーパー
御二九と八さいはちべー P.59
四条河原町
まゝや P.62
錦小路通
P.107 千丸屋
金波楼
P.80 sour
P.73 柳小路TAKA
OPA
永楽屋 喫茶室 P.70
永楽屋本店 P.92
大丸
野村証券
P.86 SOU・SOU 足袋
P.84 ひさご寿し
喫茶ソワレ P.76
四条高倉
ゼロゲート
四条通
P.108 染殿院
セントラルイン
烏丸駅
京都河原町駅
四条河原町
四条大橋
センチュリオン
FTスクエア
ファーストキッチン
ドトール
河原町四条
春長寺
ガーデン
nikiniki P.95
藤井大丸
四条セットビル
高島屋
村上重本店 P.107
祇園四条駅
くれない庵
浄教寺
Brasserie Café ONZE P.150
綾小路通
地下通道也有拱廊，雨天購物也放心
タビヤ
P.63 Revolution books
Okaffe kyoto P.75
金光教
富小路通
聖光寺
P.63 高瀬川くりお
団栗橋
都野菜 賀茂 烏丸店 P.69
寺町通
四条河原町ビル
MERRY-GO-ROUND KYOTO P.113
宮川町通
川端通
新道通
洛央小
大行寺
空也寺
仏光寺通
河原町仏光寺
P.151 礫礫
佛光寺 P.132
麩屋町通
御幸町通
フレスコ
永養寺
山よし
京都五大花街之一的宮川町小巷充滿風情
日航プリンセス京都
D&DEPARTMENT KYOTO P.132
高辻通
うるし邸
柳馬場通
富小路通
高辻麩屋町通
御幸町通
寺町通
浄国寺
河原町高辻
岡たみ
大傳月軒
恵美須神社
上羽絵惣 P.89
因幡薬師(平等寺) P.108
河原町松原
河原町松原
松原橋
HIGASHIYAMA 東山区
松原通
P.53 AWOMB 西木屋町
長香寺
フォション
清水五条駅
C
D

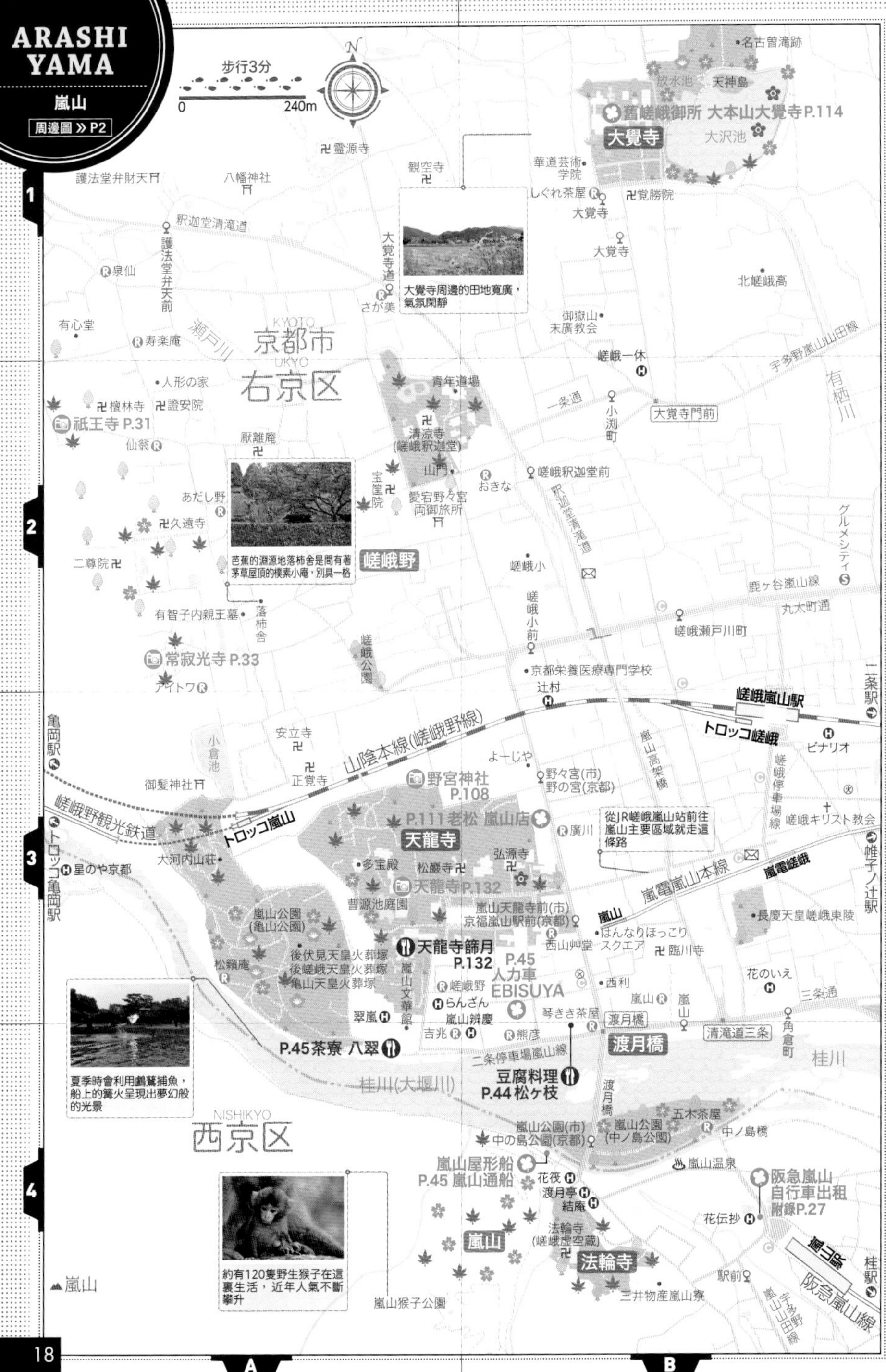
步行3分
0
240m
N
名古曽滝跡
放水池
天神島
舊嵯峨御所 大本山大覺寺P.114
大覺寺
大沢池
靈源寺
觀空寺
華道芸術学院
しぐれ茶屋
覚勝院
大覚寺
護法堂弁財天
八幡神社
釈迦堂清滝道
護法堂弁天前
泉仙
大覚寺道
さが美
大覺寺周邊的田地寬廣，氣氛閑靜
北嵯峨高
御嶽山末廣教会
有心堂
寿楽庵
瀬戸川
KYOTO
京都市
UKYO
右京区
嵯峨一休
宇多野嵐山山田線
有栖川
人形の家
青年道場
檀林寺
證安院
祇王寺 P.31
一条通
小渕町
大覚寺門前
仙翁
厭離庵
清凉寺(嵯峨釈迦堂)
山門
嵯峨釈迦堂前
おきな
あだし野
宝筺院
愛宕野々宮両御旅所
久遠寺
二尊院
芭蕉的淵源地落柿舎是間有著茅草屋頂的樸素小庵，別具一格
嵯峨野
釈迦堂清滝道
嵯峨小
グルメシティ
鹿ヶ谷嵐山線
丸太町通
有智子内親王墓
落柿舎
嵯峨小前
嵯峨瀬戸川町
嵯峨公園
常寂光寺 P.33
京都栄養医療専門学校
アイトワ
辻村
嵯峨嵐山駅
二条駅
亀岡駅
安立寺
山陰本線(嵯峨野線)
トロッコ嵯峨
ビナリオ
小倉池
正覚寺
よーじや
嵐山高架橋
野々宮(市)
野の宮(京都)
野宮神社 P.108
嵯峨停車場線
御髪神社
嵯峨野観光鉄道
トロッコ嵐山
P.111 老松 嵐山店
廣川
從JR嵯峨嵐山站前往嵐山主要區域就走這條路
嵯峨キリスト教会
トロッコ亀岡駅
天龍寺
大河内山荘
星のや京都
多宝殿
松巌寺
弘源寺
天龍寺 P.132
曹源池庭園
嵐電嵐山本線
嵐電嵯峨
帷子ノ辻駅
嵐山公園(亀山公園)
嵐山天龍寺前(市)
京福嵐山駅前(京都)
嵐山
はんなりほっこりスクエア
西山艸堂
長慶天皇嵯峨東陵
天龍寺篩月 P.132
後伏見天皇火葬塚
後嵯峨天皇火葬塚
亀山天皇火葬塚
臨川寺
松籟庵
P.45 人力車 EBISUYA
嵯峨野
らんざん
嵐山文華館
西利
花のいえ
三条通
翠嵐
嵐山辨慶
琴きき茶屋
渡月橋
嵐山
吉兆
熊彦
清滝道三条
角倉町
P.45 茶寮 八翠
二条停車場嵐山線
桂川
夏季時會利用鸕鶿捕魚，船上的篝火呈現出夢幻般的光景
豆腐料理 P.44 松ヶ枝
桂川(大堰川)
渡月橋
NISHIKYO
西京区
五木茶屋
嵐山公園(市)
中の島公園(京都)
嵐山公園(中ノ島公園)
中ノ島橋
嵐山屋形船
P.45 嵐山通船
嵐山温泉
阪急嵐山自行車出租 附錄P.27
花筏
渡月亭
結庵
花伝抄
法輪寺(嵯峨虚空蔵)
嵐山
法輪寺
駅前
桂駅
阪急嵐山線
宇多野嵐山山田線
約有120隻野生猴子在這裏生活，近年人氣不斷攀升
三井物産嵐山寮
嵐山
嵐山猴子公園
1
2
3
4
A
B

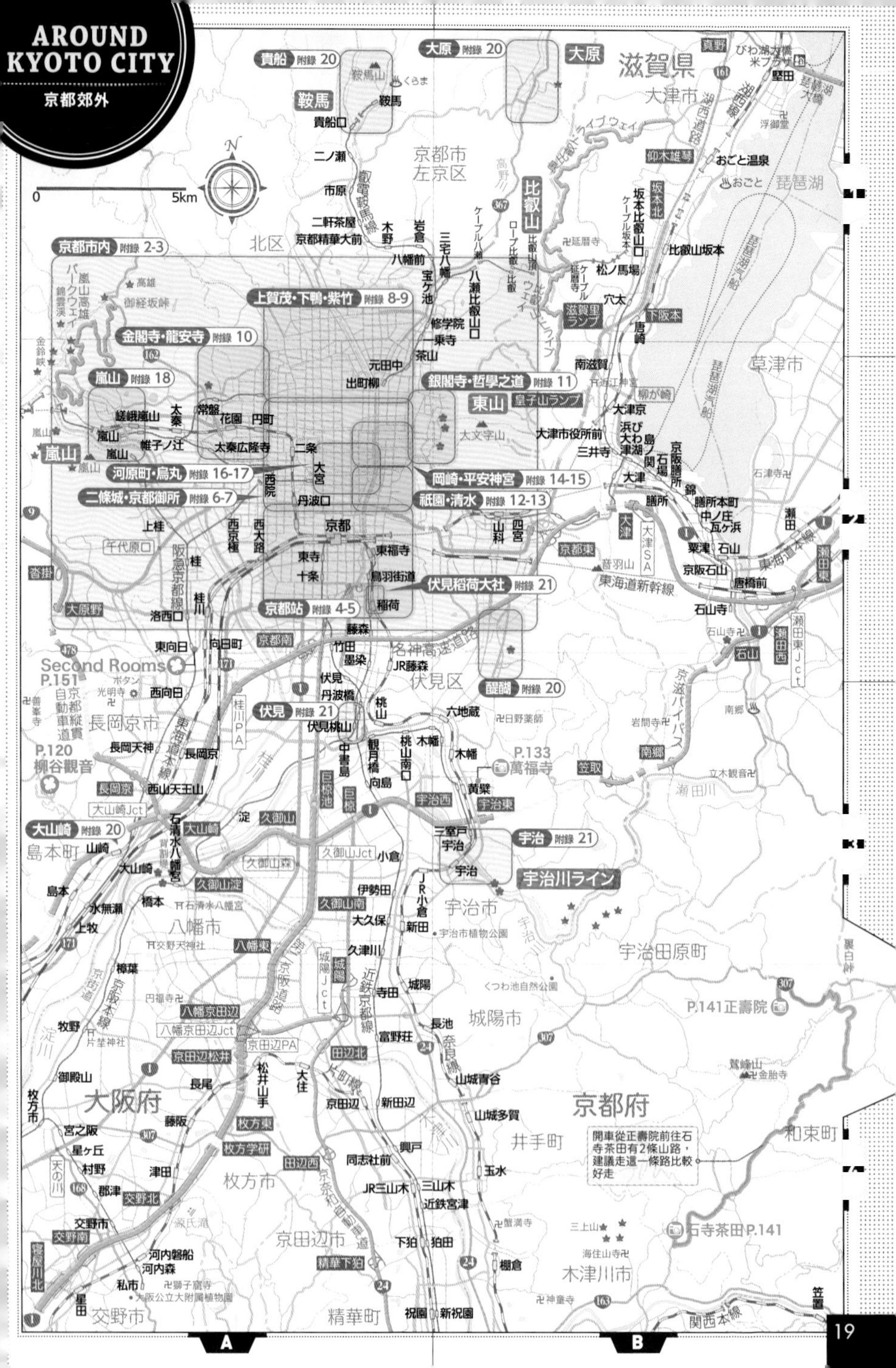
AROUND KYOTO CITY
京都郊外
貴船 附錄 20
大原 附錄 20
大原
滋賀県
鞍馬
鞍馬山
くらま
貴船口
大津市
びわ湖大橋
米プラザ
堅田
湖西道路
湖西線
琵琶湖大橋
浮御堂
比叡山ドライブウェイ
二ノ瀬
京都市
左京区
高野川
仰木雄琴
おごと温泉
おごと
琵琶湖
0
5km
市原
叡電鞍馬線
比叡山
坂本北
坂本比叡山口
ケーブル坂本
二軒茶屋
木野
岩倉
三宅八幡
ケーブル八瀬
ロープ比叡
ケーブル比叡
比叡山頂
京都精華大前
延暦寺
比叡山坂本
京都市內 附錄 2-3
北区
八幡前
八瀬比叡山口
松ノ馬場
嵐山高雄パークウェイ
高雄
宝ケ池
延暦寺
ケーブル延暦寺
錦雲渓
御経坂峠
上賀茂・下鴨・紫竹 附錄 8-9
穴太
滋賀里ランプ
下阪本
修学院
一乗寺
金閣寺・龍安寺 附錄 10
金鈴峡
茶山
唐崎
元田中
南滋賀
草津市
嵐山 附錄 18
出町柳
銀閣寺・哲學之道 附錄 11
近江神宮
東山
皇子山ランプ
柳が崎
嵯峨嵐山
太秦
常盤
花園
円町
大津京
太文字山
大津市役所前
浜大津
びわ湖
島ノ関
嵐山
嵐山
帷子ノ辻
太秦広隆寺
二条
三井寺
石場
京阪膳所
嵐山
嵐山
大宮
岡崎・平安神宮 附錄 14-15
石清寺
河原町・烏丸 附錄 16-17
西院
大津
二條城・京都御所 附錄 6-7
丹波口
祇園・清水 附錄 12-13
膳所
錦
膳所本町
中ノ庄
瓦ケ浜
瀬田
上桂
西京極
西大路
京都
山科
四宮
大津SA
千代原口
阪急京都線
東寺
東福寺
京都東
音羽山
粟津
石山
東海道本線
瀬田東
桂
東海道新幹線
京阪石山
唐橋前
沓掛
十条
鳥羽街道
伏見稲荷大社 附錄 21
大原野
桂川
京都站 附錄 4-5
稲荷
石山寺
洛西口
藤森
石山寺
瀬田東Jct
瀬田西
石山
東向日
向日町
京都南
竹田
名神高速道路
Second Rooms P.151
墨染
JR藤森
京滋バイパス
ボタン
光明寺
西向日
伏見
伏見区
醍醐 附錄 20
自京動都車縦道貫
普峯寺
丹波橋
桂川PA
長岡京市
伏見 附錄 21
桃山
六地蔵
日野薬師
岩間寺
南郷
東海道本線
伏見桃山
桃山南口
木幡
長岡天神
長岡京
中書島
観月橋
木幡
P.133 萬福寺
南郷
P.120 柳谷観音
笠取
立木観音
長岡京
西山天王山
巨椋池
向島
黄檗
瀬田川
巨椋
宇治西
宇治東
大山崎Jct
淀
久御山
大山崎 附錄 20
石清水八幡宮
大山崎
三室戸
宇治 附錄 21
島本町
山崎
背割
久御山Jct
小倉
宇治
久御山森
宇治
大山崎
久御山淀
宇治川ライン
島本
橋本
石清水八幡宮
伊勢田
JR小倉
宇治市
水無瀬
久御山南
大久保
上牧
八幡市
新田
宇治市植物公園
交野天神社
八幡東
久津川
宇治田原町
京街道
京阪本線
城陽Jct
城陽
近鉄京都線
京阪道路
裏白峠
樟葉
くつわ池自然公園
円福寺
寺田
城陽
八幡京田辺
P.141 正壽院
八幡京田辺Jct
長池
城陽市
牧野
片埜神社
京田辺PA
富野荘
淀川
京田辺松井
田辺北
奈良線
鷲峰山
金胎寺
御殿山
片町線
山城青谷
枚方市
長尾
松井山手
大住
大阪府
京都府
京田辺
新田辺
山城多賀
宮之阪
藤阪
枚方東
井手町
開車從正壽院前往石寺茶田有2條山路，建議走這一條路比較好走
和束町
星ケ丘
枚方学研
興戸
村野
津田
田辺西
同志社前
玉水
天の川
枚方市
郡津
交野北
京奈和自動車道
JR三山木
三山木
近鉄宮津
交野市
源氏滝
蟹満寺
三上山
石寺茶田 P.141
交野南
京田辺市
下狛
狛田
海住山寺
寝屋川北
河内磐船
河内森
精華下狛
棚倉
木津川市
私市
獅子窟寺
大阪公立大附屬植物園
神童寺
笠置
星田
交野市
精華町
祝園
新祝園
関西本線
A
B

KIBUNE
貴船
周邊圖 » P19
京都貴船 料理旅館 ひろ文 P.147
貴船俱樂部 P.147
貴船神社
鞍馬山
鞍馬
貴船神社 P.147
鞍馬寺
據說牛若丸在木之根道以天狗為對手進行修行
京都市 左京区
鞍馬駅
站前可以看到鞍馬的象徵，巨大天狗迎接旅客
竜王岳
貴船口駅
宝ケ池駅
叡山電車鞍馬線

OHARA
大原
周邊圖 » P19
京都市 左京区
寂光院
大原温泉
大原女祭的時代祭遊行隊伍會通過的「大原女小徑」
三千院
P.125 三千院
大原
到處可見茅葺屋頂住家的閑靜區域
東海自然歩道

朝日啤酒 大山崎山莊美術館 P.145
大山崎町
聽竹居 P.145
東海道本線（JR京都線）
山崎駅
Dew大山崎
Relish P.145
tabitabi P.145
OYAMAZAKI
大山崎
周邊圖 » P19

DAIGO
醍醐
周邊圖 » P19
山科区
小野駅
P.19 隨心院
保存了小野小町曾在此洗臉化妝的水井
醍醐駅
P.132 醍醐寺
醍醐寺
café sous le cerisier P.132
伏見区

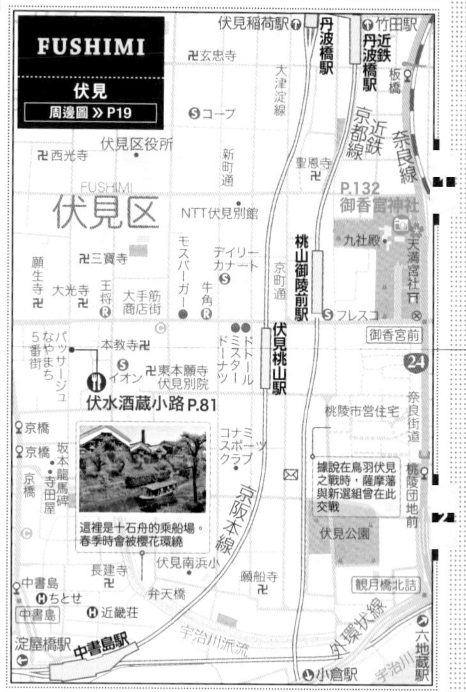

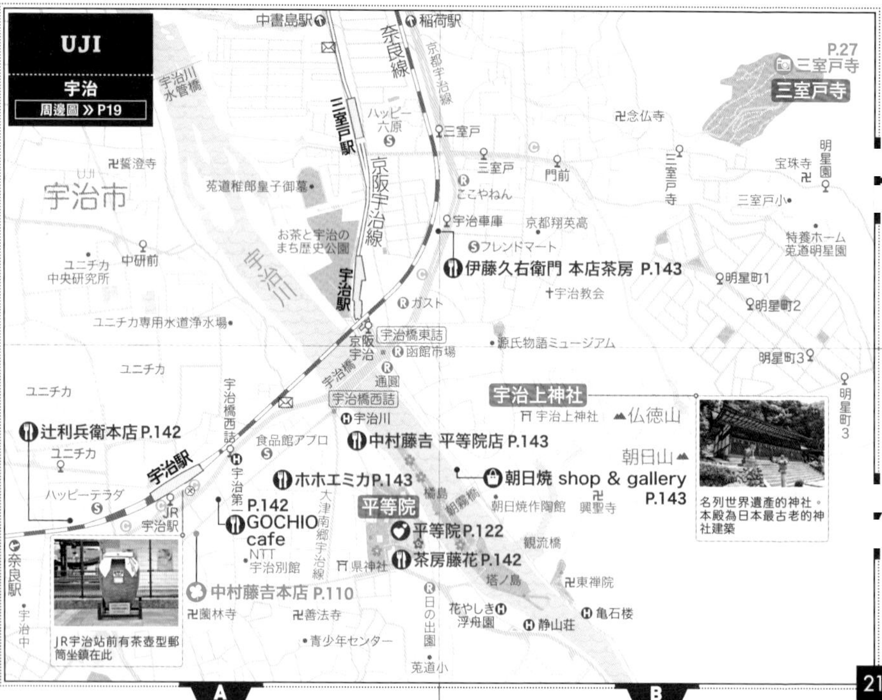

UJI

宇治

周邊圖 » P19

中書島駅

稲荷駅

奈良線

京都宇治線

宇治川水管橋

三室戸寺 P.27

三室戸寺

ハッピー六原

三室戸駅

三室戸

念仏寺

三室戸

門前

三室戸寺

明星園

宝珠寺

UJI

宇治市

菟道稚郎皇子御墓

京阪宇治線

ここやねん

宇治車庫

京都翔英高

三室戸小

お茶と宇治のまち歴史公園

フレンドマート

特養ホーム菟道明星園

ユニチカ中央研究所

中研前

伊藤久右衛門 本店茶房 P.143

宇治川

宇治駅

宇治教会

明星町1

ガスト

明星町2

ユニチカ専用水道浄水場

宇治橋東詰

京阪宇治

源氏物語ミュージアム

函館市場

宇治橋

通圓

明星町3

ユニチカ

宇治橋西詰

ユニチカ

宇治上神社

宇治上神社

仏徳山

明星町3

宇治川

辻利兵衛本店 P.142

食品館アプロ

中村藤吉 平等院店 P.143

朝日山

ユニチカ

宇治第一

ホホエミカ P.143

朝日焼 shop & gallery P.143

宇治駅

ハッピーテラダ

橘島

朝霧橋

平等院

興聖寺

朝日焼作陶館

JR宇治駅

P.142 GOCHIO cafe

大津南郷宇治線

平等院 P.122

奈良駅

NTT宇治別館

県神社

茶房藤花 P.142

観流橋

名列世界遺產的神社。本殿為日本最古老的神社建築

塔ノ島

東禅院

中村藤吉本店 P.110

日の出園

宇治中

蘭林寺

善法寺

花やしき浮舟園

静山荘

亀石楼

JR宇治站前有茶壺型郵筒坐鎮在此

青少年センター

菟道小

A

B

京都站 大解剖

京都站是京都的門戶，提供各種旅行支援。不僅便利，許多話題性商店及美食也聚集在此。不妨聰明利用車站，讓旅途更有趣。

外觀設計嶄新的京都站，是旅行的強力盟友。抵達車站後就能到觀光服務處獲取資訊，品嘗知名美食填飽肚。這裡也備有從招牌到最新商品等應有盡有的伴手禮，回程之前都可以享受購物樂趣。

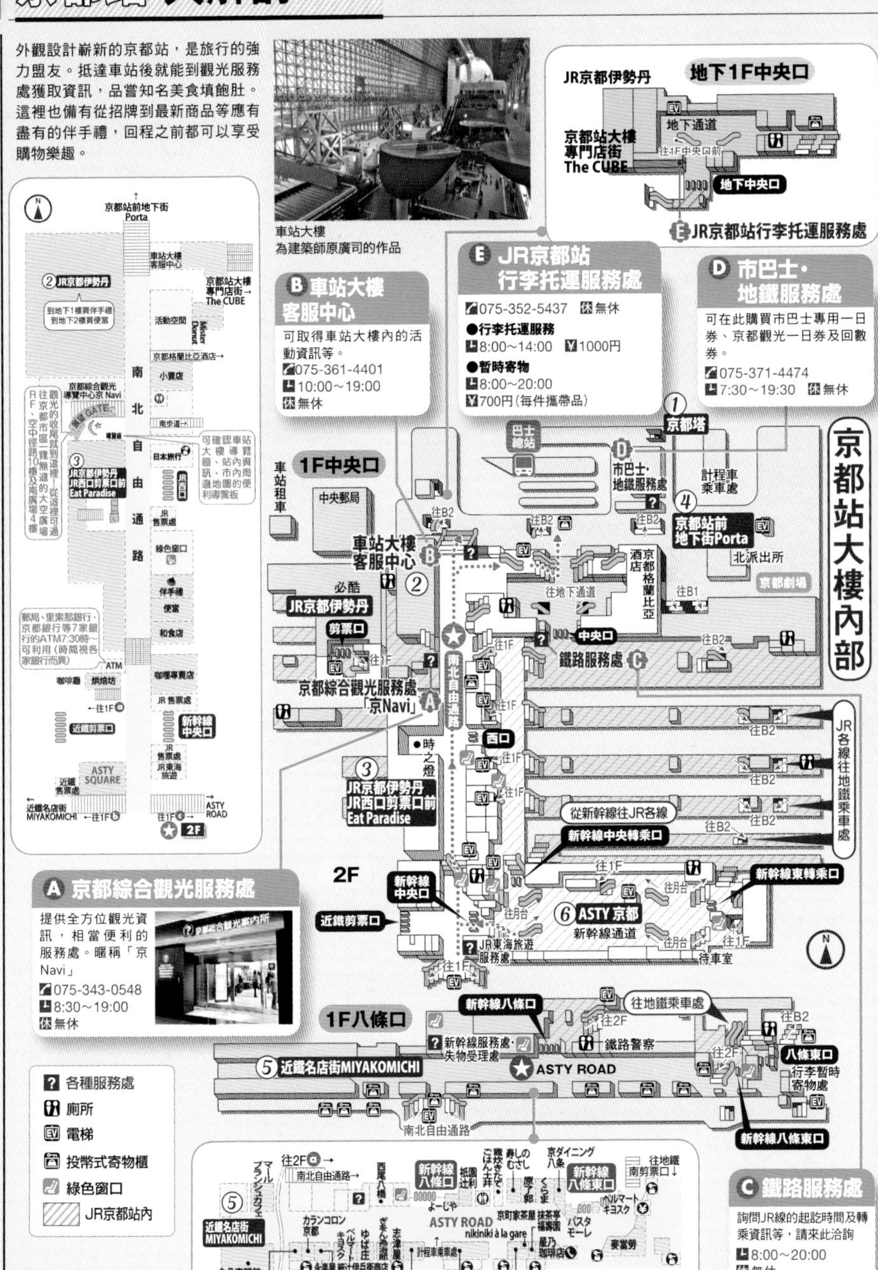

車站大樓為建築師原廣司的作品

B 車站大樓客服中心

可取得車站大樓內的活動資訊等。

075-361-4401

10:00～19:00

休 無休

E JR京都站行李托運服務處

075-352-5437　休 無休

●行李托運服務

8:00～14:00　¥1000円

●暫時寄物

8:00～20:00

¥700円（每件攜帶品）

D 市巴士·地鐵服務處

可在此購買市巴士專用一日券、京都觀光一日券及回數券。

075-371-4474

7:30～19:30　休 無休

A 京都綜合觀光服務處

提供全方位觀光資訊，相當便利的服務處。暱稱「京Navi」

075-343-0548

8:30～19:00

休 無休

C 鐵路服務處

詢問JR線的起訖時間及轉乘資訊等，請來此洽詢

8:00～20:00

休 無休

? 各種服務處
廁所
EV 電梯
投幣式寄物櫃
綠色窗口
JR京都站內

6大順路景點

京都的地標
由上到下都充滿話題

1 京都塔
きょうとタワー

1964年以照亮街上的燈塔為形象所興建的

從離地100m的觀景台看去，街景可一覽無遺。內有飯店、商業設施及神社，是可以逛一整天的景點。

由此去 ▶ 出JR中央口後就能看見京都塔正面。從巴士總站的右手邊直走，穿越斑馬線。

MAP 附錄 P.5 C-2

☎075-361-3215（平日10:00～17:00） 休無休
營觀景台10:30～21:00（最終進場20:30）※可能有更動 ¥觀景台800円

觀景台・Tawawa-chan神社

京都市內離天空最近的地方

可360度觀看三面環山的京都盆地。最頂樓有神社，御神體為吉祥物「Tawawa-chan」。

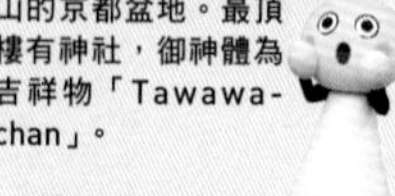

幸運的話說不定能看到Tawawa-chan

©もへろん

KYOTO TOWER SANDO

進駐京都塔大樓的商業設施。地下1樓為備有約400席座位的美食廣場，1樓為匯集京都特色逸品的市集，2樓則是各種體驗樓層。在京都觀光去程或回程時會想來逛逛。

店內氣氛隨興自在。可以逐間逛京都的人氣美食！

可以買到話題甜點、美食以及和風雜貨

2樓・體驗

備有製作和菓子等各種京都特色的體驗

想購買老鋪逸品就到這裡

2 JR京都伊勢丹
ジェイアールきょうといせたん

選購招牌美食到這裡準沒錯。地下1樓匯集了京菓子及漬物等風味伴手禮。地下2樓的生鮮樓層也有種類充實的料亭便當。

由此去 ▶ 出JR西口後往右走到南北自由通路，從2樓進去較一目了然。

MAP 附錄 P.4 B-2

☎075-352-1111 休不定休 營10:00～20:00（餐廳7～10樓11:00～23:00，11樓11:00～22:00，視店鋪而異）

鄰近JR剪票口及觀光服務處，相當便利

京都最大的地下街出地鐵即到

4 京都站前地下街Porta
きょうとえきまえちかがいポルタ

直通地鐵、JR及巴士乘車區。各處都有通往地下街的入口。

約有120間店鋪林立，亦備有完善的投幣式置物櫃及WI-FI熱點等設施。東區售有外帶的PORTA KITCHEN、和菓子及甜點等各種講究的食品。

由此去 ▶ 出JR中央口有下達地下街的電梯

MAP 附錄 P.4 B-2

☎075-365-7528
休不定休 營11:00～20:30

輕鬆接近美食令人高興

3 JR京都伊勢丹 JR西口剪票口前Eat Paradise
ジェイアールきょうといせたんジェイアールにしぐちかいさつまえイートパラダイス

JR京都伊勢丹的別館。內有4家和洋餐廳及咖啡廳。

由此去 ▶ 位於JR西口剪票口前。

MAP 附錄 P.4 B-2

☎075-352-1111（JR京都伊勢丹大代表）
休不定休 營11:00～22:00（視店鋪而異）

以町家為形象的美食街

5 近鐵名店街MIYAKOMICHI
キンテツモールみやこみち

位於車站西區，往東寺往返之際請務必來逛逛

沿著八條口側的通道約有40間店鋪林立。有餐廳、咖啡廳等，店鋪類型相當多樣化，午餐不知道吃什麼時可以來這裡。

由此去 ▶ 從南北自由通路新幹線中央口（近鐵京都站剪票口旁）往下走到1樓。

MAP 附錄 P.4 B-2

☎075-691-8384 休無休 營咖啡廳、輕食7:00～20:00，餐廳11:00～22:00，物販店9:00～20:00（視店鋪有早晨及深夜營業）

回去之際趕購物時

6 ASTY 京都
アスティきょうと

由位於新幹線剪票口內及1樓的ASTY ROAD、2樓的ASTY SQUARE所構成的購物街，是搭新幹線時的可靠盟友。

MAP 附錄 P.5 C-2

☎075-662-0741（JR東海關西開發／平日9:00～17:00）
休無休
營視店鋪而異

新幹線剪票口內

集結許多和菓子、漬物、壽司等多樣化的名店，就算有漏買東西也放心。另外，還能品嘗京都名產鯡魚蕎麥麵。

ASTY ROAD

備有和風雜貨、老鋪伴手禮等範圍廣泛的商品。在美食街「京都Omotenashi小路」，也有充實的老鋪咖啡廳的早餐。

由此去 ▶ 位於新幹線八條口一帶的區域。Omotenashi小路為出剪票口向左走。

從地鐵南剪票口走到Omotenashi小路也很近

ASTY SQUARE

以GIFT KIOSK為中心，匯集了關西伴手禮。除了京都伴手禮外，也能購買稻荷壽司及京風高湯玉子燒便當等，讓人想在搭車前來此逛逛。

由此去 ▶ 出新幹線中央口後，正面是近鐵剪票口，位於其左側一角。

竟能在限定星期購買出町雙葉的名代豆餅（本書P.40）

京都站 美食&商店

京都站匯集了來自京都各地的人氣&話題美食與店家。有吃有買讓人好滿足

D
きょうりょうりまんしげ
京料理 萬重

講究味道的西陣大老闆們御用老舖料亭的分店。其便當可以吃到季節京蔬菜、腐皮及生麩等充滿京都特色的正統和食。

休不定休 11:00~21:15
075-343-3920

A
さりょうつじり
茶寮都路里

使用老鋪茶鋪「祇園辻利」香氣怡人抹茶的甜點店。來到京都，該店的大杯芭菲是必吃的一道甜點。

休不定休 10:00~19:30(20:00閉店) 075-352-6622

特選
都路里芭菲
¥1441
不論是奶油霜、長崎蛋糕、冰淇淋還是果凍，全都散發一股深邃抹茶香

叉燒麵+溫泉蛋
¥900
直麵條吸附住背脂醬油為湯底的湯頭，是京都拉麵的正統風格

at 京都站大樓10F
ますたにらーめんこうじてん
ますたに 拉麵小路店

在擠滿全國知名拉麵店的拉麵小路上，作為京都代表在此開店的就是本店。味道為京都特有的濃郁滋味。

休無休(1月1日休) 11:00~21:30 075-365-2077

芝麻麵
¥990

C
はらりょうかくきょうとえきはちじょうぐちてん
原了郭 京都站八條口店

提供芝麻麵、牛筋烏龍麵等使用國產素材製成的京都美味，可搭配原了郭才能嘗到的佐料一起享用。亦有販售黑七味等的商品。

休無休 11:00~21:00
075-661-9673

蛋糕套餐
¥1150

C
イノダコーヒはちじょうぐちしてん
INODA COFFEE八條口分店

說到京都的復古咖啡廳就想到INODA。即使在車站內，店內仍洋溢著一股懷舊氣氛。推薦餐點為招牌綜合咖啡及早餐菜單。

休無休 7:30~20:00
075-574-7478

優雅京都
格勞賓登核桃派
¥440
(內用)

A
マールブランシュ ロマンのもりカフェ
MALEBRANCHE 浪漫的森咖啡廳

以「森林下午茶」為概念，可以品嘗講究的烤點心及京都和東產的原創京都紅茶的咖啡廳。

休無休 10:00~19:30(20:00閉店) 075-343-2727

MARUTO芭菲
(抹茶)
¥1501

B
なかむらとうきちほんてんきょうとえきみせ
中村藤吉本店 京都站店

本店位於宇治的茶商經營的咖啡廳。提供的菜單範圍廣泛，從芭菲等茶類甜點到茶蕎麥及抹茶烏龍麵等輕食，應有盡有。

休不定休 11:00~21:00(22:00閉店) 075-352-1111(JR京都伊勢丹·大代表)

新幹線剪票口內也能享用京都美食&甜點

C
ほうせんジェイアールしんかんせんきょうとえきてん
寶泉JR新幹線京都站店

以下鴨的「紅豆甜品店」聞名的和菓子店。以使用丹波大納言紅豆及白小豆製成的善哉紅豆湯及最中餅自豪。到了秋季，丹波栗也會登場。

丹波大納言
善哉紅豆湯
¥1190

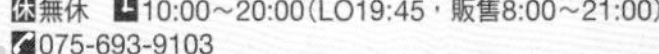

休無休 10:00~20:00(LO19:45，販售8:00~21:00)
075-693-9103

C
まつばきょうとえきてん
松葉 京都站店

如今可稱作京都名產的「鯡魚蕎麥麵」，是本店第二代店主所構思的。慢火煮至甘甜入味的鯡魚相當美味。

鯡魚蕎麥麵
¥1650

休無休 8:30~20:30 (21:00閉店)
075-693-5595

A JR京都伊勢丹 B JR京都伊勢丹 JR西口剪票口前Eat Paradise C ASTY 京都 D 京都站前地下街Porta

Souvenir

老舖的招牌點心

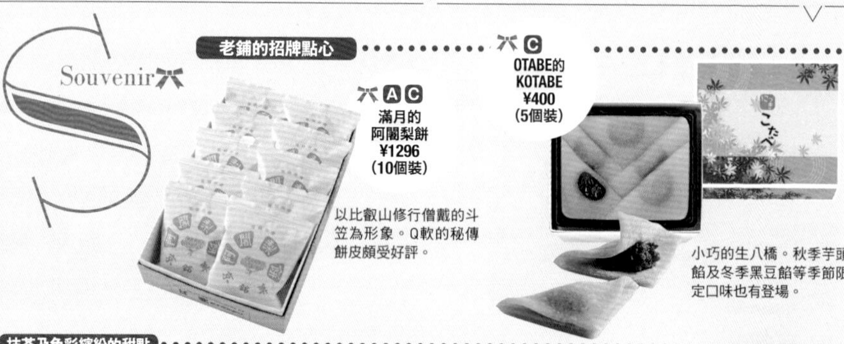

A C
滿月的
阿闍梨餅
¥1296
(10個裝)

以比叡山修行僧戴的斗笠為形象。Q軟的秘傳餅皮頗受好評。

C
OTABE的
KOTABE
¥400
(5個裝)

小巧的生八橋。秋季芋頭餡及冬季黑豆餡等季節限定口味也有登場。

抹茶及色彩繽紛的甜點

A C
京都北山
MALEBRANCHE的
茶之菓
¥751(5片裝)

濃茶貓舌餅內夾白巧克力，抹茶的存在感相當強大。

A
Jouvencelle的
抹茶可麗捲
¥648(10支裝)

將宇治抹茶可麗餅捲起來的烤點心。個別包裝好貼心。

C
nikiniki à la gare的
季節生菓子
各 ¥324

「聖護院八橋總本店」推出的藝術感十足的生八橋。可愛造型讓人心動♡

風味伴手禮

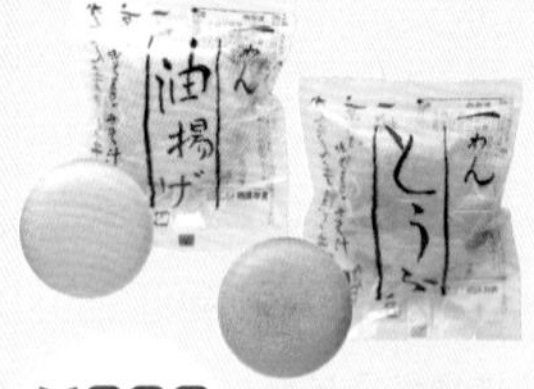

A C D
本田味噌本店的
一碗味噌湯
各 ¥216

曾擔任宮中御用商店的老鋪。只需倒入熱水就能馬上品嚐京都風味噌湯。

※C販售3個裝以上產品

A C
祇園やよいの
おじゃこ
¥648(50g) C
¥1188(80g) A

吻仔魚乾加上辛辣的山椒果實相當對味，最適合下飯。

A C
一保堂茶鋪的
3種茶包組合
(焙茶、玉露、煎茶)
¥702(各4包裝)

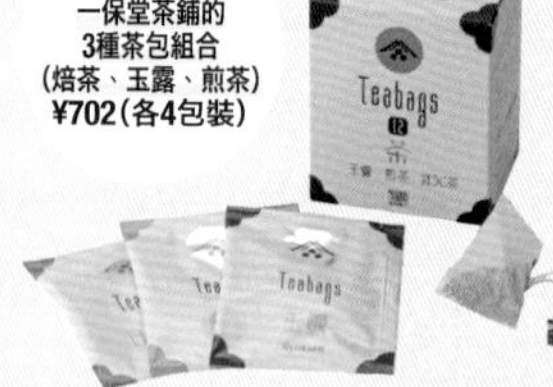

使用濃縮美味的芽茶製成。有3種口味，可因應不同場景品嘗。

京都美妝及和風小物

C
よーじや的
吸油面紙
¥400
(1包20張入)

舞妓御用商店的招牌商品。
溫和不傷肌膚，擁有許多支持者。

C
カランコロン京都的
京都站限定舞妓散步 丸平口金包
¥1430

以在京都街道上散布的舞妓為形象的系列商品

C
永楽屋細辻伊兵衛
商店的手拭巾
(歡迎回來)
¥1980

圖案為舞妓搭新幹線外出。
與JR共同推出的京都站限定設計。

京都的交通 KYOTO Transport

在京都市內觀光基本以路線巴士移動，郊外則是透過電車。只要結合這2種移動方式，即使在觀光旺季也能快速移動，不會塞車。

Arrival Kyoto Station

京都站前的巴士總站。這裡也能搭乘定期觀光巴士

JR 京都站

JR京都站直通地鐵、近鐵。走出京都塔所在的中央口後，即可看到通往京都市內各方向的巴士總站。建議先到觀光服務處或是市巴士或地鐵服務處，索取必備的觀光地圖地鐵．巴士導覽。

MAP 附錄 P.5 C-2

0570-00-2486（JR西日本客服中心6:00～23:00）

京都市下京区烏丸通塩小路下ル東塩小路町

STEP 1 善用車站的便利功能！

先到可將行李送到住宿地點的行李托運服務處（附錄P.22）寄放行李，減輕負擔。如果對前往目的地的交通方式感到不安，可以到服務處確認。

〔鐵路服務處〕

前往伏見稻荷大社、宇治或嵐山需搭乘JR，可以到這裡來洽詢。服務窗口分為日本人專用及外國旅客專用窗口。

休無休 8:00～20:00

〔市巴士・地鐵服務處〕

在此可索取觀光地圖「觀光地圖 地鐵與市巴士導覽」或是購買優惠乘車券。在同一棟建築物內，也設有JR巴士售票中心。

075-371-4474

休無休 7:30～19:30

京都站（烏丸口）巴士總站

乘車處		系統	主要目的地
A	1	5	平安神宮、南禪寺、永觀堂、銀閣寺、詩仙堂
	2	4	四條河原町・出町柳(叡山鞍馬方向)・上賀茂神社
		17	四條河原町・出町柳(叡山鞍馬方向)・銀閣寺
		205	四條河原町・下鴨神社・大德寺・金閣寺
	3	6	四條大宮・源光庵
		206	四條大宮・千本北大路・大德寺
B	1	9	西本願寺・二條城・上賀茂神社
	2	50	二條城・北野天滿宮・立命館大學
	3	205	水族館・梅小路公園・金閣寺・大德寺
		88・208	水族館・梅小路公園
C	1	205・快205	九條車庫・水族館・西大路通・立命館大學
	3	京都巴士17	大原方向
	4	南5	東福寺・伏見稻荷・青少年科學中心
	5	33・特33	桂離宮・阪急桂站・洛西BT
	6	京都巴士72・73・76	嵐山方向
		28	松尾大社・嵐山・大覺寺
D	2	206	三十三間堂・清水寺・祇園・高野
		88・208	三十三間堂・泉涌寺・東福寺
	3	26	妙心寺・仁和寺・宇多野青年旅館

四條河原町巴士停靠站

往河原町三條
京都巴士大原方向乘車處
京阪巴士乘車處
京都巴士・京阪巴士乘車處
河原町通
高瀨川
木屋町通
往祇園・京阪祇園四條站
阪急京都線
京都河原町站
往四條高倉
高島屋
往河原町松原
愛電王
四条通

乘車處	系統	主要目的地
A	59	三條京阪・京都御所(烏丸今出川下車)・金閣寺・龍安寺
B	4・17・205	京都站
C	17(白天)	出町柳(叡電鞍馬方向)・銀閣寺
D	11	太秦・嵐山・嵯峨
	12	二條城・金閣寺
	203	西大路四條・北野天滿宮
	207	四條大宮・東寺東門
E	31	祇園・修學院
	46	祇園・平安神宮
	203	祇園・銀閣寺
	207	祇園・清水寺・東福寺
F	205	下鴨神社・金閣寺
G	17	出町柳(叡電鞍馬方向)・銀閣寺
H	5	美術館・平安神宮・南禪寺・永觀堂・銀閣寺・詩仙堂
	32	美術館・平安神宮・銀閣寺

※刊載內容為2022年7月時的實際情況，部分包含2021年度的實績。
內容可能有變動，請確認最新資訊後再出發。

STEP2 確認移動方式！

TRAIN（鐵路）

京都的鐵路遍布四方，相當密集。以貫穿中央的地鐵為中心，有從西北往東南深入市內的JR線，北有叡山電車，東有京阪，南有近鐵，西有阪急和嵐電。

搭乘線路	可到達地
地鐵	錦市場、京都御所、平安神宮、二條城、南禪寺、醍醐寺
JR	東福寺、伏見稻荷、宇治、京都鐵道博物館、嵐山、大山崎
近鐵	東寺、伏見
京阪	下鴨神社、三十三間堂、東福寺、伏見稻荷、伏見、宇治
叡山電車	一乘寺、修學院離宮、鞍馬、貴船、瑠璃光院
嵐電	嵐山、仁和寺、龍安寺、北野天滿宮
阪急	河原町、錦市場、壬生寺、桂離宮、嵐山、大山崎

BUS（路線巴士）

移動方式還是以巴士為主。先確認右表所列使用便利的市巴士4條路線。到大原可搭京都巴士，到高雄搭JR巴士即可直接到達，不需從京都站轉乘。

搭乘線路	可到達地
5系統	銀閣寺、哲學之道、南禪寺、平安神宮、四條河原町
205系統	金閣寺、大德寺、下鴨神社、四條河原町、西本願寺
206系統	八坂神社、清水寺、東本願寺、三十三間堂
208系統	東福寺、泉涌寺、三十三間堂、東寺

TAXI（計程車）

相較於巴士及市電價格較貴，不過近距離移動時，團體搭乘有時會比較便宜。好處是不怕沒位置又不用等車。

京都站前往主要觀光地的費用

目的地	費用基準	所需時間基準
四條河原町・祇園・清水寺	1250円	10分
北野天滿宮	2500円	22分
二條城	1980円	13分
平安神宮	2100円	15分
銀閣寺	2780円	25分
金閣寺	3100円	26分
嵐山	4060円	31分

BICYCLE（租自行車）

京都的面積大小正好適合騎自行車移動，可隨心所欲地順路觀光為其魅力，騎車時一定要遵守交通規則。

Kyoto Cycling Tour Project

於京都站、八條口、御所南、伏見、二條站、四條堀川、五條堀川、京都愛米恩飯店、堀川下長者町、烏丸五條，共10處設有自行車總站，由北到南涵蓋整個京都市內。

MAP 附錄 P.4 B-2

☎075-354-3636
休 無休 🕘9:00~18:00

八條口總站為京町家建築

阪急嵐山自行車出租

位於阪急嵐山站前，是巡遊嵐山最適合的移動手段。想前往走路稍遠的常寂光寺、祇王寺及大覺寺，改騎自行車就能輕快前往。

MAP 附錄 P.18 B-4

☎075-882-1112 休 無休
🕘9:00~16:00結束出租(18:00閉店)（11~4月為15:00結束出租，閉店為17:00）

專欄

搭乘京都定期觀光巴士輕鬆巡遊人氣景點

想要有效率地觀光，也可以搭乘當地的定期觀光巴士。還有專人解說看點及介紹私房景點。除了固定路線外，也有期間限定的季節路線、團體才能進場的特別參觀等。有空位的話也可以當天現場報名。

☎075-672-2100（京都定期觀光巴士預約中心 7:40~20:00）
HP https://resv.kyototeikikanko.gr.jp/

從京都站（烏丸口）巴士總站出發的路線（舉例）

路線名稱	主要目的地	出發時間	所需時間	費用
京都一日遊	清水寺、天龍寺、漫步竹林小徑及嵐山、金閣寺	10:00	約6小時半	¥6200
小火車及保津川遊船	小火車、保津川遊船、漫步嵐山	9:00	約7小時半	¥10500~¥11500
京都SKY BUS逛一圈兜風	繞京都市內一圈約1小時，可從車窗欣賞京都景色	1天4班	約1小時	¥2000
與舞妓共度黃昏、鷹峰光悅藝術村庭園、夜景觀景	光悅藝術村（晚餐.舞妓跳京舞.庭園）、夜景觀景	17:30	約3小時半	¥9600
京都三大名勝～金閣寺・銀閣寺・清水寺～	金閣寺、銀閣寺、清水寺	9:30	約5小時	¥5800

※視路線而定，也可從京都站烏丸口巴士總站以外的站點參加。
※路線及內容可能有變動，請先洽詢確認。
※運行日等資訊詳見官網。

主要景點別 交通速查表

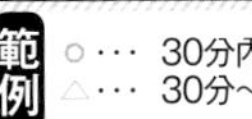

範例 ○… 30分內可到 △… 30分～1小時可到

FROM ＼ TO	京都站 到達 京都站	清水寺 到達 清水道巴士站	祇園 到達 祇園巴士站	四條河原町 到達 地鐵四條站／四条河原町巴士站	二條城 到達 地鐵二條城前站／二条城前巴士站
京都站 出發 京都站		巴士 15分 230円 京都駅前→市巴士86·206→清水道	巴士 18分 230円 京都駅前→市巴士86·206→祇園	巴士 18分 230円 京都駅前→市巴士4·5·17·205→四条河原町	鐵道 10分 260円 京都站→地鐵烏丸線→烏丸御池站→地鐵東西線→二條城前站
清水寺 出發 清水道巴士站	巴士 15分 230円 清水道→市巴士86·206→京都駅前		巴士 4分 230円 清水道→市巴士80·202·206·207→祇園	巴士 9分 230円 清水道→市巴士80·207→四条河原町	巴士＋鐵道＝25分 450円 清水道→市巴士·202·206→東山三条(地鐵東山站)→步行→東山站→地鐵東西線→二條城前站
祇園 出發 祇園巴士站	巴士 18分 230円 祇園→市巴士86·206→京都駅前	巴士 4分 230円 祇園→市巴士202·206·207→清水道		巴士 5分 230円 祇園→市巴士12·31·46·80·201·203·207→四条河原町	巴士 17分 230円 祇園→市巴士12→二条城前
四條河原町 出發 地鐵四條站／四条河原町巴士站	巴士 18分 230円 四条河原町→市巴士4·5·17·205→京都站前	巴士 9 分 230円 四条河原町→市巴士207→清水道	巴士 5分 230円 四条河原町→市巴士12·31·46·201·203·207→祇園		鐵道 10分 220円 四條站→地鐵烏丸線→烏丸御池站→地鐵東西線→二條城前站
二條城 出發 地鐵二條城前站／二条城前巴士站	鐵道 10分 260円 二條城前站→地鐵東西線→烏丸御池站→地鐵烏丸線→京都站	鐵道＋巴士＝25分 450円 二條城前站→地鐵東西線→東山站→步行→東山三条(地鐵東山站)→市巴士202·206→清水道	巴士 17分 230円 二条城前→市巴士12→祇園	鐵道 10分 220円 二條城前站→地鐵東西線→烏丸御池站→地鐵烏丸線→四條站	
下鴨神社 出發 京阪／叡電出町柳站	鐵道 20分 420円 出町柳站→京阪本線→東福寺站→JR奈良線→京都站	鐵道＋巴士＝20分 450円 出町柳站→京阪本線→四条京阪前→市巴士86·207→清水道	巴士 15分 230円 出町柳站前→市巴士201·203→祇園	巴士 15分 230円 出町柳站前→市巴士4·17·201·203→四条河原町	鐵道 20分 440円 出町柳站→京阪本線→三條京阪→地鐵東西線→二條城前站
銀閣寺 出發 銀閣寺道巴士站	巴士 36～43分 230円 銀閣寺道→市巴士5·17→京都駅前	巴士 35分 460円 銀閣寺道→市巴士203·204→熊野神社前→市巴士202·206→清水道	巴士 19分 230円 銀閣寺道→市巴士203→祇園	巴士 21分 230円 銀閣寺道→市巴士5·17·32·203→四条河原町	巴士＋鐵道＝35分 450円 銀閣寺道→市巴士5·203→東山三条(地鐵東山站)→步行→東山站→地鐵東西線→二條城前站
嵐山 出發 JR嵯峨嵐山站	鐵道 16分 240円 嵯峨嵐山站→JR嵯峨野線→京都站	鐵道＋巴士＝40分 690円 嵯峨嵐山站→JR嵯峨野線→二條站→地鐵東西線→東山站→步行→東山三条(地鐵東山站)→市巴士202·206→清水道	鐵道＋巴士＝35分 690円 嵯峨嵐山站→JR嵯峨野線→二條站→地鐵東西線→東山站→步行→東山三条(地鐵東山站)→市巴士31·46·201·203·206→祇園	鐵道 30分 420円 嵯峨嵐山站→JR嵯峨野線→二條站→地鐵東西線→烏丸御池站→地鐵烏丸線→四條站	鐵道 30分 420圓 嵯峨嵐山站→JR嵯峨野線→二條站→地鐵東西線→二條城前站
伏見稻荷 出發 JR稻荷站／京阪伏見稻荷站	鐵道 5分 150円 稻荷站→JR奈良線→京都站	鐵道＋巴士＝20分 390円 伏見稻荷站→京阪本線→七條站→步行→七条京阪前→市巴士206→清水道	鐵道＋巴士＝20分 440円 伏見稻荷站→京阪本線→祇園四條站→步行→四条京阪前→市巴士46·58·86·201·203·207→祇園	鐵道 20分 210円 伏見稻荷站→京阪本線→祇園四條站→步行→四條河原町	鐵道 30分 430円 伏見稻荷站→京阪本線→三條站→步行→三條京阪站→地鐵東西線→二條城前站
宇治 出發 JR／京阪宇治站	鐵道 17～29分 240円 宇治站→JR奈良線→京都站	鐵道＋巴士＝32～45分 470円 宇治站→JR奈良線→京都站→市巴士86·206→清水道	鐵道＋巴士＝35～47分 470円 宇治站→JR奈良線→京都站→市巴士86·206→祇園	鐵道 50分 310円 宇治站→京阪宇治線→中書島站→京阪本線→祇園四條站→步行→四條河原町	鐵道 40～51分 500円 宇治站→JR奈良線→京都站→地鐵烏丸線→烏丸御池→地鐵東西線→二條城站前

要在京都主要區域間內移動，主要是搭乘市巴士及京都巴士，其運行系統多樣繁雜，因此比起目的地，最好依照巴士的系統編號來判斷較為一目了然。下表也記載了系統編號。

下鴨神社 到達 京阪／叡電 出町柳站	銀閣寺 到達 銀閣寺道巴士站	嵐山 到達 JR嵯峨嵐山站	伏見稻荷 到達 JR稻荷站／ 京阪伏見稻荷站	宇治 到達 JR ／京阪宇治站
鐵道 20分 420円 京都站→JR奈良線→東福寺站→京阪本線→出町柳站	巴士 36 ～43分 230円 京都駅前→市巴士5·17→銀閣寺道	鐵道 16分 240円 京都站→JR嵯峨野線→嵯峨嵐山站	鐵道 5分 150円 京都站→JR奈良線→稻荷站	鐵道 17～29分 240円 京都站→JR奈良線→宇治站
巴士+鐵道=20分 450円 清水道→市巴士86·207→四条京阪前→京阪本線→出町柳站	巴士 35分 460円 清水道→市巴士202·206→熊野神社前→市巴士203·204→銀閣寺道	巴士+鐵道=40分 690円 清水道→市巴士202·206→東山三条（地鐵東山站）→步行→東山站→地鐵東西線→二條站→JR嵯峨野線→嵯峨嵐山站	巴士+鐵道=20分 390円 清水道→市巴士·206→七条京阪前→步行→七條站→京阪本線→伏見稻荷站	巴士+鐵道=32～45分 470円 清水道→市巴士86·206→京都站→JR奈良線→宇治站
巴士 15分 230円 祇園→市巴士201·203→出町柳站前	巴士 19分 230円 祇園→市巴士203→銀閣寺道	巴士+鐵道=35分 690円 祇園→市巴士31·46·201·203·206→東山三条（地鐵東山站）→步行→東山站→地鐵東西線→二條站→JR嵯峨野線→嵯峨嵐山站	巴士+鐵道=20分 440円 祇園→市巴士12·46·86·201·203·207→四条京阪前→步行→祇園四條站→京阪本線→伏見稻荷站	巴士+鐵道=35～47分 470円 祇園→市巴士86·206→京都站→JR奈良線→宇治站
巴士 15分 230円 四条河原町→市巴士4·17·201·203→出町柳站前	巴士 21分 230円 四条河原町→市巴士5·17·32·203→銀閣寺道	鐵道 30分 420円 四條站→地鐵烏丸線→烏丸御池站→地鐵東西線→二條站→JR嵯峨野線→嵯峨嵐山站	鐵道 20分 210円 四條河原町→步行→祇園四條站→京阪本線→伏見稻荷站	鐵道 50分 310円 四條河原町→步行→祇園四條站→京阪本線→中書島站→京阪宇治線→宇治站
鐵道 20分 440円 二條城前站→地鐵東西線→三條京阪→京阪本線→出町柳站	鐵道+巴士=35分 450円 二條城前站→地鐵東西線→東山站→步行→東山三条（地鐵東山站）→市巴士5·203→銀閣寺道	鐵道 30分 420円 二條城前站→地鐵東西線→二條站→JR嵯峨野線→嵯峨嵐山站	鐵道 30分 430円 二條城前站→地鐵東西線→三條京阪站→步行→三條站→京阪本線→伏見稻荷站	鐵道 40～51分 500円 二條城站前→地鐵東西線→烏丸御池→地鐵烏丸線→京都站→JR奈良線→宇治站
	巴士 7分 230円 出町柳站前→市巴士17·203→銀閣寺道	巴士+鐵道=35分 420円 出町柳站前→市巴士203→西ノ京円町（JR圓町站）→步行→圓町站→JR嵯峨野線→嵯峨嵐山站	鐵道 20分 270円 出町柳站→京阪本線→伏見稻荷站	鐵道 40分 400円 出町柳站→京阪本線→中書島站→京阪宇治線→宇治站
巴士 7分 230円 銀閣寺道→市巴士17·203→出町柳站前		巴士+鐵道=43 ～46分 420円 銀閣寺道→市巴士204→西ノ京円町（JR圓町站）→步行→圓町站→JR嵯峨野線→嵯峨嵐山站	巴士+鐵道=40分 500円 銀閣寺道→市巴士17·203→出町柳站前→步行→出町柳站→京阪本線→伏見稻荷站	巴士+鐵道=50分 630円 銀閣寺道→市巴士17·203→出町柳站前→步行→出町柳站→京阪本線→中書島站→京阪宇治線→宇治站
鐵道+巴士=35分 420円 嵯峨嵐山站→JR嵯峨野線→圓町站→步行→西ノ京円町（JR圓町站）→市巴士203→出町柳站前	鐵道+巴士=43 ～46分 420円 嵯峨嵐山站→JR嵯峨野線→圓町站→步行→西ノ京円町（JR圓町站）→市巴士204→銀閣寺道		鐵道 40分 240円 嵯峨嵐山站→JR嵯峨野線→京都站→JR奈良線→稻荷站	鐵道 45～55分 510円 嵯峨嵐山站→JR嵯峨野線→京都站→JR奈良線→宇治站
鐵道 20分 270円 伏見稻荷站→京阪本線→出町柳站	鐵道+巴士=40分 500円 伏見稻荷站→京阪本線→出町柳站→步行→出町柳站前→市巴士17·203→銀閣寺道	鐵道 40分 240円 稻荷站→JR奈良線→京都站→JR嵯峨野線→嵯峨嵐山站		鐵道 25分 240円 稻荷站→JR奈良線→宇治站
鐵道 40分 400円 宇治站→京阪宇治線→中書島站→京阪本線→出町柳站	鐵道+巴士=50分 630円 宇治站→京阪宇治線→中書島站→京阪本線→出町柳站→步行→出町柳站前→市巴士17·203→銀閣寺道	鐵道 45～55分 510円 宇治站→JR奈良線→京都站→JR嵯峨野線→嵯峨嵐山站	鐵道 25分 240円 宇治站→JR奈良線→稻荷站	

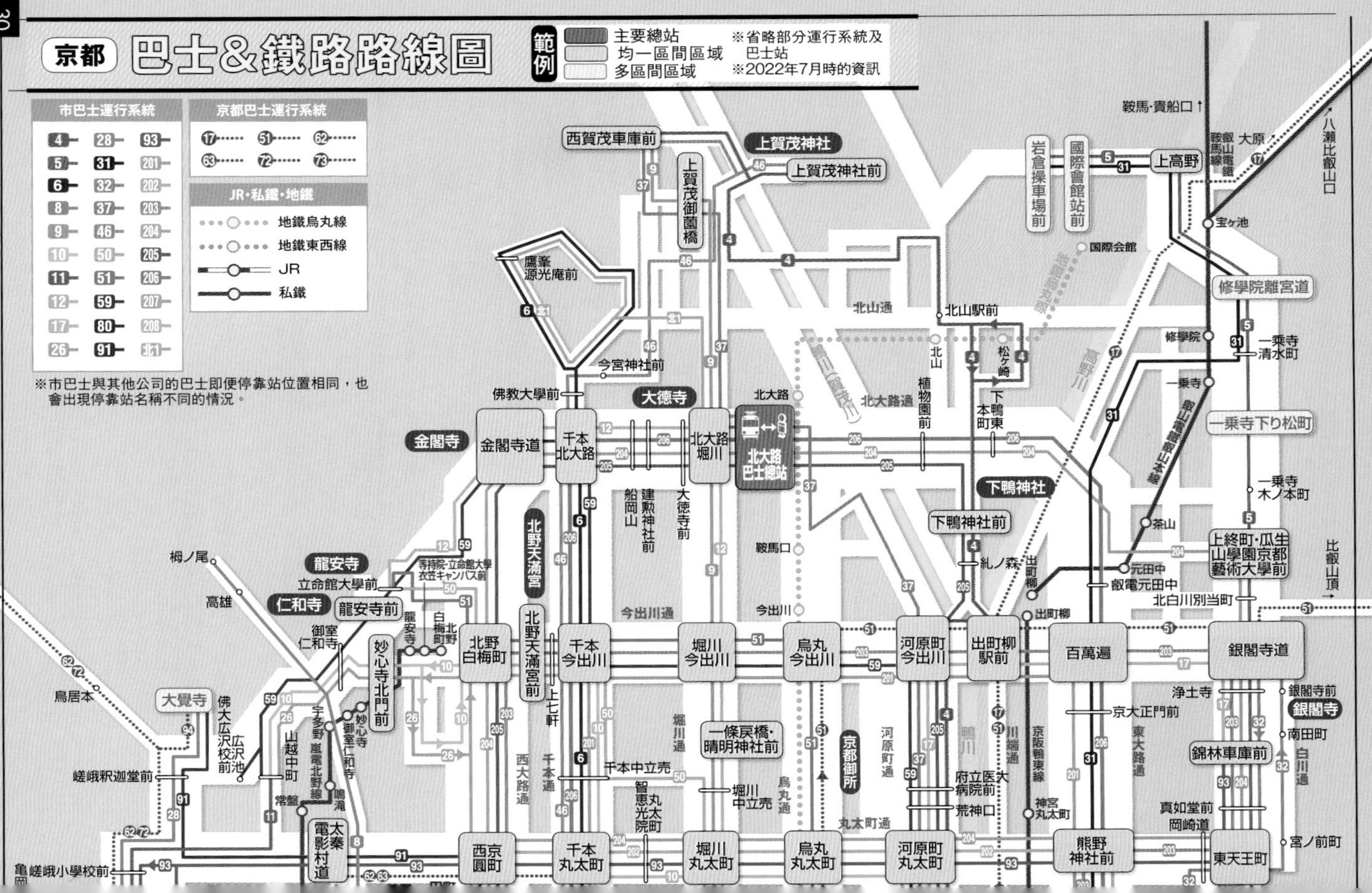

京都 巴士&鐵路路線圖
範例
主要總站
均一區間區域
多區間區域
※省略部分運行系統及巴士站
※2022年7月時的資訊
市巴士運行系統
4 5 6 8 9 10 11 12 17 26
28 31 32 37 46 50 51 59 80 91
93 201 202 203 204 205 206 207 208 北1
京都巴士運行系統
17 51 62 63 72 73
JR·私鐵·地鐵
地鐵烏丸線
地鐵東西線
JR
私鐵
※市巴士與其他公司的巴士即便停靠站位置相同，也會出現停靠站名稱不同的情況。
西賀茂車庫前
上賀茂神社
上賀茂神社前
上賀茂御薗橋
鷹峯源光庵前
今宮神社前
佛教大學前
大德寺
金閣寺
金閣寺道
千本北大路
北大路堀川
北大路巴士總站
北大路
北山通
北山駅前
北山
松ヶ崎
植物園前
北大路通
下鴨本町東
高野川
下鴨神社
下鴨神社前
糺ノ森
出町柳
出町柳駅前
鞍馬口
今出川
今出川通
船岡山
建勲神社前
大德寺前
北野天滿宮
北野天滿宮前
北野白梅町
千本今出川
堀川今出川
烏丸今出川
河原町今出川
百萬遍
銀閣寺道
龍安寺
龍安寺前
仁和寺
立命館大學前
寺持院·立命館大學衣笠キャンパス前
梅ノ尾
高雄
御室仁和寺
龍安寺
白梅町北野
妙心寺北門前
妙心寺
御室仁和寺
宇多野
嵐電北野線
鳴滝
常盤
山越中町
佛大広沢校前
広沢池
大覺寺
鳥居本
嵯峨釈迦堂前
亀嵯峨小學校前
電太秦影村道
西京圓町
千本丸太町
堀川丸太町
烏丸丸太町
河原町丸太町
熊野神社前
東天王町
上七軒
千本通
西大路通
千本中立売
智恵光院前
丸太町
一條戻橋·晴明神社前
堀川通
堀川中立売
烏丸通
京都御所
丸太町通
河原町通
府立医大病院前
荒神口
鴨川
川端通
京阪鴨東線
神宮丸太町
京大正門前
東大路通
浄土寺
銀閣寺前
銀閣寺
南田町
錦林車庫前
白川通
真如堂前
岡崎道
宮ノ前町
鞍馬·貴船口
八瀬比叡山口
大原
叡山電鐵鞍馬線
宝ヶ池
上高野
岩倉操車場前
國際會館站前
國際会館
地鐵烏丸線
修學院離宮道
修學院
一乗寺清水町
一乗寺
一乗寺下り松町
叡山電鐵叡山本線
一乗寺木ノ本町
茶山
上終町·瓜生山學園京都藝術大學前
元田中
叡電元田中
北白川別当町
比叡山頂

My Baggage

— 走吧，出門旅遊去 —

In Bag

- ☐ 錢包（有帶日幣嗎？）
- ☐ 票券
- ☐ 手帕／面紙
- ☐ 筆記本／筆
- ☐ 旅行指南
- ☐ 常備藥品
- ☐ 雨具
- ☐ 護照

Clothes

- ☐ /
- ☐ /
- ☐ 內衣褲
- ☐ 襪子
- ☐ 毛巾
- ☐ 睡衣（有帶暖暖包嗎？）
- ☐ 泳衣／禦寒衣物及用品
- ☐ 驅蟲劑

Amenities

- ☐ 化妝包
- ☐ 洗髮精／護髮乳
- ☐ 沐浴乳
- ☐ 洗面乳／卸妝用品
- ☐ 牙刷（有帶眼鏡嗎？）
- ☐ 隱形眼鏡／清潔液
- ☐ 生理期用品

Gadget

- ☐ 手機
- ☐ 相機（有帶記憶卡嗎）
- ☐ 充電器／行動電源
- ☐
- ☐
- ☐

Must To Do

— 難得來玩就不要錯過 —

GO
想去的地方！

- ☐
- ☐
- ☐
- ☐
- ☐
- ☐

EAT
要吃的美食！

- ☐
- ☐
- ☐
- ☐
- ☐
- ☐

DO
必做的事情！

- ☐
- ☐
- ☐
- ☐
- ☐
- ☐
- ☐
- ☐
- ☐
- ☐
- ☐
- ☐

什麼都不做也很好！

- ☐ Do Nothing

PHOTO
想拍的照片！

- ☐
- ☐
- ☐
- ☐
- ☐
- ☐

BUY
要買的東西！

- ☐
- ☐
- ☐
- ☐
- ☐
- ☐

My Schedule

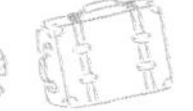

－ 難得來玩就要盡情享受 －

DAY 3	DAY 2	DAY 1
Destination / Transportation	Destination / Transportation	Destination / Transportation
AM : Breakfast/	AM : Breakfast/	Let's go
PM : Lunch/	PM : Lunch/	PM : Lunch/
NIGHT : Dinner/	NIGHT : Dinner/	NIGHT : Dinner/
Back Home	STAY	STAY

Memory 記下旅途回憶

Enjoy your trip!

Enjoy
your trip!
COLOR PLUS
KYOTO

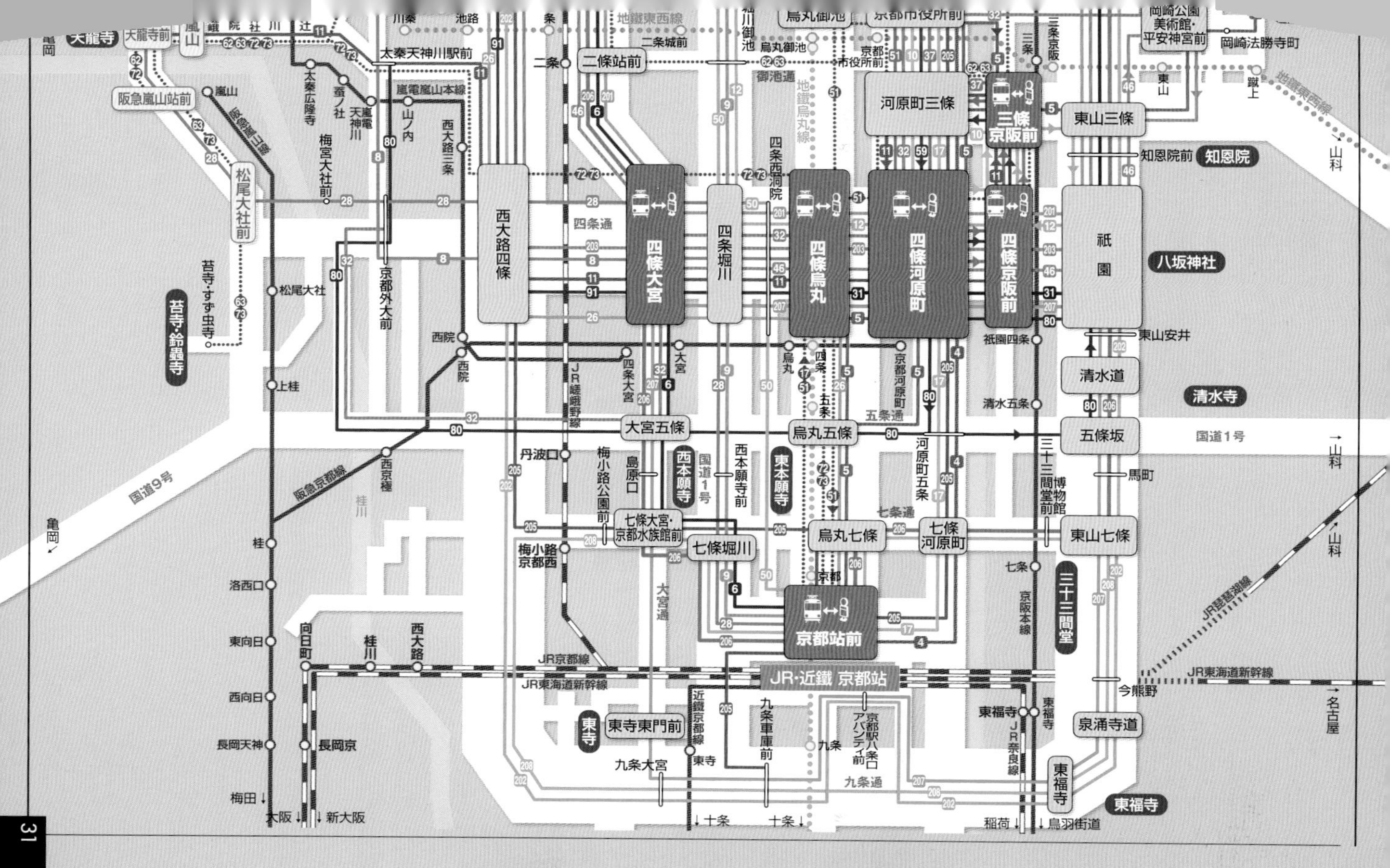
二條站前
河原町三條
三條京阪前
東山三條
知恩院前
知恩院
岡崎公園 美術館·平安神宮前
岡崎法勝寺町
太秦天神川駅前
阪急嵐山站前
天龍寺前
天龍寺
嵐山
松尾大社前
苔寺·すず虫寺
苔寺·鈴蟲寺
京都外大前
西大路四條
四條大宮
四條堀川
四條烏丸
四條河原町
四條京阪前
祇園
八坂神社
東山安井
清水道
清水寺
五條坂
國道1号
大宮五條
烏丸五條
西本願寺
東本願寺
國道9号
阪急京都線
七條大宮·京都水族館前
七條堀川
烏丸七條
七條河原町
東山七條
三十三間堂
京都站前
JR·近鐵 京都站
JR京都線
JR東海道新幹線
JR琵琶湖線
今熊野
泉涌寺道
東福寺
東寺東門前
東寺
九条大宮
九条車庫前
京都駅八条口アバンティ前
桂
洛西口
東向日
西向日
長岡天神
梅田
大阪
新大阪
向日町
桂川
西大路
長岡京
名古屋
山科
亀岡